A EDUCAÇÃO SOB A ÓTICA DE ATITUDES PEDAGÓGICAS

O livro para pais e educadores

Canísio Mayer

A EDUCAÇÃO SOB A ÓTICA DE ATITUDES PEDAGÓGICAS

O livro para pais e educadores

EDITORA
IDEIAS&
LETRAS

Preparação e Revisão
Hanna Késia dos Santos Lima

Diagramação e Capa
Danielly de Jesus Teles

1ª impressão

Avenida São Gabriel, 495
Conjunto 42 - 4º andar
Jardim Paulista – São Paulo/SP
Cep: 01435-001
Televendas: 0800 777 6004
vendas@ideiaseletras.com.br
www.ideiaseletras.com.br

Dados Internacionais de Catalogação na Publicação (CIP)
(Câmara Brasileira do Livro, SP, Brasil)

M468e Mayer, Canísio

A educação sob a ótica de atitudes pedagógicas: o livro para pais e educadores / Canísio Mayer. - São Paulo : Ideias & Letras, 2022.

296 p. : 16cm x 23cm
Inclui bibliografia

ISBN: 978-65-87295-40-4

1. Educação. 2. Pedagogia. 3. Atitudes pedagógicas. I. Título.

2022-1400 CDD 370
CDU 37

Elaborado por Odilio Hilario Moreira Junior - CRB-8/9949

Índices para catálogo sistemático:

1. Educação 370
2. Educação 37

*Dedico este livro a você, que é mãe ou pai, a você, que é educadora ou educador,
a você, que traz em seu coração a beleza, a força e a paixão pela educação,
e a você, que acredita no ser humano e investe na sua formação.*

A primavera chegará, mesmo que ninguém mais saiba seu nome,
nem acredite no calendário, nem possua jardim para recebê-la.

Cecília Meireles

Sumário

Sobre o autor 13

Prefácio 15

Primeiras palavras 17

Depoimentos de pais e educadores(as) sobre o livro 19

PRIMEIRO BLOCO – SITUAR HORIZONTES **23**

1. *Educação e escolarização* 24
2. *Ensinar a pensar* 34
3. *Novas lentes e nova compreensão* 41
4. *Não existe educação sem ética* 56
5. *A maior das vitórias* 62

SEGUNDO BLOCO – POSTURAS PEDAGÓGICAS **69**

1. *Postura pedagógica de um educador* 71
2. *Postura pedagógica de um escritor* 75
3. *Postura pedagógica de um líder* 81
4. *Postura pedagógica de um pastor* 85
5. *Postura pedagógica de um grupo* 88

TERCEIRO BLOCO – DESAFIOS NA EDUCAÇÃO **91**

1. *Homens e mulheres para os demais* 93
2. *Informações – conhecimento – sabedoria* 105
3. *Costureiros – chaves – café* 114
4. *Crianças aprendem: como não educar* 123
5. *Crianças aprendem: como educar* 131

Quarto bloco – Dimensões na missão educadora **149**
1. *Protagonista – artista – motorista* 150
2. *Olhar – enxergar – contemplar* 152
3. *Termômetro – "escutômetro" – "chatômetro"* 155
4. *Tempo – coragem – escolhas* 158
5. *Sonhar – realizar – reinventar* 162

Quinto bloco – Buscando o seu oposto **165**
1. *Educar sem comparar* 166
2. *Educar sem gritar* 169
3. *Educar sem competir* 177
4. *Educar sem culpar* 185
5. *Educar sem substituir tarefas* 189

Sexto bloco – Atitudes diferenciadas **195**
1. *Atitudes diferenciadas de um pai* 197
2. *Atitudes diferenciadas de uma mãe desconhecida* 199
3. *Atitudes diferenciadas de um cientista mirim* 202
4. *Atitudes diferenciadas de um cidadão* 205
5. *Atitudes diferenciadas de um artista* 208

Sétimo bloco – Dialogando com pedagogos **211**
1. *Vencedores do Óscar* 213
2. *O mundo está sendo* 219
3. *De geração em geração* 231
4. *Vivam como árvores* 238
5. *Tocar o coração* 244

Oitavo bloco – Constelação de olhares **251**
1. *Voar com as próprias asas* 253
2. *Escala de valores* 256
3. *Para educadores: pais e professores* 261
4. *Eternos aprendizes* 270
5. *Três olhares* 278

Nono bloco – Educação poética **285**
1. *Ao longo do caminho* 289
2. *Pontes e horizontes* 290
3. *O mais importante* 291
4. *A aurora no anoitecer* 292
5. *Raízes e asas* 293

Bibliografia **295**

Sobre o autor

Nasci na Região das Missões, nas terras gaúchas, e tenho um endereço fixo em São Paulo, mas meu coração mora em diferentes cidades e regiões do Brasil e do mundo. Aprendi desde cedo a amar a vida e a saborear o que ela tem de melhor. Gosto de observar e aprender, de esportes coletivos e de refletir questões importantes da vida.

Ao longo da minha vida, cursei Filosofia e Teologia em Belo Horizonte (MG), fiz um ano de formação humana em várias cidades e no deserto do México e fiz meu mestrado em Paris, na França. Já coordenei o Instituto da Juventude e o Colégio Anchieta, ambos em Porto Alegre, e atuei em diversos projetos de cidadania no Brasil, no México e na França.

Em minha jornada de vida me tornei educador, conferencista, coordenador de cursos, poeta, escritor e um defensor da vida. Dou aulas em várias faculdades da Grande São Paulo, como a Pontifícia Universidade Católica (PUC), o Centro Universitário Salesiano de São Paulo (UNISAL), entre outros centros educacionais.

Ser escritor é um sonho com pés, mãos, coração, olhares, tela e teclado. É uma aventura fascinante que me envolve. Peguei o gostinho pela vida de escritor. Sou autor de inúmeros livros e de diferentes gêneros, tais como dinâmicas de grupo, roteiros de formação, poesias e livros didáticos sobre a importância de tomar decisões acertadas na vida, de não soluçar, mas solucionar, e sobre o sentido da vida. O meu maior desejo é que o meu trabalho ajude as pessoas a viverem melhor e desperte o que há de mais bonito nelas.

Coordeno cursos para diferentes públicos e com variadas temáticas, tais como: dinâmicas de grupo, a ética do viver e conviver, motivação e trabalho em equipe, pilares da educação, liderança e superação, autoconhecimento e motivação, trabalho em equipe e relações interpessoais, a arte de educar hoje, uma mística para os nossos dias, como começar bem uma jornada, relações interpessoais, como não soluçar, mas solucionar, o que dá sentido à sua vida, empatia como estilo de vida, trabalho remoto e o cansaço que não é remoto, entre outros.

Além deste livro, criei e gravei inúmeros cursos na perspectiva 3D, isto é, cursos perpassados por desafios, desejos e dicas. Alguns desses cursos, já gravados e disponíveis, são sobre os seguintes temas: amor, caráter, verdade, mentira, medo, equilíbrio, coragem, ser você mesmo, fé, projeto de vida. Além disso, há também outros cursos sobre: a vida, dom e missão, a sabedoria de vida, a arte e o desafio do viver e conviver, a empatia como estilo de vida, a importância de decidir bem, a liberdade, a natureza, envelhecer com dignidade em busca de uma nova mística de vida entre outros assuntos.

Prefácio

O livro de Canísio Mayer é uma gostosa reflexão sobre o ato de educar crianças e jovens, seja ele empreendido por professores ou pela família. Não se trata, pois, de um livro acadêmico, de análises aprofundadas sobre diferentes teorias, mas de algo que possa ser lido em momentos de lazer e, de preferência, na forma de um diálogo implícito e profícuo com o autor.

"Será que essa ou aquela recomendação incluída no texto fluido de Canísio funcionaria na minha família ou na minha sala de aula?". É na riqueza da reflexão compartilhada e na possibilidade desta conversa entre o leitor e o poeta-educador que reside o maior interesse da obra.

De certa maneira, a obra dialoga bem com o momento que vivemos, em que ressentimento e ódio têm marcado as relações humanas. A ênfase, nos capítulos iniciais, em levar o olhar de quem educa a enxergar potenciais e beleza, nos quais a aparência revela apenas insuficiências, em colocar os limites necessários ao comportamento dos jovens, mas em uma educação que emancipa e não robotiza, é um dos muitos pontos fortes da obra.

De fato, nossa era apresenta muitos desafios, como a pandemia da covid-19, que gerou uma crise multidimensional, tanto na saúde quanto na economia e na educação, o que acarretou, inclusive, o fechamento das escolas por quase um ano leito inteiro, e uma polarização social que a precedeu e foi por ela agravada. Além do mais, os debates e embates, que já eram bastante agressivos, tornaram a vida em sociedade e, por vezes, em família, quase insustentáveis.

Além disso, com a intensa automação que o chamado Futuro do Trabalho, ou Revolução 4.0, trouxe, o mundo que nossas crianças herdarão trará muitas incertezas e um risco grande de aumento das desigualdades sociais, de violência e de impermanência. Educar os jovens para essa realidade vai ser muito desafiador, pois demandará algo enfatizado pelo livro, o "ensinar a pensar". E ensinar a pensar não significa fazer com que os alunos decorem a visão de mundo de seus professores para depois devolverem em uma prova, em um exemplo daquilo que Paulo Freire chama de educação bancária, e sim fazer com que eles se tornem pensadores autônomos, capazes de formular seus próprios juízos sobre as questões depois de se informarem a respeito.

O mundo pós-2030, data limite estabelecida para o cumprimento, pelos 194 países signatários, dos Objetivos do Desenvolvimento Sustentável (ODS), inclusive o ODS-4, referente à educação de qualidade para todos, vai demandar também maior capacidade de resolver problemas complexos colaborativamente. Isso demandará dos jovens competências para trabalhar em times interdisciplinares e para assumir responsabilidades frente a seus demais integrantes. Dessa forma, combinam-se autonomia e espírito coletivo ou solidariedade grupal, que professores e pais deveriam estar atentos para ensinar-lhes dentro de casa, no caso dos últimos, fazendo-os assumir responsabilidades condizentes com a idade, e no espaço escolar com atividades escolares educativas, no caso dos primeiros, assegurando uma boa introdução aos trabalhos em equipe.

Essas questões e muitas outras afloram na reflexão conduzida por Canísio Mayer. Com várias referências filosóficas, o livro nem por isso se torna enfadonho. Inclusive, merece ser lido por pais e educadores (e até avós) que contam com um acervo de experiências educativas que possam ser incluídas no diálogo que a obra enseja.

Claudia Costin
Professora universitária e diretora do Centro de
Políticas Educacionais da Fundação Getúlio Vargas

Primeiras palavras

A escola é a segunda casa e a casa a primeira escola.
Osiel Basílio

Este livro nasce dos desejos mais sinceros de um educador apaixonado pelo que faz. Nasce de décadas de convivência com pais, educadores, estudantes; nasce da pulsação e do coração de diferentes sensibilidades e culturas; nasce de encontros, escutas, diálogos, convivências, partilhas e aprendizados; nasce do olhar e da empatia, da compreensão e da interpretação, de sorrisos e lágrimas, de dúvidas e de buscas. O livro nasce na caminhada e na vibração da esperança, nasce de madrugadas silenciosas e em profunda solidariedade, nasce como despertar de um novo amanhecer que dissipa a escuridão da noite.

Sinto-me à vontade para refletir e compartilhar este material, que será uma grande ajuda para pais e educadores na nobre e desafiante missão de educar em nossos dias de hoje. O livro é muito mais do que um simples manual com pistas práticas, é uma provocação desafiadora para quem não só colocou um filho no mundo, mas quer que ele seja ele mesmo, viva valores profundos e faça a diferença no mundo.

O horizonte sobre o qual se desenha este livro são atitudes pedagógicas que podemos aprender e cultivar na convivência diária. Entendemos por atitude pedagógica a forma empática, inteligente, discernida e sábia de educadores adultos diante de educandos. Tais atitudes têm tudo a ver com a compreensão do outro enquanto outro, e não enquanto prolongamento de nós mesmos ou como extensão das nossas expectativas.

Atitude pedagógica é uma postura que olha primordialmente para a pessoa enquanto ser humano. E esse tipo de olhar vai despertar atitudes pedagógicas, isto é, atitudes que compreendem e que ajudam a superar limites, erros e fragilidades.

Uma atitude pedagógica é como a espinha dorsal ou como o fio condutor que dá orientação e firmeza na formação de valores e comportamentos. Atitude pedagógica traz em seu bojo uma sabedoria que fará pensar, compreender, superar e encarar a vida com novas lentes e posturas diferenciadas. "Há homens que lutam um dia e são bons. Há outros que lutam um ano e são melhores. Há os que lutam muitos anos e são muito bons. Porém, há os que lutam toda a vida. Esses são os imprescindíveis" (Bertolt Brecht).

Portanto, este livro é uma oportunidade, uma necessidade, uma urgência e um apoio imprescindível tanto para pais como para educadores na importante e desafiante missão educadora.

Depoimentos de pais e educadores(as) sobre o livro

"Que livro maravilhoso! É a primeira vez que dou um depoimento escrito sobre um livro e o faço com prazer e convicção. Eu não só li todos os capítulos desta obra, como também refleti sobre as riquezas que compõem as suas páginas. Este livro não é apenas uma recomendação a todos os pais e educadores, mas é uma urgência e necessidade.

Este livro é como um mapa que aponta perspectivas e caminhos a se percorrer na mais bela das tarefas que é educar. Compreendo educação como a decisão de criar e proporcionar situações e vivências com seus filhos. Educar é ajudar a construir seres humanos livres, partícipes, responsáveis e felizes.

Eu e Margarida, minha esposa, tivemos o privilégio de participar de inúmeros treinamentos com o Canísio enquanto jovens. Isso nos proporcionou fundamentos para a vida e também para usar na educação de nosso filho.

Nós acreditamos que educação é envolvimento afetivo e efetivo, troca e cumplicidade. Acreditamos que o exemplo é a maior experiência educativa que vai formar pessoas melhores e um mundo melhor. O livro traz excelentes reflexões, aprofunda temas centrais da educação, nos desafia na missão e arte de educar, além de apontar inúmeros horizontes e caminhos. Sucesso sempre, Canísio. Te amamos!"

Gerson, Margarida e Mateus

“Canísio Mayer conjecturou, neste livro, importantes horizontes, posturas, desafios e diálogos como molas propulsoras de atitudes diferenciadas. Ele nos convida para novos olhares e carinhos requeridos para pais e educadores comprometidos com a educação em nossos dias. A educação é uma arte e um desafio do ponto de vista humano, intelectual e cidadão. Faz-se necessário aprofundar valores éticos, a vivência da empatia e os espaços de encontro, partilha, aprendizado e crescimento. A educação é um processo de vida e de liberdade e cabe em qualquer lugar.”

Lanário Silva
Analista financeiro de mercado

Jussara Pimenta
Professora

“Ser mãe e pai é dividir um pedacinho da cama com um corpinho que te joga para fora, cujas perninhas te chutam o tempo todo até que o sono venha acompanhado do aconchego das batidas do nosso coração. Ser mãe e pai é desistir de fazer qualquer coisa, quando mãozinhas quentes pegam o seu rosto firme e, de encontro com pequenos narizinhos, surge aquela vozinha mansinha que diz: ‘mamãe, papai, vamos brincar?'

Este livro nos ensina que ser mãe e educadora é batalhar por um mundo melhor, onde o respeito às diferenças seja a base para todas as relações.

As reflexões presentes no livro de Canísio nos levam a pensar e realizar, sonhar e projetar. Se eu pudesse organizar uma lista para meu filho e meus estudantes, com possibilidades de como fazer suas vidas mais felizes, eu escreveria o seguinte: fale com Deus, leia livros, cultive amizades para a vida toda, agradeça sempre, conserve memórias afetivas e, principalmente, ame muito e com muita intensidade.

Por fim, tomo por empréstimo as palavras de Lúcia Santaella para dizer aos pais e educadores que ‘alimentar pensamentos capazes de descobrir o que a realidade, por mais nefasta que pareça, também apresenta de positivo e promissor é uma maneira de agir no mundo de modo a contribuir para que seu lado razoável cresça e prevaleça. Embora o cinismo e a melancolia nos rondem, não é possível viver sem apostar no porvir, principalmente quando estamos rodeados de jovens cuja esperança não pode ser perdida’.”

Raquel Regina Zmorzenski Valduga Schöninger
Mãe do Bernardo e educadora

"*A educação sob a ótica de atitudes pedagógicas*. O livro apresenta para pais e educadores uma profunda reflexão sobre o verdadeiro sentido da educação na vida das pessoas, seja pela educação familiar ou pela escolarização.

As reflexões apresentadas pelo autor tocam profundamente nossos corações. Elas despertam uma reflexão leve, pedagógica e reveladora da importância do ato de educar. Educar com exemplos, ensinamentos da vida cotidiana fundamentados nos valores humanos e éticos, livres de qualquer preconceito ou moralismo.

Educar nossos filhos e/ou alunos com amor, para a liberdade, contribuindo para formar homens e mulheres que sejam livres para pensar e alicerçar seus caminhos com um propósito de vida e que sejam comprometidos com um mundo melhor.

As reflexões e pistas do livro que Canísio nos apresenta apontam caminhos que nos permitem um profundo olhar sobre o nosso de pensar, agir, viver como ser humano e revisar as amarras que nos impedem de vivermos com sabedoria e felicidade.

A dimensão poética e as sugestivas reflexões que perpassam cada capítulo deste livro revelam o profundo carisma e conhecimento do autor, que apresenta mais do que um livro, e sim um roteiro para as cenas reais da vida, de uma educação libertadora."

Mirtes Maria Klein

Mãe e educadora

Primeiro bloco
Situar horizontes

Não tenho paredes, só horizontes.
Mário Quintana

O pano de fundo do primeiro bloco – com seus cinco capítulos – é situar e clarear questões, horizontes e perspectivas. Sabemos que um trem, quando está corretamente colocado sobre os trilhos, faz o seu caminho sem maiores dificuldades. Caso contrário, ele só gasta energia, solta fumaça e nada acontece. As questões relativas à nossa vida, sobretudo no que tange a educação, precisam estar bem colocadas e orientadas.

No primeiro capítulo, disserto sobre uma diferença fundamental entre educação e escolarização e sobre o que cabe à família e o que cabe à escola no processo de formação das crianças, dos adolescentes e dos jovens. Veremos o que é típico de cada espaço e aprofundaremos algumas perspectivas comuns. O segundo capítulo reflete sobre o que podemos fazer de melhor para quem está em processo de formação. O terceiro capítulo busca compreender realidades do dia a dia a partir de novas lentes, a partir de um novo olhar. O quarto capítulo aprofunda algumas dimensões da ética, bem como da educação, pois assim como não existe amizade verdadeira sem ética, também não existe educação transformadora sem ética. E o último capítulo deste primeiro bloco, por fim, acena e reflete sobre uma das maiores vitórias: vencer-se para ser livre e para vencer na vida. “O que se opõe ao descuido e ao descaso é o cuidado. Cuidar é mais que um ato; é uma atitude. Portanto, abrange mais que um momento de atenção. Representa uma atitude de ocupação, preocupação, de responsabilização e de envolvimento afetivo com o outro” (Leonardo Boff).

1. Educação e escolarização

A educação dos filhos é, talvez, a forma mais alta de buscar a Deus.
Gabriela Mistral

Você já se deu o tempo para contemplar um varal cheio de roupas? Se não, faça isso. É uma imagem que poderá nos ajudar a diferenciar educação de escolarização.

A imagem do varal é rica em sentidos. Nele, o velho e o novo, o desbotado e o tingido, o grande e o pequeno, o amarrotado e o colorido convivem livre, respeitosa e harmonicamente.

Os varais, sejam eles novos, velhos ou fragilizados, não discriminam e não têm preferência de roupas. Sustentam o novo, o velho e o lavado. Buscam se adaptar conforme o peso das roupas.

As roupas leves têm mais pressa para secar. Já as mais pesadas demoram mais. Parece que amam a companhia do varal e o calor do Sol.

Dentre as roupas que mais demoram para secar estão as que foram umedecidas por lágrimas e que, lentamente e na força transformadora do Sol, gotejam na grama do quintal, onde flutuam e se perpetuam como lembranças sem fim.

"Saudade é aquilo que nos deixa saudáveis, isto é, que permite que a gente faça uma saudação, uma boa lembrança daquilo que já foi e que a gente gosta de fazer passar de novo pelo coração. Nostalgia é a dor daquilo que não volta mais" (Mário Sérgio Cortella). Vamos entender uma diferença importante entre educação e escolarização e, para isso, usarei a imagem de tipos de varais para facilitar essa compreensão:

O VARAL HUMANO: ele diz respeito à **educação**, que é a formação da pessoa em sua totalidade. Esse privilégio, desafio e missão são, primordialmente, de responsabilidade da família. A educação trata de preparar a criança para viver saudavelmente em sociedade e é para a vida toda, visando a excelência humana: valores, convivência e relações saudáveis, aprendizagens... A educação ajuda a formar o caráter da pessoa, trabalha a espinha dorsal tão necessária para viver com ética, vencer com dignidade, ser cidadão de verdade. Essa formação visa ao ser humano em sua totalidade e é para toda a vida.

O VARAL INTELECTUAL: diz respeito à **escolarização,** que é um momento/pedaço da educação. Acontece por um tempo determinado e/ou continuado. A escolarização, como já diz o termo, é de responsabilidade da escola. É na escola onde se aprendem as matérias, se interioriza os conteúdos e se aprende a conviver com pessoas de outras sensibilidades, culturas, contextos de vida. Essa formação visa a excelência profissional.

São dois varais importantes que se diferenciam, mas que se relacionam entre si e necessitam um do outro, complementam um ao outro. É possível colocar muita coisa em cada um deles. Algumas realidades levarão mais tempo ao Sol, outras menos, e todas poderão ser reconfiguradas e até mesmo substituídas.

Os dois varais são como as asas de um pássaro: se bater uma asa só, o pássaro ficará girando em torno de si mesmo. É somente no movimento das duas asas que a coragem recebe impulso e faz o pássaro decolar e arriscar voos. Portanto, é necessário unir e movimentar as asas da família e da escola, as asas da excelência humana e da excelência profissional.

"Mais belo que o canto de um pássaro, é o seu voo, pois nem todo canto é de alegria, mas todo voo é de liberdade."

(Mia Couto)

Não se trata de atribuições exclusivas. Deve existir uma complementação e exigência recíprocas entre os dois varais, entre os dois espaços e a formação das duas excelências: humana e profissional.

A família e a escola devem ser espaços seguros e acolhedores, espaços de cuidados, de saúde, de carinho e de convivência saudável. Devem ser momentos de encontros significativos, de aprendizagem e da vivência real de valores libertários.

A escola não pode ser vista como salvação dos filhos de ninguém. Não pode servir como "depositária" de crianças indisciplinadas nem como refúgio de filhos de difícil trato em suas casas. A escola é o espaço de abertura ao novo, de aprendizagem e crescimento, lugar de produção do saber e de educação científica. Os problemas se agigantam quando uma das partes não assume o seu papel e a sua responsabilidade. Vejamos dois exemplos:

Primeiro exemplo: é problemático **para a escola** quando as aulas são sem brilho e pouco dinâmicas, quando o investimento na formação dos educadores é mínimo e o ambiente em sala e nas dependências da escolha não é seguro e saudável, quando a infraestrutura é comprometedora e a indisciplina anda solta, quando os preconceitos não são cortados em sua raiz, quando as novas metodologias de ensino não são parceiras no processo educativo e quando o estilo de aula não permite a imaginação, a criatividade e a participação dos alunos. Essas são situações que desmotivam e comprometem o processo de aprendizagem.

Segundo exemplo: é problemático **para a família** quando esta se omite, foge e não assume o seu papel na educação. Pior, quando empurra para a escola o que deveria ser trabalhado em casa. A indisciplina das crianças na escola tem a sua origem na família, quando as possibilidades e os limites não são vividos como faces de uma mesma moeda. Outras questões costumam repercutir e comprometer a escolarização: filhos consumistas, egocêntricos e mimados. Não é justo que um educador tenha que perder bom tempo de suas aulas com a indisciplina de alguns e que comprometa a dinâmica da aprendizagem.

Vejamos alguns exemplos bem práticos sobre o que deveria ser trabalhado e ensinado nas famílias, e não ser empurrado ou delegado para a escola. São caminhos, possibilidades que devem ser vividas respeitando a idade dos filhos:

É na família que se ensina e se aprende a cumprimentar as pessoas, ter bons modos, ser educado, dizer "bom dia", "por favor", "obrigado", "com licença". É na família que se aprende a mastigar com a boca fechada, não palitar os dentes na frente das pessoas, saber escutar, ser higiênico, pontual etc.

É na família que se aprende a não fazer fofocas, dominar e nem aceitar ser submisso; que se aprende a não roubar, "devolver o troco", falar mal das pessoas e mentir; a ser honesto, cuidar das coisas e não mexer nas coisas dos outros e a respeitar a todos. É na família que se aprende a assumir as responsabilidades e assumir os acertos e os erros: "fui eu"; é lá que se aprende a avisar com antecedência, cumprir o combinado etc.

A casa é o espaço de vida e referência da criança: é lá que ela aprende a andar, falar e se equilibrar. É na família que ela aprende a ser gentil, amorosa e autônoma. A casa é o terreno fértil no qual a criança aprende a amar e ser amada.

É no coração da família que a criança aprende a conviver com gerações diferentes, aprende brincadeiras, boas histórias, a dar gargalhadas, andar de bicicleta e *skate* e a praticar esportes. É na família que a criança pode cair e aprender a se levantar, que aprende a amar as pessoas e a usar as coisas, e não o contrário, que aprende a olhar para o outro como outro, a exercitar a escuta, a disciplina e a ter responsabilidades.

É na família que se aprende a ter "etiqueta" na mesa, no jeito de se vestir, de falar, a ser organizado, poupar água, arrumar a cama, estender a toalha, guardar as coisas no seu lugar e jogar lixo na lixeira. Sujou, limpou!

É na família que se aprende a proteger os outros em espirros. Se for ao banheiro, lavar sempre as mãos! É na família que se aprende a não comparar pessoas, a não discriminar, a cortar todo e qualquer tipo de preconceito, a ter empatia, a capacidade de se colocar na situação e na pele dos outros.

Poderíamos enumerar muitas outras realidades. Muitas dessas dimensões terão continuidade e aprofundamento na escola, assim como também o que é refletido na escola deverá ter ressonância e continuidade nas famílias. "A escola nunca é uma parada. É a estrada aberta para os horizontes que se devem conquistar. Não prender-se aos problemas do passado, mas concentrar-se aos caminhos que apontam para o futuro" (Celestin Freinet).

Quando madre Teresa de Calcutá recebeu o Prêmio Nobel da Paz, perguntaram-lhe: "O que podemos fazer a fim de promover a paz mundial?", e ela respondeu: "Voltem para seus lares e amem suas famílias", ou seja, amar as pessoas que constituem a família, que fazem a história do dia a dia. "A família é a primeira escola das crianças, é o ponto de referência imprescindível para os jovens, é o melhor lar para os idosos. Acrescento que a família é também a primeira escola da misericórdia, porque ali se é amado e se aprende a amar, se é perdoado e se aprender a perdoar", afirma categoricamente o Papa Francisco.

Vejamos alguns pontos que desafiam e são comuns tanto da família como da escola. São bandeiras das duas instâncias e de responsabilidade de ambas:

Primeira bandeira: formar pessoas não é cortar asas, mas orientar voos. Não é priorizar os limites, mas apontar horizontes. É fundamental essa postura tanto por parte dos pais como dos educadores. Não é reclamando de tudo e com um ar de pessimismo que as crianças se sentirão incentivadas aos estudos e a perseguirem os seus sonhos. O contrário é louvável: estar do lado, escutar, compreender, manifestar interesse, incentivar, orientar. "Passarinho que se debruça – o voo já está pronto!", afirma lindamente Guimarães Rosa.

Segunda bandeira: um novo hábito só se constrói e se instaura na vida com a repetição insistente do mesmo ato. Assim se adquire o hábito de estudar, a fidelidade aos horários, o hábito de praticar exercícios físicos, de se alimentar bem, de descansar e de ter uma boa higiene pessoal. O mesmo vale para a forma de desfazer-se de certos hábitos que não têm mais relevância no hoje da vida: "A gente não se liberta de um hábito atirando-o pela janela: é preciso fazê-lo descer a escada, degrau por degrau" (Mark Twain). Ou seja, a educação é feita por vivências de processos que precisam ser atravessados.

Terceira bandeira: os quatro pilares que a Unesco propõe para a educação constituem o horizonte dentro do qual se costura a formação: aprender a conhecer, aprender a conviver, aprender a fazer e aprender a ser. Essas dimensões deveriam ser perpassadas e serem metas diárias de toda educação tanto na família como também em tudo o que se vive na escola. Talvez algum pilar seja mais forte e com maior predominância na escola e outro seja mais acentuado na família, mas os quatro pilares devem sustentar e orientar os dois espaços. "Diga-me e eu esquecerei, ensina-me e eu poderei lembrar, envolva-me e eu aprenderei" (Benjamin Franklin).

Quarta bandeira: outro horizonte comum deve ser a intolerância em relação a qualquer tipo de preconceito ou *bullying*. Eles devem ser reprimidos em sua primeira manifestação, na sua origem. Sim, reprimidos! Ser livre é dizer "sim" quando for "sim" e dizer um firme "não" quando for "não". Essa bandeira de vida deve nortear a todos e jamais ser ignorada, silenciada ou protelada. A intolerância cresce com a tolerância do mal. Quanto mais tolerantes com o ódio e as discriminações, mais a intolerância tende a crescer. Nenhuma criança nasce racista, mau-caráter, folgada, mimada, intolerante, consumista, machista ou desonesta. Ao contrário: as crianças observam e se espelham nas pessoas em sua volta. Elas aprendem com o que observam, aprendem com a frieza e indiferença dos adultos, aprendem com o que é falado, feito e omitido. "O resultado mais sublime da educação é a tolerância" (Helen Keller).

Quinta bandeira: outro ponto central e comum tanto na família como na escola diz respeito à imaginação criativa dos filhos e educandos. Como é bom ver essa dimensão ter espaço, voz, vez, cores e ser incentivada e desafiada! Existem realidades que podem ser cansativas, mas devem ser vistas dentro daquilo que elas sedimentam dentro dos educandos, com uma nova unidade interna, formando um varal mais consistente no qual podemos colocar inúmeras realidades no presente e futuro. É necessário compreender a razão de certas atividades, estudos e repetições. É necessário transcender tais realidades e projetar-se no infinito espaço do (a)mar. "Se você quer construir um navio, não reúna as pessoas só para tarefas e trabalhos: ensine-as a almejar a infinita imensidão do mar" (Saint-Exupéry). Sim, fazer com que imaginem a infinita imensidão do amar.

Sexta bandeira: a ética, o amor ao próximo, o respeito, o conhecimento e o crescimento são realidades que nunca saem de moda. Devem ser encaradas, aprofundadas e vividas tanto na família como na escola. "A gente precisa continuar acreditando: que vale a pena ser honesto. Que vale a pena estudar. Que vale a pena trabalhar. A gente precisa continuar acreditando: que é preciso construir: a vida, o futuro, o caráter, a família, as amizades e os amores" (Lya Luft).

Sétima bandeira: o estudo não é uma ferramenta que nos habilita para lidarmos bem com as pessoas, com as coisas, com os trabalhos, com a vida e conosco mesmos. O estudo não é só preparação para a vida, mas é da vida e constitui o viver. Os estudos não são para o futuro, mas são para o presente que constrói, desde já, um novo futuro. Todo estudo deve construir pontes entre a teoria e a prática, entre o sonho e a realidade, entre a preparação da terra e a decisão do semear. "Quem estuda e não pratica o que aprendeu, é como o homem que lavra e não semeia" (provérbio árabe).

Oitava bandeira: tanto a família como a escola têm como missão em comum formar grandes profissionais, pessoas que farão a diferença no mundo. Porém, o ensino não pode passar a imagem de que a utilidade do conhecimento está unicamente ligada a ter uma boa profissão e a ganhar bons salários. A pessoa precisa compreender que não basta ter trabalho e ser útil, mas aprender a ser pessoa de valor e excelente ser humano. O que o ser humano mais deveria aspirar, além de ser um bom profissional, é ser profundamente humano. É a humanidade de cada profissional que faz a diferença. Muitas dimensões da vida deveriam ser trabalhadas não apenas pela sua utilidade prática, mas pelo que elas despertam, significam e agregam às pessoas. "Uma vassoura é extremamente útil, mas isso não a faz mais importante do que a nona sinfonia de Beethoven, que, a rigor, não tem nenhuma utilidade" (Rubem Alves).

Nona bandeira: a família e a escola são verdadeiras janelas e portas que se abrem para o novo, para o diferente, para a vida. É por isso que temos que ter cuidado para não formarmos pessoas fechadas, rotuladas em visões moralizantes, em compreensões que reduzem e não abrem a visão, a sã curiosidade e a generosidade. É preciso aprofundar que o homem é mais do que ele come, do que ele pensa, do que ele faz, do que ser um corpo, do que uma opinião, do que a sua psique, do que já passou, do que já aprendeu, do que as avaliações, do que marcas e roupas que usa, do que nome e sobrenome... O homem é sempre mais e sempre poderá ser mais. É essencial despertar e aprimorar esse horizonte. "Quando adestramos a nossa consciência, ela beija-nos ao mesmo tempo em que nos morde" (Friedrich Nietzsche). Quando ajudamos alguém a caminhar em vez de rastejar, quando ajudamos alguém a sair do chão, tanto o ajudante como o ajudado recebem um par de asas. "Por que nos contentamos em viver rastejando, quando sentimos o desejo de voar?" (Hellen Keller).

Décima bandeira: é responsabilidade comum tanto da escola como da família formar pessoas boas e justas, e não pessoas bajuladoras e nem presas às opiniões dos outros. É necessário formar na e para a verdade. "Não podemos ser justos se não formos humanos" (Luc de Clapiers Vauvenargues). Portanto, formar pessoas boas e justas são duas virtudes que aprendemos no altruísmo, na vivência da empatia e nas escolhas certas feitas nas encruzilhadas do dia a dia. "Ser bom é fácil, o difícil é ser justo" (Tomás de Aquino).

Décima primeira bandeira: um dos hábitos mais saudáveis e promissores na vida é aprender a criar gosto pela leitura. Hoje em dia, o espaço da leitura vai além das bibliotecas, escolas e famílias. As leituras são sempre mais comuns em transportes públicos, em cafés e até entre amigos. "Livros trazem a vantagem de podermos estar sós e acompanhados" (Mário Quintana). A vantagem e os ganhos nas leituras são incontáveis em todos os sentidos. Além de aumentar o vocabulário, a leitura encanta e faz descobrir novos mundos. Ela desenvolve o senso crítico frente à realidade e desafia o protagonista. O bom de ler bons livros é que eles, ao terminarmos a sua leitura, continuam vivos dentro de nós, atiçando a imaginação e a criatividade. Eles ajudam na compreensão e na interpretação, intuem novidades e fertilizam pensamentos, desejos e sonho. A leitura constrói verdadeiras pontes em tempos nos quais muros sempre mais altos são erguidos e nos quais há pessoas mais rasas. Muitos pais leem livros com os seus filhos. É uma boa forma de criar interesse, prazer e desejos. Feliz a família e a escola nas quais o hábito de ler faz parte do estilo de vida! "É preciso fazer compreender à criança que a leitura é o mais movimentado, o mais variado, o mais engraçado dos mundos" (Alceu Amoroso de Lima).

Décima segunda bandeira: cabe tanto aos pais como à comunidade educativa compreender e aprofundar algumas diferenças entre aluno e estudante. É importante ultrapassar entendimentos que não desafiam e não transformam. Vejamos alguns exemplos: o aluno costuma pedir meio ponto para passar, já o estudante quer saber em que parte perdeu meio ponto; o aluno se diz vítima do processo de aprendizagem, já o estudante assume a responsabilidade pelo seu aprendizado e busca melhorar; para o aluno, a culpa é do professor quando vai mal, já o estudante diz a si mesmo: "eu poderia ter sido melhor"; o aluno tenta decorar o conteúdo antes da prova, já o estudante – que estuda para ser protagonista na vida – tem um método de aprendizagem e organiza a sua rotina de estudos; o aluno está preocupado em passar de ano e estuda para as avaliações, já o estudante estuda para aprender, para crescer, para ser pessoa de valor. Este estuda para a vida.

"A pátria é a família ampliada" (Rui Barbosa). Existe uma infinidade de missões comuns entre família e escola. Essa aproximação e complementariedade são importantes e necessárias. Existe um horizonte comum nos dois espaços: os filhos estudantes. Toda a prática de vida deveria ter a estes como eixo em torno dos quais se pautará a educação.

"As pessoas querem aprender a nadar e
ter um pé no chão ao mesmo tempo."

(Marcel Proust)

2. Ensinar a pensar

A lei de ouro do comportamento é a tolerância mútua, já que nunca pensaremos todos da mesma maneira, já que nunca veremos senão uma parte da verdade e sob ângulos diversos.

Mahatma Gandhi

Qual é a melhor forma de ajudar uma pessoa? Pense comigo e tente se colocar no lugar de algumas pessoas: se você fosse um cientista, o que você diria para ajudar, da melhor maneira, as pessoas? Se você fosse um agricultor, o que diria? Se fosse um mendigo, o que você diria? E se fosse um comerciante? E o que você diria sendo mãe, sendo pai, sendo educadora e sendo educador? E se você fosse uma liderança comunitária, o que diria? E se fosse bispo, considerado pastor das ovelhas de uma diocese ou arquidiocese, o que diria?

Chega a surpreender o que nos diz Dom Hélder Câmara sobre essa questão: "A melhor maneira de ajudar uma pessoa é ensiná-la a pensar." Sim, essa verdade vem de um bispo, de um profeta, de um educador e de um conhecedor das dores e esperanças do povo e das estruturas que tecem as relações em sociedade. Ele poderia fazer média com tantas opiniões prontas, ou ser conformista com tantos que dizem que o mais importante na vida é rezar, ou fazer caridade. Mas não! O mais importante é desafiar e colocar em movimento o pensamento.

Uma pessoa que pensa, ama com maior profundidade. Uma pessoa que pensa, enxerga melhor, revê melhor, escuta melhor e compreende melhor. Uma pessoa que pensa, reza melhor e ajuda melhor. Quem pensa, não fica reclamando das consequências de certos fenômenos que saltam aos olhos, mas vai em busca das causas. "Quando dou comida aos pobres, me chamam de Santo. Quando pergunto porque eles são pobres, chamam-me de comunista", afirma o mesmo Dom Hélder Câmara.

A arte e a grandeza de levar as pessoas ao exercício do pensar torna-se, a cada dia que passa, um desafio mais exigente. Isso é mais forte quando vemos modismos, interesses plurais tentando não só condicionar, mas sutilmente determinar pontos de vista, gostos, modos de pensar. Hoje convivemos com meios de comunicação que trazem tudo pronto e mastigado. Convivemos com pessoas vazias que fazem muito barulho, mas trazem pouco conteúdo, com pessoas que preferem aumentar a voz em vez de aumentar a consistência de seus argumentos, pessoas ensimesmadas, egocêntricas e que pensam demasiadamente nelas mesmas e são pouco empáticas. Convivemos com pessoas que não exercitam o cultivo e a prática da leitura, nem mesmo a leitura de livros e da realidade em que vivem e respiram. São pessoas que leem o título e pensam que sabem o conteúdo. Ou seja, convivemos com pessoas aceleradas, e não antenadas, pessoas que existem e se movem, mas não vivem. Viver é um ato de coragem que exige decisão e comprometimento.

Muitas dessas pessoas se confundem e pensam que, com o advento da internet e a conexão a tantos mundos, o pensar ficou em segundo plano. Porém, não se deram conta que essas redes trazem informações, mas não conhecimento; matam curiosidade, mas não dão musculatura para uma vida refletida e um viver com sentido; proporcionam contatos, mas não sabedoria; preenchem curiosidades, mas não nos tornam motoristas de nossas vidas. E mais, todas essas novidades e facilidades existem porque existem pessoas pensantes por trás delas, pessoas críticas, pessoas que pensam e enxergam para além do "aqui e agora", pessoas que têm lucidez intelectual. Uma pessoa que pensa, torna-se consciente e livre, torna-se ela mesma e o sujeito de sua vida. Torna-se única, importante e vive como aprendiz.

Nós não deveríamos ter vergonha em confessar o não conhecimento em vários campos da vida. Ter dúvidas costuma despertar um belo dinamismo de buscas. A pior ignorância não é a ignorância em si, mas ignorá-la. "Conscientizar-se da própria ignorância é um grande passo para aprender" (Benjamin Disraeli), pois investir na ignorância sai muito caro. "Minha profissão de fé, hoje, é pelo saber, pelo conhecimento... O único mal é a ignorância, o único pecado é a ignorância" (Orides Fontela).

Pessoas que sabem pouco e que não se esforçam para aprender e crescer costumam estar centradas em seus egos, precisam de barulho, necessidade de afirmação pela aparência, não olham nos olhos e adoram falar vantagens próprias exatamente para encobrir a falta de um conhecimento consistente e aprofundado. "A ignorância está sempre pronta a admirar-se a si própria" (Nicolas Boileau).

Pessoas que não se aprimoram em conhecimento, leituras, cultura e novos saberes são como funis que vão estreitando, sempre mais, o ângulo de compreensão do mundo e das pessoas. Já "o conhecimento amplia a vida. Conhecer é viver uma realidade que a ignorância impede desfrutar" (Carlos Bernardo Gonzálves Pecotche).

A pessoa que exercita o pensar crescerá como pessoa e como profissional, desenvolverá a lucidez para ter opinião própria e compreenderá a sua responsabilidade no mundo. "O maior bem que podemos fazer aos outros não é oferecer nossa riqueza, mas levá-los a descobrir a deles" (Louis Lavelle).

Pensar nos coloca no caminho da sabedoria. E pessoas sábias não se contentam com o que sabem, mas vivem como aprendizes: é um excelente estilo de vida. A renúncia ao pensamento crítico é algo perigoso e de consequências nada boas. "O mal pode se tornar algo banal para quem não aprendeu a pensar", afirma Hannah Arendt. A banalidade é muito mais forte em pessoas que não leem, não estudam, não interpretam, não pensam e não investem em si mesmas. O pensamento curto e a não elasticidade do pensar costumam ser companheiros de pessoas altamente moralistas e chatas. "Pensar é difícil, é por isso que a maioria das pessoas prefere julgar" (Carl Jung).

Quando a facilidade em julgar suplanta o pensar, qualquer indício pode se tornar evidência e o lado subjetivo é facilmente projetado sobre a objetividade de um texto, obra, pensamento e sobre a própria realidade.

Acontece uma grande confusão quando as pessoas se afastam ou ignoram os fatos: facilmente confundem a própria subjetividade com os fatos. Isso é mais comum quando existe uma sobrevalorização do ego em detrimento ao exercício exigente do pensar a realidade objetiva. A facilidade e a preferência em julgar não só nos afastam da realidade, como também nos impedem de conhecê-la e, nessa dinâmica, enriquecer o nosso cabedal de conhecimentos.

Sabemos que uma sociedade líquida costuma gerar pessoas com conhecimentos pouco sólidos. Existe uma real dificuldade em aceitar e conviver com o que é outro: outro de suas crenças, ideologias, partidos, conceitos, paradigmas, visões, compreensões, opiniões. Nessa perspectiva, não existe possibilidade real de um debate, de um diálogo ou de uma crítica construtiva, porque o motor que move essas pessoas não é a racionalidade e o bom senso, mas a dimensão emocional subjetiva, vacinada por um ego doentio e pela quase total ausência de empatia e solidariedade. Portanto, estamos sobre um terreno escorregadio e de reações inesperadas.

É preciso despertar, compreender e reaprender a rasgar o véu da artificialidade, da mera dimensão subjetiva e deixar a realidade ser ela mesma, deixar que os textos e a realidade possam falar o que eles têm a dizer, e não somente o que alguns querem ler ou ouvir. Somente a partir desse desvelamento da realidade é possível ver causas, consequências, estabelecer relações, compreender semelhanças e diferenças, acrescentar reflexões ou questionar argumentos e trazê-los para o coração da vida.

Julgar é fácil. O desafio está no pensar: encarar a realidade externa e aprender a necessidade, o valor e a urgência de silenciar e escutar, parar e observar, e deixar a realidade externa ser real nela mesma e ressoar em sua verdade dentro de nós. "Compreensão é a natureza do amor. Entender o sofrimento do outro é o melhor presente que podemos oferecer ao nosso semelhante. A compreensão é o outro nome para amar. Quem não compreende, não ama" (Thich Nhat Hanh).

A retomada de dois referencias, tidos como leis de ouro e de platina, podem ajudar a resgatar essa relação nova, importante e extremamente humana:

A lei de ouro tem como força motriz o seguinte: faça ao outro o que gostaria que te fizessem, ou não faça ao outro o que não gostaria que te fizessem. Essa não é só a lei mais universal, mas ela coloca um ponto de interrogação dentro de nós antes de qualquer ação em relação aos outros. O critério é você mesmo. Eu gostaria que as pessoas me julgassem, que falassem mal de mim pelas costas, que fizessem fofocas, que me diminuíssem, que fizessem piadas maldosas? Portanto, se não gostaria, eu também não vou fazer. Essa lei não aponta para um mero sentimento, mas para um comportamento assumido e consequente.

Já a lei de platina tem como princípio norteador o seguinte: faça ao outro o que ele gostaria que você fizesse a ele. O critério aqui é o outro, e não eu. Esse tipo de olhar e de comportamento exige silêncio e escuta, olhar e compreensão, compaixão e profunda solidariedade: colocar-se na pele do outro, escutar os anseios e desejos do outro e reagir dentro daquilo que o outro sente, deseja, ama e precisa. A empatia nos faz compreender, vestir a pele do outro, nos faz respeitar e nos conectar ao mundo do outro. "Empatia é saber enxergar a alma do outro sem julgar nada do que está ali, é respeitar o espaço e o tempo de cada um, e é compreender que as dores pesam de jeitos diferentes dentro de cada pessoa. Nem sempre o que é fácil para você, também vai ser para o outro" (Gabriela Freitas).

Ensinar a pensar é uma necessidade, um prazer, um desafio e uma missão de todos nós. Fernando Pessoa nos aponta a perspectiva desse saber pensar: "Uma das qualidades que mais convém que o homem prático desenvolva é a de saber pensar à medida que age, a de ir construindo num caminho a própria direção do caminho. Isso tem a desvantagem de ser absurdo, e a vantagem de ser verdadeiro." Já Lee Jampolsky nos questiona: "Pergunte a si mesmo o que é realmente importante. Então, tenha coragem e sabedoria para construir a sua vida dentro da sua resposta." Essas duas citações os levam ao coração deste capítulo: pensar, questionar e mergulhar.

Vamos avançar mais um pouco nossa reflexão a partir de uma sugestiva citação de Içami Tiba: "Os pais podem dar alegria e satisfação a um filho, mas não há como lhe dar felicidade. Mas os pais podem aos filhos dar muito amor, carinho, respeito. Ensinar tolerância, solidariedade e cidadania. Exigir reciprocidade, disciplina e religiosidade. Pois é de tudo isso que se compõe a autoestima. É sobre a autoestima que repousa a alma, e é nessa paz que reside a felicidade." Trata-se de uma citação perpassada por vários elementos tanto no exercício do pensar como no desafio do educar. Os adultos podem muito, mas não podem dar a felicidade aos filhos, porque esta nasce de dentro de cada criança e é balizada pelo respeito e pela tolerância, pela ética e pela cidadania, pela disciplina e pela mística de vida. É sobre essa base que a autoestima se desenvolve, o pensamento ressoa e a paz encontra moradia. "Você pode apenas ajudar o homem a encontrar a resposta dentro dele mesmo" (Galileu Galilei). Pensamentos bonitos e palavras maravilhosas sem a ação não se transformam em nada. Para que servem a terra, o arado e o cavalo se o agricultor não pegar no arado?

Não podemos esquecer que a ignição capaz de ligar o motor do pensamento pode estar na paixão dos educadores, nas iniciativas e nos hábitos de pais que leem, ou pode estar no encanto e na leitura de bons livros, nas aulas bem preparadas e apaixonantes. Aí está o grande desafio e horizonte no qual o pensamento pode ser costurado. A aprendizagem se dá no coração daqueles que estão aprendendo, que se deixam tocar e transformar. "Educar é impregnar de sentido o que fazemos a cada instante" (Paulo Freire).

"A educação foi para mim como um barco:
me dava acesso a outros mundos."

(Mia Couto)

3. Novas lentes e nova compreensão

Quando as lentes da razão estão embaçadas,
é impossível enxergar a clareza da verdade.
Edna Frigato

O tipo de lente que usamos pode condicionar e até mesmo determinar o tipo de olhar que temos sobre o mundo, as pessoas, as realidades e os contextos. Nós vemos o mundo conforme o tipo de lente que usamos e sentimos o mesmo mundo de acordo com a nossa situação interior. São dois verbos – ver e sentir – que se dão no tipo de relação que estabelecemos. O pensador e teólogo francês Jean-Yves Leloup projeta uma luz importante de compreensão. Diz ele: "O mundo, tal como o vemos, já é a criação de nosso olhar; mudar o mundo é mudar de olhar."

O mesmo teólogo dá um exemplo: "Nosso olhar sobre a morte pode mudar, se ele não se detiver no corpo, onde geralmente se detém, se olhar para outros lugares." É fato que o sofrimento das pessoas, quando se despedem de um ente querido, geralmente está no corpo, pois antes havia a presença física dele ao longo da vida e, com a morte, essa presença não mais será física. E se esse olhar se dirigir para outra perspectiva, outra compreensão, outro lugar? Este capítulo mover-se-á dentro dessa mudança de olhar. Vamos tentar ver certas situações com novas lentes, com um novo olhar.

Ao longo da história, muitas realidades receberam uma nova compreensão e, portanto, um novo olhar. Isso é inerente à vida e à história. As ciências têm um papel preponderante nesse sentido e prestam um grande serviço à humanidade. O mesmo é válido em relação a nós mesmos, em relação às pessoas e realidades que nos circundam. Quem conhece a ave chamada joão-de-barro sabe que ela, desde sempre, construiu a sua casa de barro do mesmo jeito. O homem, por sua vez, tem a capacidade de alterar o estilo de sua casa e mudar-se a si mesmo.

Vejamos algumas ponderações em forma de provocações reflexivas na perspectiva de novas compreensões:

Primeira ponderação – a pessoa vai se fazendo: o filósofo Mário Sérgio Cortella denuncia uma forma artificial, descartável e desumana de pensar e tratar o ser humano: "É absurdo acreditar na ideia de que uma pessoa, quanto mais vive, mais velha fica; para que alguém quanto mais vivesse mais velho ficasse, teria de ter nascido pronto e ir se gastando... Isso não ocorre com gente, e sim com fogão, sapato, geladeira. Gente não nasce pronta e vai se gastando; gente nasce não-pronta, e vai se fazendo."

O ser humano nasce dependente e vai aprendendo tudo: aprende a ser originalmente ele mesmo. Cortella alerta sobre um problema mal colocado, isto é, situar o ser humano no mesmo patamar ou na mesma lógica das coisas, que vão se gastando, perdem a validade e costumam ser trocadas.

Com as pessoas não pode ser assim. Elas não nascem prontas e vão se gastando. Pelo contrário, o ser humano nasce aprendiz e vai se fazendo, se esculpindo, se construindo, se reinventando em todas as idades, situações, fases e estações.

As coisas foram criadas para serem usadas e, eventualmente, trocadas. Já o ser humano não foi criado para ser usado e trocado, mas para ser amado, valorizado e respeitado. O ser humano não pode ser colocado como mercadoria de troca ou de substituição, nem de comparação. "O melhor indicador do caráter de uma pessoa é como ela trata as pessoas que não podem lhe trazer benefício algum" (Abigail Van Buren).

Segunda ponderação – a coragem do amar: o amor é um estilo de vida que tem na radicalidade e na verticalidade as suas raízes mais profundas. Não é possível amar pela metade. No ato do amar não só damos algo de nós, mas nos doamos no próprio ato de amar.

O pensador francês Jean-Yves Leloup aponta para a insuficiência no amar quando diz: "Amamos tão pouco e tão mal, com uma metade ou até mesmo com um quarto de nós mesmos. E amamos, no outro, alguns pedaços escolhidos, os mais conhecidos, aqueles que nos causam menos medo. É tão raro amarmos alguém por inteiro, com aquilo que nos agrade e com aquilo que não nos agrade. É tão raro sermos amados por inteiro, com nossas cavidades de sombra, com nossos dorsos de luz." O amor não é um mero sentimento, mas uma vida comprometida com sentido.

Se o amor tem raízes, ele também tem asas. Se ele faz florir, ele também deseja produzir frutos. Ele nos faz arriscar e decolar, nos faz ser na coragem do voar. É o movimento das duas asas que torna o voo possível. Essas asas, no tocante ao amor, podem ser a gratuidade e a reciprocidade, pois o amor é essencialmente relação, movimento e encontro. É gratuito porque nele não existe nenhuma razão para amar. Ou seja, a única razão de amar é não ter nenhuma razão para amar. Isso torna a vivência do amor uma experiência da gratuitamente recíproca. "Amar não é ser de alguém, mas é ser com alguém" (Ana Paula Vizzotto).

É preciso amar por inteiro e sermos amados por inteiros, com o nosso sorriso e as nossas cicatrizes, com a história e as esperanças, com o nome e o sobrenome, com o que é compreensível e o que continua mistério. "Amar é quando dois escolhem ser um, com a liberdade de continuar sendo dois" (Edna Frigato). Além disso, Manoel de Barros projeta luz sobre essa nossa temática quando diz: "Meias verdades, meias vontades, meias saudades. Viver pela metade é ilusão. Tire suas meias e ponha os pés no chão."

Terceira ponderação – o tempo é uma questão de prioridade e de escolha: geralmente o tempo leva a culpa de tudo: da falta de prioridade, das protelações, dos descuidos, das ausências, dos atrasos. Porém, não podemos esquecer que um dia tem 24 horas para um bebê, um empresário, um educador, uma mãe, um pai, um agente de saúde, um apaixonado, enfim, para todos.

É preciso ter clareza sobre isso: se alguma coisa é importante, eu vou encontrar um tempo, e não uma desculpa. "Resta quanto tempo? Não sei. O relógio da vida não tem ponteiros. Só se ouve o tic-tac" (Rubem Alves).

É bem melhor você mesmo ser senhor de seu tempo e das suas escolhas do que o médico. "Mas é preciso escolher. Porque o tempo foge. Não há tempo para tudo. Não poderei escutar todas as músicas que desejo, não poderei ler todos os livros que desejo, não poderei abraçar todas as pessoas que desejo. É necessário aprender a arte de 'abrir mão' – a fim de nos dedicarmos àquilo que é essencial" (Rubem Alves).

É bom refletir e repensar a nossa relação com o tempo e o nosso modo de ser e acontecer no tempo, pois ter ou não ter tempo é questão de prioridade e de escolha. Portanto, se brincar com os filhos é importante, você vai decidir encontrar tempo. Se fazer exercícios físicos, caminhadas, estar com a família forem importantes, você vai priorizar esse tempo. Escolher e priorizar nos coloca diante do desafio, também diário, de sabermos renunciar.

Quarta ponderação – quando a iniciativa é do homem: existem muitas pessoas "providencialistas", isto é, que vivem passivamente esperando que uma mão invisível, forças do além ou o próprio Deus resolvam os seus problemas. Em outras palavras, não fazem uso de seus dons recebidos desse mesmo Deus e de suas capacidades trabalhadas ao longo dos anos. Vamos refletir sobre esse possível dilema que pode estar presente em sua vida. Precisamos clarear dois tipos de iniciativas: 1) do ponto de vista da criação, a iniciativa é de Deus. Ele desejou a nossa existência. Ele nos presenteou com a vida. Não só nos regala com a dádiva maior da vida, como também acompanha todos os nossos passos. Faz parte do ato criativo de Deus nos dar todas as graças necessárias para vivê-la bem; 2) do ponto de vista da realização do homem na história, a iniciativa é do homem. É para isso que ele foi criado e capacitado em liberdade. Cabe ao homem tomar iniciativas, dizer para que veio ao mundo e decidir colocar-se a caminho.

O alemão Johann Goethe nos esclarece bem essa questão: "No momento em que nos comprometemos, a providência divina também se põe em movimento. Todo um fluir de acontecimentos surge a nosso favor. Como resultado da atitude, seguem todas as formas imprevistas de coincidências, encontros e ajuda que nenhum ser humano jamais poderia ter sonhado encontrar. Qualquer coisa que você possa fazer ou sonhar você pode começar. A coragem contém em si mesma o poder, o gênio e a magia."

A sábia afirmação de Goethe encontra ressonância na vida de todos que assim procedem: agradecidos pela vida recebida e pela responsabilidade em realizá-la na história humana. Quando essas duas iniciativas – divina e humana – se dão ao mesmo tempo, a vida torna-se plena de sentido. Haverá colheita se o homem tomar a iniciativa, preparar a terra e plantar a semente.

Dentro dessa perspectiva, compreendemos porque Deus não intervém em brigas, guerras, desavenças e em tantas outras realidades tristes que facilmente observamos. Ele não intervém porque ele é fiel às suas criações (o mundo, o homem e a mulher), e estas devem ser livres e responsáveis. Ele estaria traindo a si próprio se interviesse, porque nos criou em e para a liberdade. E é nessa liberdade responsável que os homens devem viver, se relacionar e assumir as consequências de suas escolhas. Portanto, a fidelidade de Deus passa pelo respeito à liberdade dos homens. "Qualquer coisa que você possa fazer ou sonhar, você pode começar" (Johann Goethe).

Quinta ponderação – os ciclos e o sentido da vida: com essa provocação, vamos tomar consciência de alguns fenômenos em nossa vida. Por exemplo, para muitas pessoas não é problemático admitir ideias novas ou novos jeitos de fazer determinadas coisas; pelo contrário, é abandonar ideias e formas antigas de ser, proceder, trabalhar e educar. Existe uma incapacidade ou resistência em fechar ciclos que foram importantes no passado, mas que se tornaram sem força no presente e no futuro. Não basta admitir o novo, mas mergulhar em sua força transformadora e abandonar o que já se tornou insosso. Isso se dá, também, no tocante ao sofrimento: "As pessoas têm dificuldades de abandonar seus sofrimentos. Por medo do desconhecido, elas preferem sofrer com o que é familiar" (Thich Nhat Hanh). As escolhas e a liberdade são riscos próprios de pessoas corajosas e que desejam dar voz e vez ao novo que deseja irromper em suas vidas no tempo presente.

Dentro da perspectiva de confundir o novo com o abandono do velho, temos uma questão que facilmente gera confusão na cabeça de muita gente: o endeusamento do dinheiro. "Não importa quantas vezes nos queiram provar que o dinheiro não traz felicidade: a gente vai sempre querer lhe dar uma nova chance" (Arnot L. Sheppard Jr.). Dalai Lama coloca o dedo na ferida de muita gente quando diz: "Os homens perdem a saúde para juntar dinheiro, depois perdem dinheiro para recuperar a saúde. E por pensarem ansiosamente no futuro, esquecem do presente de tal forma que acabam por não viver nem o presente nem o futuro. E vivem como se nunca fossem morrer e morrem como se nunca tivessem vivido." O problema não é o dinheiro, pois este é um meio para viver, mas a ganância, que é vista como causadora de muitíssimos males.

Aqui vale um belo depoimento sensato e lúcido do ex-presidente do Uruguai, Pepe Mujica: "Ou você é feliz com pouco e vive com pouca bagagem, porque a felicidade está dentro da gente, ou você não consegue nada. Isso não é uma apologia da pobreza, mas apologia da sobriedade. Inventamos uma montanha de consumos supérfluos. E o que gastamos é o nosso tempo de vida. Quando eu compro algo ou você compra algo, você não compra com dinheiro, mas compra com o tempo de vida que gastou para ter este dinheiro. A única coisa que não se compra é a vida. É lamentável desperdiçar a vida."

Sexta ponderação – nós sentimos o mundo conforme a nossa situação interior: podemos dizer que existem dois mundos: o externo e o interno, o objetivo e o subjetivo, entre aparência e essência. Eles não são opostos, mas deveriam se completar. Quando existem pontes e sintonia entre ambos, a vida flui. Quando não existe conexão entre eles, mas sim muros, escudos e medos, a vida fica embaçada, travada e comprometida. "O medo é que faz que não vejas, nem ouças porque um dos efeitos do medo é turvar os sentidos, e fazer que pareçam as coisas outras do que são!" (Dom Quixote).

É importante compreender que o mundo externo – pessoas, palavras, acontecimentos, opiniões, estações, estradas etc. – é sentido conforme a nossa situação interior. Por isso, tem dias que um caminhão tem peso de borboleta e tem dias em que qualquer palavra tem o peso de um trator. É importante conhecermos a nós mesmos e saber quais os dias em que estamos muito sensíveis para não nos expormos muito e tomarmos consciência em quais dias a unidade interior está mais fortalecida para, aí sim, enfrentar e solucionar dificuldades.

Vejamos alguns exemplos para compreender melhor essa realidade em diferentes campos da nossa vida:

a) Se os barulhos externos me incomodam demais, talvez seja bom verificar se eles não batem de frente com os muitos ruídos dentro de mim e que atrapalham a beleza do viver. Quando dois ruídos batem de frente, o desconforto costuma ser bem irritante;

b) O mesmo vale em relação à beleza e aos perfumes dos jardins: "Quem não tem jardins por dentro, não planta jardins por fora e nem passeia por eles" (Rubem Alves). Quem gosta de contemplar jardins fora de si, é porque possui e cultiva jardins dentro de si;

c) Mais do que ser felizes, precisamos ser verdadeiros. É um erro procurar a felicidade nela mesma. Ela se manifesta quando somos verdadeiros, inteiros, éticos. "Em vão procuramos a verdadeira felicidade fora de nós, se não possuímos a sua fonte dentro de nós" (Marquês de Maricá). Ela nasce, floresce e cresce de dentro para fora;

d) Em relação aos amigos, acontece algo muito semelhante: "Cada amigo representa um mundo dentro de nós, um mundo que talvez não teria nascido se não nos tivéssemos conhecido" (Anaïs Nin). Nós nos conhecemos e nos reconhecemos nos amigos;

e) Excesso de expectativas costuma ser sinônimo de frustração. É bem melhor não esperar absolutamente nada dos outros e esperar muito de si mesmo. Isso vai balizar um estilo de vida sereno e de paz;

f) Algo parecido pode acontecer em relação a situações não bem resolvidas no amor, nas amizades e na família. A mágoa ressentida costuma provocar muitos estragos, sobretudo na vida de quem fica "cozinhando" esse tipo de sentimento em demasia. "Guardar mágoas e ressentimentos é a mesma coisa que tomar veneno e esperar que o outro morra", já dizia William Shakespeare. Nesse caso, quem está morrendo lentamente é a pessoa que cozinha esse feijão velho da mágoa. "Mesmo que o ressentimento seja desencadeado por algo externo, ele não está localizado em nenhum outro lugar senão em nós mesmos" (Matthieu Ricard). Vale lembrar, nessa perspectiva, que os "navios não afundam por causa da água ao redor deles. Navios afundam por causa da água dentro deles. Não deixe o que está acontecendo em torno de você invadir o seu interior e afundá-lo" (Luís Hermínio).

O ressentimento costuma corroer o prazer e a simplicidade do viver, murchar a força das iniciativas, embaçar a transparência do conviver e desmotivar a coragem de seguir em frente. "Prender-se em ressentimento é deixar vivo alguém que você despreza em sua mente sem pagar aluguel" (Ann Landers). O ódio, a raiva e todo tipo de sentimentos doentios cultivados são verdadeiros venenos letais que vão matando aos poucos.

Sabemos que cozinhar feijão velho não tem futuro. Não vai ficar bom. Em vez de gastar tempo, gás, temperos com algo que não tem futuro e que estraga a vida, melhor seria jogá-lo fora. Melhor seria reconciliar-se e colocar algo nessa panela capaz de alimentar a ternura, a compaixão, a humanidade. A não reconciliação – com as pessoas e consigo mesmo – é decidir morrer lenta e prematuramente.

Existe uma relação de reciprocidade entre o meu mundo e o mundo dos outros: quanto mais busco acolher e compreender o outro, mais mergulho na compreensão de mim mesmo. No olhar do outro podemos encontrar sinais indicativos para a nossa própria compreensão e caminhada. Na coragem do outro, a nossa coragem pode ser despertada e entusiasmada.

Quanto mais sinceras e verdadeiras forem as nossas relações, mais as palavras podem apontar verdadeiros horizontes e surpreendentes novidades. "Enfeite-se com margaridas e ternuras, e escove a alma com flores, com leves fricções de esperança. De alma escovada e coração acelerado, saia do quintal de si mesmo e descubra o seu próprio jardim" (Carlos Drummond de Andrade).

Sétima ponderação – nós vemos o mundo conforme o tipo de lentes: nós nos realizamos ou nos frustramos conforme o tipo de relações que estabelecemos com o mundo externo, com as pessoas, com a transcendência, com nós mesmos.

Nós vemos o mundo conforme o tipo de lentes que usamos. Uma lente riscada dá a sensação de que o mundo está riscado, ou uma lente escura pode sugerir que o tempo externo está escurecido. Porém, não é o mundo que está riscado, escurecido, embaçado, mas é a lente que usamos que nos faz ver o mundo dessas formas.

Os nossos exageros podem ser um tipo de lente que não permite um olhar cristalino. Por exemplo:

a) Aquilo sobre o qual temos uma necessidade exagerada de falar, de repetir e de insistir é, provavelmente, o que menos vivemos. Isso se revela no exagero de ter que falar o tempo todo sobre o mesmo assunto. O exagero em declarações de amor pode revelar um amor insuficiente ou uma busca de si mesmo nessa relação.

b) O mesmo vale para as críticas exageradas e doentias. Aqui não estamos falando das críticas construtivas que nascem no coração de quem está comprometido, mas das críticas descomprometidas, cansativas e vazias: por detrás delas, pode estar um desejo de querer para si mesmo o objeto criticado ou desejar para si mesmo as características das pessoas exageradamente criticadas. Ou, por detrás desse tipo de críticas, pode estar uma forma deselegante de se elogiar: "A facilidade em criticar os outros é uma forma desonesta de se elogiar" (Nelson Rodrigues).

c) O ódio, muitas vezes, é uma projeção que a pessoa carrega dentro de si mesma "Quando odiamos alguém, odiamos em sua imagem algo que está dentro de nós" (Hermann Hesse). Além do mais, o ódio tem cheiro de vingança, e da pior espécie: "O ódio é a vingança do covarde" (George Bernard Shaw).

d) "Falas tanto de tua dor. Queres ficar bom ou cultivar a dor? A dor valorizada se transforma em vício. Parece paradoxal, mas o cultivo da dor pode ser uma forma de preencher o tempo vazio. Quem sabe ocupar-se bem no tempo, não tem tempo disponível para dedicar-se à dor. Afinal, a dor nunca é boa companhia" (Valter da Rosa Borges).

Portanto, "geralmente, quando detestamos alguma coisa nos outros é porque a sentimos em nós mesmos. Não nos aborrecem os defeitos que não temos" (Miguel de Unamuno). Muitas vezes temos dificuldade em aceitar que alguma pessoa próxima não sabe perder em um jogo de baralho, por exemplo. Porém, essa dificuldade em aceitar isso bate de frente com a nossa dificuldade em saber perder, isso pode ocorrer em outros campos da vida, como em uma partida de futebol, em um jogo de sinuca ou até mesmo em algum debate.

Detestamos certas pessoas porque gostaríamos de ser como elas, seja no jeito comunicativo e simpático de serem, na capacidade intelectual ou mesmo em sua beleza. A vaidade dos outros só nos incomoda quando se depara com o nosso espelho, nos é antipática porque vai ao encontro da nossa vaidade. O mesmo vale para o orgulho. O saber e a sabedoria do outro podem nos incomodar bastante, sobretudo quando batem de frente com a nossa acomodação e ignorância.

O filho que mais enfurece o pai ou a mãe é o que mais se parece com eles. Constatar isso não é se culpar, nem ignorar, mas aprender a se conhecer, aprender a lidar com isso sem medo. "O amor nada mais é do que a conquista de nós próprios no outro" (Friedrich Hebbel).

Oitava ponderação – uma diferença importante entre sentimentos e atos: é importante fazer essa diferença, pois poderá evitar sofrimentos na vida de muitas pessoas que não situam corretamente o que lhes passa em sua vida, sobretudo em sua vida íntima. Estamos falando de sentimentos e de atitudes.

Os sentimentos são um fenômeno da natureza. Eles aparecem, nos visitam, nos perpassam, nos encorajam, nos jogam na calçada, nos escondem, nos envergonham, nos fazem levantar da cama logo cedo. "Música é quando alguém empresta a voz para os sentimentos da gente", diz Edna Frigato.

Os sentimentos são uma força e um tipo de linguagem importantes na vida. Porém, eles não são escolhas livres e conscientes. Eles só acontecem. Nós não temos como escolher os nossos sentimentos e não temos o controle ou a chave que ativam os sentimentos que queremos sentir e que descartam os que não são bem-vindos.

Já as atitudes, frente aos sentimentos, dependem de nós. Essas, sim, dependem de uma escolha livre, consciente e consequente. O texto de Rubem Alves nos ajuda a compreender essa diferença: "Somos donos de nossos atos, mas não donos de nossos sentimentos; somos culpados pelo que fazemos, mas não somos culpados pelo que sentimos; podemos prometer atos, mas não podemos prometer sentimentos... Atos são pássaros engaiolados, sentimentos são pássaros em voo." Portanto, temos um relativo controle sobre nossas reações diante dos sentimentos.

É bom saber que uma das linguagens mais lindas da vida é a dos sentimentos. Quando nós aprendemos a interpretá-los, a sentir para quais desejos, sonhos e desafios apontam, estamos em uma boa dinâmica de vida. Eles são reveladores de algo que deve ser evitado por nós ou setas indicativas que apontam o caminho a percorrer.

É possível encomendar um bolo, mas não é possível encomendar uma poesia de amor ou uma música romântica. O bolo necessita de ingredientes e está sob o viés racional, já a poesia nasce do coração dos sentimentos. Você pode sentir um forte amor por alguém, mas não pode exigir o mesmo tipo de sentimento dessa pessoa. Podemos, sim, ter uma atitude de respeito no tocante a esse tipo de sentimento.

Aprendi uma nova forma de me reinventar: quando vêm sentimentos destruidores, eu planto uma semente; quando o ciúme mostrar a sua cara deselegante, rego essa semente até ela nascer; quando a raiva, a mágoa, os ressentimentos e outros sentimentos negativos acelerarem o coração, levo esse rebento ao Sol, cuido dele, adubo a terra e aprecio a forma silenciosa e contundente como ele cresce e aprecio o quanto tem beleza própria e como silenciosamente produz oxigênio, frutificando flores e florescendo frutos.

Nona ponderação – toda decisão é reveladora: nós sabemos que é impossível viver sem decidir. É o que mais fazemos ao longo do dia. Porém, a novidade aqui é compreender que todas as decisões que tomamos são reveladoras daquilo que queremos e de quem somos.

Neale Donald Walsch afirma que "toda decisão que você toma – toda decisão – não é uma decisão sobre o que você faz. É uma decisão sobre quem você É. Quando você vê isso, quando você entende isso, tudo muda. Você começa a ver a vida de um modo novo. Todos os eventos, ocorrências, e situações se transformam em oportunidades para fazer o que você veio fazer aqui". Isso nos convida para uma análise profunda sobre o que está por trás das nossas decisões e como nos dá elementos de um autoconhecimento mais aprofundado.

O homem não se realiza em um só ato. Ele tem que se decidir por si mesmo na orientação de sua vida. A liberdade existencial é composta pela orientação de sua vida e pelo livre arbítrio, ou seja, de escolha. As decisões particulares – liberdade de arbítrio – dependem da atitude que ele foi assumindo diante do mundo em que vive. Portanto, há uma conexão nos atos do homem e estes dão uma orientação de vida e uma coerência.

Dizer que as nossas decisões são reveladoras é lançar um olhar sobre a qualidade das nossas decisões e sobre o que buscamos em nossas escolhas. É possível saber muito mais sobre quem nós somos a partir do tipo de escolhas que fazemos. Por exemplo, escolher comprar comida de qualidade revela um tipo de conceito de saúde que nós temos; falar mal das pessoas não aponta os erros delas, mas revela o grau de caráter que nos perpassa; compartilhar notícias falsas ou dar ouvidos a fofocas maldosas também revela muito sobre quem nós somos.

Nos processos educativos, tanto no ambiente familiar quanto no escolar, é importante alertar sobre a força que as decisões têm na vida. Além disso, é importante proporcionar espaços de participação dos educandos em decisões que devem ser tomadas. Essa prática deveria estar presente nas famílias e nos centros educativos. Isso ajudaria a recolocar em ação tantos filhos que vivem em grandes indecisões, o que os tornam pessoas inseguras, medrosas e que evitam decidir. "Não existe ser humano mais miserável do que aquele em que a única coisa habitual é a indecisão" (William James). É uma bela atitude pedagógica desafiar os filhos para que participem de processos de discernimento, que se sintam partícipes de decisões na família e na escola. É uma excelente atitude pedagógica quando os pais envolvem os filhos em decisões que devem ser tomadas. Por exemplo: pesquisar sobre coisas que desejam adquirir, sobre mudanças, recursos etc. Isso não tira a hierarquia dos adultos, mas os enriquece. As crianças sempre surpreendem. O mesmo deveria acontecer nas escolas ao envolver os educandos em decisões que precisam ser amadurecidas, como, por exemplo, pintar os muros, planejar atividades em dias memoráveis etc. Precisamos acreditar e confiar!

Felizes os pais e educadores que compreendem que não existem problemas problemáticos, mas sim que existem dificuldades que são desafios, que existem situações que são verdadeiras oportunidades.

Décima ponderação – o ineditismo do viver: cada pessoa é inédita. Cada amanhecer é único. Cada dia é especial. Não existe pessoa igual, nem amanheceres gêmeos e nem dias parecidos. As pessoas, a vida e os dias são inéditos, mesmo você fazendo o mesmo trabalho, vivendo na mesma casa e percorrendo as mesmas estradas.

Nunca mais vamos viver o dia de hoje, tampouco os que já passaram. Está aqui o ineditismo do viver. O filósofo Heráclito simplifica isso quando diz que "é impossível tomar banho duas vezes no mesmo rio, porque o rio nunca será o mesmo nem nós seremos os mesmos". Por isso que é tão importante mergulhar na novidade e surpresa de cada momento, de cada amanhecer e de cada pessoa. "Ninguém é, nem mesmo remotamente, parecido com você em termos de sentimentos íntimos, pensamentos, desejos" (Wayne W. Dyer).

É uma pena que muitas pessoas, em vez de mergulharem nas águas do mar e da vida, preferem se defender atrás de muros, conceitos e opiniões. O poeta Mário Quintana chega a ser irônico quando fala desse tipo de gente: "Feliz de quem entende que é preciso mudar muito para ser sempre o mesmo."

É preciso renascer, viver com sentido, tornar a vida e o jeito de viver inéditos. Não são só os mementos bons que são inéditos, mas também as dores, crises, dúvidas, preces.

Podemos aprender com os girassóis, que: a) vivem a sua originalidade; b) acompanham a luz e força vital do Sol; c) quando o céu está nublado, se voltam um para o outro; e d) mesmo quando morrem, ainda espalham sementes. "O meu olhar é nítido como um girassol, tenho o costume de andar pelas estradas, olhando para a direita e para esquerda, e, de vez em quando, olhando para trás. E o que vejo em cada momento, é aquilo que nunca tinha visto, e assim, sinto-me nascido a cada momento" (Alberto Caeiro).

"O amor é como uma lente bifocal: faz olhar para a realidade onde plantamos as sementes e arriscar horizontes habitados por sonhos em vias de realização."

(Canísio Mayer)

4. Não existe educação sem ética

Somente as pessoas éticas têm bons amigos.
Étienne de la Boétie

A vida nos ensina que podemos ter vários colegas, parceiros de festa, pessoas legais em nossa volta, mas amigos de verdade não existem sem ética. Basta olhar para os seus melhores amigos: eles são verdadeiros, falam olhando nos olhos, te elogiam em público e te corrigem em particular, não falam pelas costas, despertam o teu melhor, sabem te desafiar, te acolhem como diferente, são amantes da verdade e continuam do teu lado.

O mesmo pode ser afirmado no tocante à educação. Ela não se sustenta se a ética não perpassar o seu dia a dia, as relações humanas, as decisões, a vivência de valores que sejam para todos. "Não devemos nos limitar a dar educação às nossas crianças, devemos ensiná-las a serem pessoas" (Herbert Spencer). Educação com ética para formar homens e mulheres para os demais.

A filosofia ajuda a entender o conceito de ética em nossa vida. "A ética é o conjunto de valores e princípios que usamos para responder a três grandes questões da vida: quero? Devo? Posso? Nem tudo que eu quero eu posso; nem tudo que eu posso eu devo; e nem tudo que eu devo eu quero. Você tem paz de espírito quando aquilo que você quer é ao mesmo tempo o que você pode e o que você deve" (Mário Sérgio Cortella). Vale sublinhar o conjunto de valores e princípios que regem a vida de cada pessoa, que não podem ser artificiais. Os três verbos – querer, dever e poder – falam por si só e na própria explicação dada na definição. Em acréscimo, o filósofo Immanuel Kant alerta e aponta para uma orientação importante no agir: "Tudo o que não puder contar, não faça."

Existe uma diferença entre moral e ética. A moral está mais relacionada à dimensão pessoal e subjetiva, relacionada aos valores e princípios que regem o dia a dia das pessoas, independente se há câmeras filmando ou pessoas olhando. A ética, por sua vez, diz respeito ao que envolve relações com outras pessoas, com a vivência da cidadania. Ela tem uma força e um zelo coletivos e ajuda a plasmar o caráter das pessoas na convivência social.

"Ganhar sem trabalhar pode ser bom para o bolso, mas é péssimo para o caráter" (Antônio Ermírio de Moraes). O caráter é o que nos marca e é o que fica de cada um de nós. "O caráter é a fisionomia moral do homem" (Paolo Mantegazza). Ele é construção e escolha em meio aos valores pessoais e coletivos. Cada pessoa, em meio aos seus desejos, apetites e ganâncias, é capaz de escolher o que é justo e verdadeiro. "O conjunto de coisas que as pessoas fazem quando ninguém está olhando chamamos de caráter" (Oscar Wilde), pois isso nasce do coração e não de possíveis elogios ou reconhecimentos.

Esse modo de ser e de viver nasce da consciência de que a vida e a história têm um lado certo. Isso se manifesta de várias formas, como, por exemplo: a resistência do bem é mais potente que a força do mal; nenhuma noite, por mais escura que seja, consegue impedir a luz de um novo amanhecer; a esperança, a vida e a verdade sempre terão a última palavra, mesmo que isso demore ou passe por processos doloridos e terríveis.

Isso vale tanto em termos pessoais como sociais. Todo poder construído em cima da dominação, exploração, injustiça e do autoritarismo traz como fundamento um tipo de areia movediça, que leva esse tipo de projeto ao desmoronamento. Assim a história nos mostra e assim a vida é. Toda importante construção vai cair se não for erguida sobre a ética, a verdade, a democracia e sobre os direitos e deveres de todos os cidadãos.

Não é a lama que lava a lama. Não é a escuridão não dissipa a escuridão e não é com o mal que se vence com o mal. Não é a violência que põe fim ao círculo vicioso da violência. A afirmação do certo, da verdade e de tudo o que vem das raízes e do coração do povo é que eles terão a última e decisiva palavra na vida e na história.

Certas pessoas são tão pobres que a única coisa que possuem é dinheiro. E existem outras pessoas que são tão ricas que a única coisa que as move é o desapego e a liberdade. Estas últimas entendem que "uma vida satisfeita é melhor que uma vida bem sucedida. Porque o nosso sucesso é medido pelos outros, mas a nossa satisfação é medida pela sua própria alma, mente e coração" (Dalai Lama). Somos nós que sentimos e vivemos e somos responsáveis pela forma de sermos nas 24 horas de cada dia. A opinião dos outros não é a totalidade da verdade e é apenas uma opinião que devemos considerar, mas sem deixá-las nos determinar.

Diz Santo Agostinho que "a esperança tem duas filhas lindas: a indignação e a coragem. A indignação nos ensina a não aceitar as coisas como estão; e a coragem, a mudá-las". Esperançar rima com avançar, acreditar, confiar, perseverar. Esperançar não é esperar, mas é colocar-se a caminho, é testemunhar e afirmar a vida e o valor do viver. E viver é ter lado, é ser movido por valores que sejam libertários em um duplo movimento, para quem domina e para quem explora, pois o dominador não é livre só porque é dominador, tampouco é livre quem é oprimido e submisso, pois vive como escravo. Ambos são escravos e ambos precisam se libertar. Diz Abraham Lincoln que "pecar pelo silêncio, quando se deveria protestar, transforma homens em covardes". Tanto o grito como o silêncio são linguagens e são escolhas. "É necessário cuidar da ética para não anestesiarmos a nossa consciência e começarmos a achar que tudo é normal" (Mário Sérgio Cortella).

Há algumas atitudes pedagógicas para pais e professores a partir dessas reflexões:

- **Formar homens e mulheres de valor:** tolerantes e respeitosos ao diferente e com atitudes que defendem a vida como valor sagrado. Formar esse tipo de pessoas é missão de todos nós;

• **Ser plateia do bem:** testemunhar uma amizade sincera e diária para com a verdade. "A mentira só se alimenta do crédito que ela recebe" (Içami Tiba);

• **Formar pessoas protagonistas:** educar para que cada pessoa seja ela mesma, independente de elogios, críticas, câmeras ou plateia. O valor deve ser vivido nele mesmo, independente do dia, do lugar e do contexto. "Não há nada de errado em ser ambicioso, mas o erro é definir a ambição antes de definir a ética" (Stephen Kanitz).

• **Valorar em demasia as seguintes pequenas (po)éticas**: qualificar antes de quantificar, escutar antes de falar, sonhar antes de lamentar, participar e envolver-se antes de criticar. A ética nos ensina a: conquistar antes de gastar, compreender antes de aconselhar, insistir para não desistir e decidir viver antes de morrer;

• **Aprender com os mestres:** sempre devemos lembrar, nos atualizar e aprender com a sabedoria de Mahatma Gandhi: "O que destrói o ser humano? Política sem princípios, prazer sem compromisso, riqueza sem trabalho, sabedoria sem caráter, negócios sem moral, ciência sem humanidade e oração sem caridade." Mesmo que os meios de comunicação não disseminem, mesmo que os jornais não divulguem, a verdade nunca deixa de ser verdade, mesmo sendo defendida por poucos.

• **Ser competentes e profundamente humanos:** educar é formar excelentes seres humanos e competentes profissionais. "Profissional nota 10 é aquele que acrescenta dois pontos de esforço, três pontos de talento e cinco pontos de caráter" (Roland Barthes).

• **Compreender que a ética busca conectar pessoas éticas:** no tocante aos amigos, cabe ajudar aos filhos a reconhecerem pessoas éticas e possíveis amigos éticos, e, ao mesmo tempo, fazer com que os filhos sejam éticos, honestos, justos, da verdade e do amor.

O pedagogo e escritor Içami Tiba diz com todas as letras: "Não basta ser inteligente, a criança precisa ter ética." A inteligência, quando é desprovida de valores éticos e de uma orientação séria de vida, pode ser perigosa. A história nos revela diariamente que quaisquer economia, política e relações humanas sem ética tendem ao fracasso.

Um texto encontrado após a Segunda Guerra Mundial em um campo de concentração nazista ajuda a entender essa ambivalência da inteligência:

> "Prezado professor, sou sobrevivente de um campo de concentração. Meus olhos viram o que nenhum homem deveria ver: câmaras de gás construídas por engenheiros formados, crianças envenenadas por médicos diplomados, recém-nascidos mortos por enfermeiras treinadas, mulheres e bebês fuzilados e queimados por graduados de colégios e universidades... Assim tenho minhas suspeitas sobre a educação. Meu pedido é: ajude seus alunos a tornarem-se humanos. Seus esforços nunca deverão produzir monstros treinados ou psicopatas hábeis. Ler, escrever e saber aritmética só são importantes se fizerem nossas crianças mais humanas."

É uma carta chocante e muito triste. Ela não pode ficar no esquecimento, pois o homem, infelizmente, também traz consigo tendências destruidoras e mortais.

Não vamos pensar que esses tipos de crueldades só aconteceram no passado. Hoje, muitas pessoas usam a sua inteligência para explorar, ou usam a capacidade persuasiva em discursos para enganar. Uma das injustiças mais covardes que algumas pessoas cometem, ainda em nossos dias, é usar o discurso religioso para extorquir dinheiro de pessoas humildes. "Se a ética não governar a razão, a razão desprezará a ética" (José Saramago).

O testemunho de pessoas éticas se faz urgente e necessário em todos os tempos e contextos da vida. "O que me preocupa não é o grito dos violentos, nem dos corruptos, nem dos desonestos, dos sem-ética. O que mais preocupa é o silêncio dos bons" (Martin Luther King Jr.). Isso pode ser ilustrado pelo seguinte exemplo: não basta saber que existe racismo, ou ser contra o racismo, mas também verticalizar e ser antirracista. Não basta ser bom, mas também justo. A constatação de inteligência não é certificado de ética.

"A ética é a estética de dentro."

(Pierre Reverdy)

5. A maior das vitórias

Já te vi vencer tantas tempestades, que hoje tenho minhas dúvidas: afinal, tu és flor ou tu és força?

Victor H. Machado

O poeta Pablo Neruda nos ajuda a situar a intenção deste capítulo: "É proibido chorar sem aprender, levantar-se um dia sem saber o que fazer, ter medo de suas lembranças. É proibido não rir dos problemas, não lutar pelo que se quer, abandonar tudo por medo, não transformar sonhos em realidade. É proibido não demonstrar amor." Tudo na vida sempre pode ser a melhor oportunidade para interpretar e aprender, para encorajar e lutar, para demonstrar e transformar.

Certa vez um velho Eremita refugiou-se nas montanhas para se dedicar à meditação e oração. Ele costumava ser visto pelas pessoas como alguém muito ocupado. Um dia, alguém lhe perguntou:

— Como você pode ter tanto trabalho se mora sozinho?

Ele respondeu:

— Eu tenho várias coisas a fazer: treinar dois falcões, treinar duas águias, acalmar dois coelhos, disciplinar uma cobra, motivar um burro e domesticar um leão.

— Não vejo nenhum animal por aqui, onde eles estão?

O eremita respondeu:

— Esses animais todos nós carregamos dentro de nós: os dois falcões se jogam em tudo o que lhes é apresentado, bom ou ruim, tenho que treiná-los para lançar coisas boas: eles são meus OLHOS. As duas águias, com suas garras, machucam e destroem, tenho que treiná-las para colocarem-se em serviço e ajudar sem causar danos: elas são minhas MÃOS. Os coelhos querem ir aonde querem, querem evitar situações difíceis, tenho que ensiná-los a ter calma, mesmo que haja sofrimento, problemas ou qualquer coisa que eu não goste: eles são meus PÉS. A coisa mais difícil é observar a cobra, ela está trancada em uma gaiola forte, muito forte, mas está sempre pronta para atacar, morder e colocar seu veneno em quem estiver por perto, então eu tenho que disciplina-la: ela é a minha LÍNGUA. Todo burro é teimoso, não quer cumprir seu dever, está sempre cansado e se recusa a carregar sua carga todos os dias: ele é o meu CORPO. Finalmente eu preciso domesticar o leão, ele quer ser o rei, ele é altivo e sempre quer ser o primeiro, ele é vaidoso, orgulhoso, ele acha que é o melhor: ele é o meu EGO.

Como você pode ver, tenho muito trabalho a fazer — concluiu o Eremita.

Retirar-se pode ser uma forma de adentrar e mergulhar no coração, pode significar avançar para águas mais profundas. O alto da montanha pode tanto se referir à geografia como também revelar que é preciso subir os degraus que nos levam para a transcendência, para dentro de nós mesmos e para a nossa verdade mais profunda.

As imagens dos animais utilizados nesse texto são apenas referências para nos ajudar nesse mergulho do vencer-se para vencer na vida, e é legítimo também dizer o contrário: vencer na vida para vencer-se. Há uma relação de exigência recíproca e de recíproca possibilitação. "Quando alguém tem força para vencer a si mesmo, nasceu para grandes empreendimentos" (Henri Lacordaire).

Analisando algumas referências históricas sobre a presente temática, é fácil perceber que "não há coisa mais fácil que vencer os outros homens, nem mais difícil que vencer-nos a nós mesmos" (Marquês de Maricá). Já o filósofo Platão diz que "vencer-se a si próprio é a maior das vitórias". Ou seja, o time a ser vencido sou eu mesmo!

Mas o que é vencer-se? É mais que dominar-se. É muito mais do que ser domesticado, colonizado, enjaulado. Vencer-se é aprender a ser senhor de si mesmo, senhor de seus sentimentos, senhor de suas reações, senhor de seu comportamento. Não tem nenhuma relação com o falso culto à aparência. Vencer-se é colocar-se a caminho e no movimento do caminhar, encontrar-se como dom e tarefa para nós mesmos.

Vencer-se é tomar consciência do seu potencial, é sentir, acolher e orientar as forças que interagem dentro de você e transformá-las e direcioná-las. É canalizar a correnteza das águas para as turbinas a fim de que produzam energia.

Vencer-se tem traços sutis e que merecem ser aprofundados, como diz Públio Siro: "Aquele que sabe vencer-se na vitória é duas vezes vencedor". É isso mesmo: quem não sabe perder na vida, em um debate, no esporte e no dia a dia, no fundo é alguém que não sabe vencer. Um mau vencedor tem necessidade de humilhar, de diminuir e de ignorar o outro e o adversário.

É saudável curtir as vitórias, reconhecer o esforço, mas sempre manter-se humilde e grato. E nas derrotas, mesmo chateado, não abaixar a cabeça e nunca deixar de tirar lições de vida. A grandeza e o verdadeiro sabor nas vitórias estão nas lições de vida que podem ser aprendidas e internalizadas nas derrotas. Esse é o caminho do crescimento e do amadurecimento.

Nas décadas de 1980 e 1990, um treinador de futebol que trabalhou com várias equipes brasileiras, inclusive com a seleção brasileira, tinha como um dos ingredientes em seus treinamentos e jogos deixar os jogadores extremamente incomodados, raivosos e até furiosos. Provocava-os antes dos jogos e antes ou durante os treinos, e na iminência da explosão desses sentimentos, ele olhava fundo nos olhos dos jogadores e repetia: "Solte esta raiva e esta fúria na bola e não nos adversários... Na bola... Na bola." E era exatamente isso que devia ser feito: orientar essa energia potente em prol do jogo, da coletividade e dos resultados.

"Aprendi através da experiência amarga a suprema lição:
controlar minha ira e torná-la como o calor que é

convertido em energia. Nossa ira controlada pode ser convertida numa força capaz de mover o mundo."
(Mahatma Gandhi)

A tática adotada pelo treinador trouxe bons resultados, mas nada disso seria relevante se não estivesse aliado à competência de treinar e à capacidade de cada atleta de dar o seu melhor à equipe. Esse exemplo tem tudo a ver com a lição do eremita anteriormente relatada: orientar as forças dos animais e aves citados para um objetivo maior. É tirar as cores de dentro de nós e pintar, aqui fora, uma nova paisagem...

Faça com que essa dor aí dentro se transforme em sensibilidade e solidariedade aqui fora. Oriente esse medo aí dentro e construa diques de coragem aqui fora. Transforme essa turbulência aí dentro em sonho e esperança aqui fora. Regue as sementes da fé e do amor aí dentro para que abram as asas da confiança aqui fora.

Acelere as boas vibrações aí dentro para que mergulhem em novas realizações aqui fora. Entusiasme o sentido da vida aí dentro para que adquira raízes profundas aqui fora. Derrube os muros aí dentro e use esse material para construir pontes aqui fora.

Temos que ser realistas na vida, sermos como plantas que crescem para o alto enquanto suas raízes crescem para dentro do coração da terra.

Nós temos uma capacidade infinita de superação e de adaptação diante das mudanças. Quando decidimos ver o mundo com novos olhos, o viver torna-se surpreendente. "Entrar em um caminho de transformação não é estar à procura do fantástico ou do extraordinário, mas é aprender a fazer de maneira grande as coisas pequenas" (Jean-Yves Leloup). Por isso é tão importante ser, diariamente, a sua melhor versão e a sua melhor companhia: se goste, se ame e se escute! Se sinta, se priorize e se curta! Se aceite, se perdoe e se cuide! Se atualize, se projete e se sonhe! Se reinvente!

Os problemas e dificuldades não são contra nós, mas são coisas naturais da vida. Eles nos desafiam e fazem parte de um jeito de viver com coragem. A diferença está nas pessoas e no jeito delas de enfrentar cada uma das realidades em seu dia a dia. Tudo pode ser visto como um problema ou como uma oportunidade, como um limite ou possibilidade, como um desafio ou como uma obrigação. "Às vezes só uma mudança de ponto de vista é suficiente para transformar uma obrigação cansativa numa interessante oportunidade" (Albert Flanders).

Dentro da perspectiva da educação, é bom ter consciência que, com a psicologia e outras ciências, muito já aprendemos e muito ainda pode ser compartilhado. Vejamos algumas pistas que podem ser aprofundadas:

Dupla convivência: educar as crianças, desde pequenas, a uma dupla convivência, composta de: 1) estabelecerem boas relações com as pessoas, colegas, vizinhos, amigos; e 2) terem uma boa e saudável convivência consigo mesmas, isto é, propiciar momentos para estarem a sós não como castigo, mas para curtir a presença da melhor companhia que existe: a sua própria. As importantes decisões da vida exigem momentos de profunda solidão para sentir e escolher o melhor. Entendemos aqui por solidão a escolha livre e consciente de estar em contato com a sua verdade mais profunda. As pessoas que fazem a diferença no mundo amam estar em sua própria companhia, da mesma forma que amam conviver com outras pessoas, sobretudo com pessoas que agregam valor e que despertam a sua melhor versão.

"Explodir" em vez de "implodir": não deveríamos nos assustar com certas reações de crianças e adolescentes, sobretudo em momentos de tensão e de convivência e durante o processo de aprendizagem. Vejamos alguns exemplos: psicologicamente falando, é preferível explodir a implodir. É melhor colocar para fora a ficar cozinhando feijão velho, como se diz na gíria popular. Isso é bom, pois apesar de, talvez, haver um desnível na força, no volume e no espaço onde isso acontece, o ato de colocar para fora por si só é saudável. É mais saudável quando a dor, indignação e raiva são orientadas para o bem. No esporte vemos esse tipo de reações em atletas quando as coisas não acontecem conforme o esperado ou o treinado. Essa reação não é contra ninguém em específico, mas sim para libertar-se e colocar "para fora" o que lá dentro incomoda.

Altos e baixos: outro fenômeno que não nos deveria assustar é ver o filho ou educando passando por altos e baixos, sobretudo quando estes se manifestam no momento em que o filho ou educando está comprometido com a aprendizagem, quando busca, estuda e quer aprender, crescer e amadurecer. Esse movimento nasce do comprometimento e das dúvidas, incertezas, novidades, questionamentos e incompreensões provocadas nos educandos ou filhos. Os altos e baixos podem ser sinais de que a criança está em um bom processo de aprendizagem e de crescimento. Quando em um eletrocardiograma vemos a sinalização de altos e baixos, é sinal que a pessoa está viva. E para nós, aqui, o estar vivo é viver processos de aprendizagem. Esse mesmo fenômeno de altos e baixos acontece nas amizades, nas relações amorosas, na sala de aula, e atestam que existe vida, que existe movimento e busca.

Potencial positivo: não podemos esquecer que o papel dos pais e educadores não é viver a vida dos educandos, mas é ajudá-los para que orientem o seu potencial de vida para o estudo, prática de esportes, cultura, criatividade e exercícios diversos. Sim, "dos medos nascem as coragens. Os sonhos anunciam outra realidade possível, e os delírios, outra razão. Somos o que fazemos para transformar o que somos" (Eduardo Galeano).

Todo problema é uma oportunidade: que tal encarar a vida tendo como bandeira essa visão e essa forma de enfrentar as dificuldades? Os problemas serão problemáticos ou oportunos de acordo com o nosso jeito de encará-los. A nossa missão pedagógica é encarar todas as dificuldades e limites como oportunidades e possibilidades. Isso muda nosso olhar e nosso jeito de proceder e faz com que saiamos dos atoleiros da lama dos problemas. O homem do campo e os jardineiros nos ensinam a fazer uso do esterco malcheiroso para torná-lo o adubo que se mistura à terra, onde nascerão e florescerão as sementes. As plantas extraem do adubo malcheiroso tudo o que lhes é útil e saudável, mas não permitirão que o azedume da terra manche o frescor das pétalas.

Para concluir este capítulo, é importante que se diga que vencer-se é ter consciência de quem somos e do que buscamos, é acolher-se protagonista de sua vida e assumir isso pelo tipo de decisões que tomamos. Vencer-se é olhar para o espelho que está na parede, é ver-se nas relações que estabelecemos com as pessoas, é ouvir a opinião dos outros e é lançar-se à caminho movido por valores e convicções. Vencer-se é não ter pena de si, nem se sentir ofendido, é escutar para onde o coração deseja ir e prestar atenção para onde não mais deseja voltar. Vencer-se é viver disciplinado para consigo mesmo e generoso para com os demais. Vencer-se é conhecer-se no reconhecimento e é saber-se em constante transformação. Vencer-se é ser mais que aparência, a não ser que esta seja expressão da nossa essência.

"Quando a circunstância é boa, devemos desfrutá-la; quando não é favorável devemos transformá-la e, quando não pode ser transformada, devemos transformar a nós mesmos."

(Viktor Frankl)

Segundo bloco
Posturas pedagógicas

Vou lhe fazer cinco perguntas, mas não precisa responder agora: o que você espera encontrar quando abre qualquer porta? O que você procura enxergar quando olha o horizonte? O que você fica imaginando quando a chuva vai batendo e molhando sua janela? A noite, o silêncio e as lembranças o que representam pra você? Você já viveu hoje?

Rangel Alves da Costa

No presente bloco – de cinco capítulos –, tento refletir, a partir de exemplos históricos, o que são atitudes pedagógicas. Tais posturas são exemplares e podem desafiar e iluminar as posturas dos pais, dos educadores e de todos nós.

São reflexões que fogem do espírito punitivo ou vingativo do "olho por olho" e do "dente por dente". A postura pedagógica deseja sair dessa postura autoritária, agressiva e paralisante.

As posturas dos adultos diante das crianças, adolescentes e jovens deveriam ser pedagógicas em uma dupla dimensão, compostas de: a) ajudar a sair do erro de forma libertadora, sair do mundo ou da tentação da mentira para um novo jeito de ser e de viver; e b) ajudar a quem está no bom caminho e já está fazendo uma boa diferença na vida a fazer mais, a ser mais, a ousar mais, a sonhar muito mais com os olhos abertos e os pés no chão. Portanto, as atitudes pedagógicas devem emendar e desafiar em prol de atingir patamares maiores.

Para que uma postura seja pedagógica e reparadora ela deve ser sensata e autêntica, fruto de um discernimento livre e de uma imaginação criativa. Portanto, deve lançar um olhar diferenciado, seguido por um comportamento ponderado e firme, que culmina em uma decisão capaz de surpreender e levar a um novo olhar e comportamento. "Não permita que os problemas de ontem e o medo do amanhã destruam o dia de hoje" (provérbio chinês).

Nestes capítulos, tomei cinco belas e sugestivas histórias. Eu teço, sobre cada uma delas, alguns comentários em forma de reflexão dentro da perspectiva pedagógica. Mas antes, algumas palavras (po)éticas reflexivas:

Não permita que a opinião alheia adultere a sua originalidade.
Não aceite que erro dos outros se torne critério para o seu viver.

Não permita que a falta de ética comprometa a sua poética.
Não aceite que os medos colonizem a sua coragem.

Não permita que os erros do passado imobilizem a sua confiança presente.
Não aceite que as cicatrizes determinem os seus sonhos.

Não permita que a finitude da vida diminua
a força dos seus desejos de avançar.

Não aceite que o amor seja engessado pela covardia de não se arriscar.
Não permita que a liberdade seja engaiolada em uma falsa segurança.

Não aceite jamais que o desânimo faça ninho dentro de você.
Não permita que ter bens seja mais importante que ser verdadeiro.

Não aceite que a banalidade do artificial tenha
mais espaço que a beleza real.

Não permite que a vida se passe sem a teres vivido.
Não aceite passar pela vida sem que ela te atravesse.

(Canísio Mayer)

1. Postura pedagógica de um educador

Nosso primeiro professor é o nosso próprio coração.

Provérbio cheyenne

Um professor encontra um rapaz que diz que foi seu aluno e este lhe pergunta:

— Lembra de mim, professor?

O professor responde que não.

Então, meio tímido, o rapaz conta que foi aluno dele!

O professor pergunta:

— O que anda fazendo?

O rapaz responde:

— Sou professor!

— Ah, que legal! Assim como eu – diz o Professor.

— Sim. Virei professor porque me inspirei na sua postura de ser educador...

Então o professor pergunta ao rapaz qual foi o momento em que ele o inspirou a ser professor, e o ex-aluno conta esta história:

"Um dia, um amigo meu, que estudou na mesma sala, chegou com um relógio novo, lindo, e eu decidi que o queria para mim... E roubei. Peguei do bolso dele.

Então esse meu amigo percebeu o roubo e recorreu ao senhor, e o senhor disse a todos da sala:

— O relógio do colega de vocês foi roubado. Quem roubou, devolva!

Não devolvi porque não queria.

Então o senhor trancou a porta, falou para todo mundo ficar de pé e que passaria de um por um para revistar os bolsos de todos até achar o relógio.

O senhor falou que revistaria os alunos, porém todos deveriam permanecer com os olhos fechados.

Todos nós fechamos os olhos e o senhor foi procurando de bolso em bolso, e quando chegou no meu, encontrou o relógio e discretamente o pegou. E continuou revistando aos demais, mesmo já tendo encontrado o relógio. Aí quando terminou de revistar a todos, disse:

— Podem abrir os olhos. Já temos o relógio!

O senhor devolveu o relógio ao verdadeiro dono e nada disse".

Envergonhado, o ex-aluno reage:

— O senhor não me disse nada, não me castigou, não me expôs. Nunca mencionou o episódio a quem quer que fosse. Não falou para ninguém quem tinha roubado o relógio. E naquele dia, para sempre, o senhor salvou a minha dignidade! Foi o dia mais vergonhoso da minha vida, mas foi também o dia em que minha dignidade foi salva por eu não ter sido classificado como um ladrão, como uma pessoa má... Naquele dia, eu despertei para muitas coisas e entendi a mensagem. Compreendi o que um verdadeiro educador deve fazer. Você não se lembra disso, professor?

E o professor responde:

— Eu me lembro da situação, do relógio roubado, de ter revistado todos, mas não lembrava de você porque eu também fechei meus olhos enquanto revistava a todos os alunos.

Olhar pedagógico – quatro ponderações

Primeira ponderação

Quando a nossa motivação está bem orientada, nós não humilhamos aos outros e não queremos ter razão ou nos sobrepor, mas sim aprender e testemunhar, amadurecer e crescer em conhecimento e sabedoria. Quando temos uma reta intenção na vida e nas relações, nós sempre queremos que o outro seja ele mesmo, que seja sempre mais verdadeiro e mais livre e nós, menos escravos. Quando a motivação é de reta intenção, nós salvamos a dignidade do outro e afirmamos a nossa. É isso que dá à vida e ao viver o seu mais profundo significado. Pessoas sábias são exigentes consigo mesmas e generosas com os outros. O verdadeiro "líder corrige sem ofender e orienta sem humilhar" (Mário Sérgio Cortella), porque o foco não é ele, mas as pessoas com quem ele trabalha e nas quais ele deseja despertar o seu melhor.

Segunda ponderação

A atitude pedagógica está no sincero olhar para o bem do outro, para que ele possa se libertar de suas tendências de morte, de seus erros, de seus apegos e escravidões. Uma atitude pedagógica surpreende não pelo barulho ou *marketing* que produz em sua volta, mas pela postura de sabedoria que produz no coração da pessoa. Na educação, o foco principal não está no professor, mas no educando. O foco está na forma de ser educador, na maneira criativa de desmascarar uma deslealdade, um roubo, sem com isso expor o aluno e humilhá-lo e massacrá-lo diante de seus colegas. Se o professor tivesse exposto e humilhado tal aluno, provavelmente ele continuaria com esse vício e a sua dignidade continuaria comprometida. Existem formas de reparação que libertam e que produzem efeitos profundos. A atitude do professor foi de reparar o mal de forma humilde e sábia. Ele pensou na pessoa do aluno e não se preocupou como outros procederiam em casos semelhantes, nem com discursos moralistas de pais e professores, mas teve um olhar humano, firme e empático que transcendeu o momento e que foi muito além do erro. O mais surpreendente, para o aluno, aconteceu nesse dia de reencontro com a sabedoria do seu antigo mestre, eternamente atual e presente: a revelação de que ele fizera a revista também de olhos fechados para não expor o autor do roubo. Essa postura é profundamente educadora e pedagógica: não expor a pessoa, mas buscar a verdade; não se prender à desonestidade, mas abraçar a esperança do porvir; não expor o erro, mas expor e afirmar a dignidade.

Terceira ponderação

Infelizmente, tem gente que não desperta para a verdade pelo amor, mas somente pela dor. Tem gente que não percebe que está montando sobre os outros até o dia em que cai do cavalo e é acordado pelo tombo. E tem gente que desperta para uma vida justa, digna, coerente e com sentido quando a sua dignidade é salva, como é aqui o nosso caso. Mais do que isso, esse gesto despertou, como consequência, uma atitude de vida. Tanto o bem feito como o mal praticado hoje levarão as consequências para o resto das vidas de quem os faz e para as gerações que se sucederão.

Quarta ponderação

A pergunta que nós devemos nos fazer é: o que, de fato, forma um ser humano? Sim, o que forma o coração, o saber, as atitudes, e não o que silencia, amedronta, faz calar, faz apenas obedecer. Ser autoritário, para muitas pessoas, é bem mais fácil do que ser democrático. É uma pena que deforma e não forma homens e mulheres livres, sujeitos e comprometidos com a vida. Portanto, o amor compartilhado hoje é nossa paz amanhã. O abraço dado hoje será nossa confiança amanhã. O conhecimento adquirido hoje será nossa segurança amanhã. A pessoa amada e defendida hoje será nosso espelho amanhã. A verdade vivida hoje será nossa consciência em forma de paz hoje e amanhã.

"Precisamos parecer um pouco com os outros para compreendê-los, mas precisamos ser um pouco diferentes para amá-los."

(Paul Géraldy)

2. Postura pedagógica de um escritor

Quem possui a faculdade de ver a beleza, não envelhece.
Franz Kafka

Neste capítulo, sugiro uma reflexão a partir de uma história atribuída a Franz Kafka e transformada em livro em 2006. É uma história que traz consigo uma enorme força pedagógica, sobretudo para pais e educadores.

Kafka foi de família judaica de classe média. Nasceu em 1883, na República Tcheca, e morreu em 1924, na Áustria. Apesar de ter tido uma vida curta, foram 41 anos vividos de forma intensa. Formou-se em Direito, trabalhou em uma empresa de seguros e, nas horas vagas, escrevia. Ele nunca se casou e não teve filhos. Foi um escritor tcheco de língua alemã, autor de contos e romances e considerado pelos críticos como um dos escritores mais influentes do século XX.

Em sua intensa literatura abordava temas tensos e difíceis. Segundo pessoas mais próximas à ele, o autor apresentava um comportamento quieto e agradável, uma inteligência acima da média e um senso de humor seco. Apesar de nunca ter se casado ou sido pai, tinha o matrimônio e a paternidade e a maternidade em alta conta.

Kafka foi diagnosticado com tuberculose em 1917. Foi administrando a doença como era possível, mas piorou em 1924. Voltou de Berlim e foi para Praga, onde morreu no dia 3 de junho de 1924.

Apesar de sua morte prematura, em 1923, um ano antes de seu falecimento, Kafka se deparou e viveu uma experiência inusitada, única e surpreendente. Nesse ano, o autor já morava em Berlim, na Alemanha, e, passeando pelo parque de Steglitz, encontrou uma menina chorando copiosamente porque havia perdido a sua única boneca. Ele se comoveu com a criança e ajudou a procurar a boneca, mas não conseguiram encontrá-la. Para acalmar a menina, Kafka inventou uma história, dizendo que a boneca não estava perdida, mas que foi viajar e que ele era um "carteiro de bonecas". Disse, ainda, que tinha uma carta em seu poder e que a entregaria no dia seguinte.

Naquela noite, ele se sentiu desafiado a redigir a primeira de muitas cartas. Fez isso durante três semanas, redigindo uma carta a cada dia, e a cada dia entregou as mesmas para a menina. No dia seguinte à perda da boneca, marcada por muito choro e desespero, Kafka e a menina voltaram a se encontrar, e Kafka entregou a primeira carta "escrita" pela boneca, que dizia: "Por favor, não chore. Fiz uma viagem para ver o mundo. Vou te escrever sobre minhas aventuras."

Foi assim que começou uma história que foi alimentada com encontros diários entre Kafka e a menina, nos quais eram lidas as cartas da boneca viajante.

Depois de algumas semanas com encontros regulares, Kafka começou a se preocupar como dar um desfecho a essa história de encontros e de partilhas dos conteúdos das cartas que, segundo o escritor, eram da boneca em viagem. Após ponderar, o autor, enfim, encontrou uma saída: ele mesmo comprou uma boneca e a levou para a menina no dia seguinte, dizendo que a boneca voltou para Berlim, para a sua casa. A menina recebeu a boneca, observou-a atentamente e retrucou:

— Ela não se parece nada com a minha boneca.

E Kafka, já prevenido, entregou-lhe outra carta, em que a boneca escrevera: "Nas minhas viagens eu conheci muita gente, convivi com diferentes realidades, aprendi com surpreendentes culturas e tudo foi muito intenso e me transformou profundamente." A menina leu, acolheu, refletiu e compreendeu. Abraçou e beijou a boneca, agora "renovada", e a levou para a sua casa. Um ano depois, Kafka morreu não na Alemanha, mas em sua terra natal, a Tchecoslováquia, junto de seus familiares.

Vários anos após sua morte, a menina, agora adulta, encontrou uma minúscula carta guardada dentro da própria boneca. Nela, assinada por Kafka, estava escrito: "Tudo o que você ama provavelmente você vai perder, mas o amor vai voltar a você de outra maneira!"

Olhar pedagógico – sete ponderações

Em uma primeira leitura dessa história, há a sensação de que esse tipo de abordagem não pertence a Kafka por ser algo terno e meigo demais, pois todos os demais escritos do autor são de natureza totalmente oposta. Porém, a própria namorada do autor, que conviveu com o mesmo durante esse episódio em Berlim, garante que este, de fato, aconteceu. Além disso, a história de Kafka e da menina se tornou um livro.

É possível perceber, na história da menina e sua boneca, alguns movimentos importantes: a) o movimento que gira em torno da constatação da boneca que foi perdida: a menina que chora, o insucesso nas buscas e a saída pedagógica encontrada por Kafka; b) as cartas da boneca viajante, cujo conteúdo não se tem ciência, mas que abrem uma grande perspectiva ao mundo imaginário; c) o reencontro da boneca, transformada em uma boneca outra, e da menina, que viveu um belo processo de vida, que aceitou e superou a perda; e d) a reinvenção do próprio Kafka graças a essa dinâmica.

Há muita riqueza e força pedagógica nessa narração. Vamos refletir sobre algumas que saltam aos olhos e podem remexer nossos corações e desafiar novas atitudes de vida:

Primeira ponderação

No verão europeu, o parque em Steglitz era frequentando por pessoas de várias idades e sensibilidades humanas e culturais. Eram turistas, babás, solteiros, casais, famílias, soldados, pastores que cuidavam de ovelhas que aparam os gramados. Além dessas pessoas, o parque era frequentado por uma menina e um escritor. Nele, acontece o encontro, não agendado. Acontece o encontro inesperado, despertado pelo choro de uma criança, um choro de perda, e pelo olhar de empatia e compaixão de Kafka. Acontece um olhar que assume a função de ponte entre a realidade e a esperança.

Segunda ponderação

Ao sentir a dor da menina, tamanha foi a solidariedade e empatia de Kafka. A companheira de vida do autor, nos seus últimos anos de vida, confidenciou que essa história mexeu muito com a humanidade e criatividade de Kafka, que não conseguiu ver essa situação com indiferença. É de Kafka a citação que diz: "A solidariedade é o sentimento que melhor expressa o respeito pela dignidade humana". Podemos destacar a capacidade de empatia do escritor em compreender o sentimento de uma menina – de seis a sete anos – pela sua boneca.

Terceira ponderação

Outra dimensão é o jeito e os meios usados para lidar com essa situação diante de um contexto de perda, de luto e de transformações que ela provocou. Não sabemos exatamente o que estava escrito nas cartas, mas nossa imaginação consegue viajar para dentro do espírito que movia essa relação entre a menina e o escritor. Os dois eram cúmplices de um segredo, conectados por um tipo de magnetismo da história e pelo sonho de viajar.

Quarta ponderação

Os encontros entre o escritor e a menina trazem em seu bojo um enorme valor de crescimento e de reinvenção diários: nas surpresas de cada dia, na socialização das cartas e das viagens, na capacidade de escuta e de partilha, na força do encontro e no mistério que desencadeiam reflexões que continuam depois de tudo. O primeiro encontro tem continuidade no segundo e assim sucessivamente. Existe uma sequência que instaura um processo tanto na menina como também na pessoa e no escritor Kafka. É importante mergulhar, viver e atravessar os processos que a vida nos coloca.

Quinta ponderação

É curioso quando compreendemos que as soluções e indícios de superação podem estar nas próprias questões. Muitas vezes a resposta está na própria pergunta que nos é lançada. Na presente história, há uma criança aos prantos que desperta um olhar de compaixão por parte de Kafka. E existe uma boneca que une os dois. É nessa congruência que está o elo que pode conectar a solução.

Sexta ponderação

Quando existe um olhar sincero, uma escuta atenta e um autêntico desejo de solidariedade, a imaginação e a criatividade mostram a sua face amiga e se inclinam para saídas criativas. Podemos dizer que a imaginação é criativa e a criatividade é solidária. Dentro desse terreno fértil, qualquer semente que tenha as cores da esperança e que encontra terra fértil vai nascer, se tornar árvore, produzir oxigênio, florir e produzir frutos.

Sétima ponderação

Uma aplicação prática na educação tanto nas famílias como nas escolas é incentivar a prática de leitura, de contar histórias, de recontar a história da família, de recuperar a história da comunidade, município, estado, país. Tudo o que ajuda a conhecer e desperta o senso crítico deve ser cultivado. Não se trata de pedir ou mandar ler, mas aprender a ler juntos, coletivamente. Muitas famílias têm essa prática e impressiona como os seus filhos se tornam pessoas diferenciadas no convívio social, na aprendizagem, na forma de compreender aos outros, na capacidade em argumentar.

O mais importante em relação à história entre Kafka e a menina não é se a história é real ou não, mas o que ela significa, desperta e desafia na criança e nos adultos. Ela desafia a todos nós, assim como livros de ficção nos desafiam. Se um dos maiores escritores da humanidade se inclina e se solidariza com a dor de uma criança e transforma essa história em uma verdadeira escola de vida, nós também podemos, e podemos muito mais.

A preocupação e a ação de Kafka fazem parte de uma reação aos dois maiores inimigos do homem: "Existem dois principais pecados humanos a partir dos quais derivam todos os outros: a impaciência e a indiferença", afirma o próprio Franz Kafka. O contrário pode ser a paciência e a compaixão, o cuidado e a empatia, a preocupação e o amor. É difícil imaginar pais e educadores eternamente impacientes e constantemente indiferentes.

Kafka poderia ter sido mais um entre tantos que diariamente frequentam e passam pelo parque. Porém, ele não apenas passou por ele, mas deixou a realidade do parque inebriar o seu íntimo, fazendo com que a situação da menina – no coração do parque – atravessasse a sua própria humanidade e o transformasse.

"Perder tempo é estragar a vida."

(Franz Kafka)

3. Postura pedagógica de um líder

A mentira dá o almoço, mas não dá o jantar.
Provérbio árabe

"Eu tinha dezesseis anos e estava vivendo com meus pais no instituto que meu avô [Mahatma Gandhi] havia fundado, a 18 milhas da cidade de Durban, na África do Sul, em meio a plantações de cana de açúcar, no interior do país.

Sempre me entusiasmava poder ir à cidade. Certo dia, meu pai me pediu que o levasse à cidade para assistir a uma conferência que duraria o dia inteiro, e eu me apressei de imediato diante da oportunidade. Minha mãe deu-me uma lista de coisas do supermercado e meu pai me pediu que me encarregasse de algumas tarefas pendentes, como levar o carro à oficina. Quando me despedi de meu pai, ele me disse:

— Nós nos veremos neste local às 17h para retornarmos juntos para casa.

Após, muito rapidamente, completar todas as tarefas, fui ao cinema mais próximo. Estava tão concentrado no filme que me esqueci do tempo. Eram 17h30min quando me lembrei. Apressei-me, peguei o carro e corri até onde meu pai estava me esperando. Já eram quase 18h.

Ele me perguntou com certa ansiedade:

— Por que chegaste tarde?

Eu me sentia mal com o fato e não lhe podia dizer que estava assistindo a um filme. Então, eu lhe disse que o carro não estava pronto e que tive que esperar... Isso eu disse sem saber que meu pai já havia ligado para a oficina.

Quando ele se deu conta de que eu havia mentido, disse-me:

— Algo não anda bem na maneira pela qual tenho te educado, que não te tem proporcionado confiança em dizer-me a verdade. Vou refletir sobre o que fiz de errado contigo. Vou caminhar as 18 milhas até em casa e pensar sobre isso.

Assim, vestido com seu traje e seus sapatos elegantes, começou a caminhar até à casa por caminhos que nem estavam asfaltados ou iluminados.

Não podia deixá-lo só. Assim, dirigi por mais de cinco horas atrás dele... Vendo meu pai sofrer a agonia de uma mentira estúpida que eu havia dito.

Decidi, desde aquele momento, que nunca mais iria mentir.

Muitas vezes me recordo desse episódio e penso: se ele me tivesse castigado do modo que castigamos nossos filhos, teria eu aprendido a lição? Não acredito. Se tivesse sofrido o castigo, continuaria fazendo o mesmo...

Mas tal ação de não violência, de testemunho, de atitude, de amor à verdade foi tão forte que a tenho impressa na memória como se fosse ontem" (Dr. Arun Gandhi, neto de Mahatma Gandhi).

Olhar pedagógico – seis ponderações

Primeira ponderação

As mentiras têm pernas curtas e bem tortas. Não podemos esquecer que, para sustentar uma mentira dita hoje, precisamos inventar duas amanhã, quatro depois de amanhã e assim sucessivamente. E o fim de tudo isso nós já sabemos: toda mentira será desmascarada. Mesmo que demore, a verdade será revelada, porque cai sobre as próprias pernas. A verdade sempre terá a última e decisiva palavra.

Segunda ponderação

O potencial tem de ser orientado. As mentiras são verdadeiras bombas atômicas e têm tremenda força destruidora. "Mentir é maldade absoluta. Não é possível mentir pouco ou muito; quem mente,

mente. A mentira é a própria face do demônio" (Oscar Wilde). Não podemos esquecer que a vida tem um lado certo, a história tem um lado certo e a verdade tem um lado certo. "A verdade existe. Apenas se inventa a mentira" (Georges Braque). Todo o potencial investido para inventar mentiras poderia ser usado para inventar canais de vida e construir pontes de solidariedade e aproximação.

Terceira ponderação

O importante na vida é sermos nós mesmos, e sermos nós mesmos significa sermos verdadeiros. E isso vai de cada pessoa. "Quando o amor é verdadeiro, o sacrifício não dói; o amor faz estimar como bem próprio o que é um dever" (Juan Luis Lorda).

Quarta ponderação

O filósofo alemão Friedrich Nietzsche assim desabafou: "Fiquei magoado, não por me teres mentido, mas por não poder voltar a acreditar-te." O mentiroso se sente vitorioso por pensar que enganou alguém, mas essa poeira vai baixar e a verdade vai se revelar. O grande prejudicado nas mentiras, em curto prazo, é a vítima dessa maldade. A longo prazo, o grande perdedor é quem emitiu a mentira: ele será isolado pelos outros e por ele mesmo e, o que é pior, não mais será digno de confiança. O olhar de Gandhi vai além dessa visão expressa por Nietzsche: ele não coloca o problema na pessoa que mentiu, mas na forma de educar o filho.

Quinta ponderação

O olhar e as atitudes pedagógicas do pai são impressionantes: ele não se faz de vítima nem de culpado e nem deseja ter razão. Ele não dá voz e vez ao seu ego, não levanta a sua voz e nem castiga o filho. Ao contrário, está em busca da causa da não autenticidade de seu filho e dos motivos que o levaram a mentir, e faz isso a partir de algo que é próprio de pessoas sábias: não culpa os outros, mas sim desconfia de si mesmo. E isso não é um jogo de *marketing*, mas de verdade. O pai quer compreender onde ele falhou no tipo de educação que deu ao filho, e por isso segue pelo caminho de volta à sua casa, que é longo: são quase 30km de distância. É um caminho sem fim para o filho em termos de quilometragem, mesmo estando de carro. Imagine a duração dessas cinco horas de percurso para o filho, vendo seu pai, a pé, sofrer as consequências de sua mentira.

Sexta ponderação

O poeta Mário Quintana nos oferece uma reflexão valiosa quando diz que "a mentira é uma verdade que se esqueceu de acontecer", e essa verdade foi ressuscitada com o desmascaramento da mentira do filho e com a postura do pai, que, em passos lentos, tenta ver onde ele mesmo falhou. A verdade foi se revelando com a atitude extremamente pedagógica do pai, que não só desmascarou a mentira do filho, mas despertou nele um desejo sincero, para o resto de sua vida, de não mais mentir.

"A vida só pode ser compreendida olhando-se para trás;
mas só pode ser vivida olhando-se para a frente."

(Søren Kierkegaard)

4. Postura pedagógica de um pastor

Liberdade é pouco. O que desejo ainda não tem nome.
Clarice Lispector

Havia um pastor que cuidava de várias ovelhas que viviam por vastos campos, rodeados por uma cerca. Esse pastor cultivava um amor sincero para com todas as ovelhas e sabia o nome de cada uma.

Certo dia, Cassinha – uma das muitas ovelhas – descobriu um buraco na cerca. Sem muito pensar e sem revelar os seus desejos para com as demais ovelhas, ela decidiu sair pelo buraco e fugir.

Aventurou-se mundo afora. Percorreu montanhas e vales, planícies e planaltos. Arriscou-se sem muito pensar. Já distante do redil das ovelhas, percebeu que um lobo começou a persegui-la. O medo e o desespero tomaram conta dela. Não tinha onde refugiar-se e começou a correr sem rumo. Tinha que fugir da ameaça e do perigo iminente.

Quanto mais corria, mais o inimigo se aproximava. Sua vida estava em jogo. Já cansada e com o desespero tomando conta, visualizou um pastor que caminhava pelo campo. Este, quando a viu, correu ao seu encontro enquanto dispersava o lobo. A ovelha, sem pensar duas vezes, pulou em seus braços, envergonhada e sem jeito, porém aliviada, pois era o único jeito de ser salva e de dispersar o inimigo que a perseguira ferozmente.

O pastor, por sua vez, abraçou Cassinha contra o seu peito, sentiu o coração desta acelerado e a acalmou com o todo carinho do mundo. Em seguida, levou-a para de onde fugira, junto de seu pastor e das demais ovelhas. Eles a receberam de volta.

Depois da acolhida e do reencontro – daquela que se desgarrara do grupo –, o pastor caminhou pelo redil, certificou as condições da cerca e descobriu o buraco por onde Cassinha fugira. Porém, não fechou o buraco.

Olhar pedagógico – cinco ponderações

Primeira ponderação

Uma história que tem muito da nossa vida diária: conviver com os descontentamentos contentes e com os contentamentos descontentes; conviver com o habitual, o rotineiro, a coletividade e, de repente, com o aparecimento de uma possibilidade de sair disso tudo e se aventurar. "Não alcançamos a liberdade buscando a liberdade, mas sim a verdade. A liberdade não é um fim, mas uma consequência" (Leon Tolstói).

Segunda ponderação

A atitude do pastor de Cassinha é pedagógica. Ele não fecha o buraco, pois isso seria uma limitação objetiva e externa. A lição tem que vir de dentro. Já dizia Carlos Drummond de Andrade: "Que a felicidade não dependa do tempo, nem da paisagem, nem da sorte, nem do dinheiro. Que ela possa vir com toda a simplicidade de dentro para fora, de cada um para todos." A grandeza do ser humano não está no limite, mas diante das possibilidades de escolher a que mais realiza e plenifica o viver. "Não há excesso de liberdade se aqueles que são livres são responsáveis. O problema é liberdade sem responsabilidade" (Milton Friedman).

Terceira ponderação

Temos que ser realistas na vida e vivê-la com lucidez e coragem. Não ter medo das decisões que tomamos e das consequências inerentes de cada escolha que fazemos e não ter vergonha dos erros, pois estes também fazem parte da liberdade. "A liberdade não tem qualquer valor se não inclui a liberdade de errar" (Mahatma Gandhi).

O objetivo da vida é vencer, é acertar e é buscar o melhor e, nessa dinâmica, as falhas se farão presentes e devem ser humanamente compreendidas e interpretadas.

Quarta ponderação

Outra dimensão importante desse texto é a atitude do pastor que socorre Cassinha e a leva para a sua casa, para o convívio com as demais ovelhas. Nós podemos ser esse pastor na vida de muita gente, assim como também existem muitas pessoas que já foram esse pastor na nossa vida e nos socorreram em momentos difíceis. É sábio e humano reatar laços, se reaproximar com algumas pessoas e colocar outras que nasceram em contato para conviverem juntas. Nossa força não está só em nós, mas na coletividade, no grupo, na ajuda mútua.

Quinta ponderação

É impossível viver sem decidir. Cassinha fez várias escolhas e foi salva pela escolha do pastor do campo que a salvou. A sua liberdade também foi salva pelas ovelhas que a receberam de volta e pela atitude do seu pastor, que não fechou o buraco por onde fugira.

"A única prisão real é o medo. E a única liberdade real é a liberdade de não ter medo."

(Aung San Suu Kyi)

5. Postura pedagógica de um grupo

Nunca duvide que um pequeno grupo de cidadãos prestativos e responsáveis possa mudar o mundo. Na verdade, é assim que tem acontecido sempre.

Margaret Mead

Às vezes é preciso diminuir o passo, parar, olhar para trás e mudar o jeito de caminhar.

Em 1989, nas Olimpíadas Especiais de Seattle, também chamadas de Paraolimpíadas, aconteceu algo marcante e que continua emocionando corações: nove participantes, todos com alguma deficiência, alinharam-se para a largada da corrida dos cem metros rasos.

Ao sinal, oito dos participantes partiram, não exatamente em disparada, mas sim no ritmo ideal da vontade deles de dar o melhor de si, terminar a corrida e ganhar. Porém, um garoto foi exceção: ele tropeçou no piso, caiu rolando e começou a chorar.

Os demais corredores ouviram o choro, diminuíram o passo e olharam para trás. Ao verem o garoto no chão, pararam e voltaram. Todos eles! Uma das meninas, com Síndrome de Down, ajoelhou-se, deu um beijo no garoto e disse: "Pronto, agora vai sarar".

E todos os nove competidores deram os braços e andaram juntos até a linha de chegada. O estádio inteiro levantou e não tinha um único par de olhos secos. Os aplausos duraram longos minutos.

As pessoas que estavam ali, naquele dia, repetem essa história até hoje. Por quê? Porque, lá no fundo, nós sabemos que o que importa nessa vida, mais do que ganhar sozinho, é ajudar aos outros a vencer, mesmo que isso signifique diminuir o passo e mudar de curso.

Que cada um de nós possa ser capaz de diminuir o passo ou mudar de curso para ajudar alguém que em algum momento de sua vida tropeçou e precisa de ajuda para continuar...

Olhar pedagógico – cinco ponderações

Primeira ponderação

Na primeira frase desse sugestivo texto existem cinco verbos que precisamos reaprender a conjugar, sobretudo em nossos dias: "diminuir" o passo, "parar", "olhar" para trás e "mudar" o jeito de "caminhar". Eles falam por si só e podem ser verdadeiros despertadores que nos acordam para o que é central na vida. A força e as escolhas que estão no coração desses verbos nos convidam a conjugá-los dentro de um contexto de competição, como é o mundo de muita gente em nossos dias. Existem muitas estradas, trilhas e horizontes, mas o nosso caminho não está feito. Ele acontece na nossa forma de arriscar, na lucidez do optar, na dinâmica do caminhar, na simplicidade do contemplar e na confiança do amar. O caminho se faz no jeito de caminhar.

Segunda ponderação

Outra atitude linda e importante foi a dos "outros oito que ouviram o choro, diminuíram o passo e olharam para trás". Esse movimento faz ver quem ficou para trás. Os corredores viram o garoto no chão, pararam e voltaram. Todos eles! Muitos choram silenciosamente em nossos dias, muitos choram sem mais lágrimas de tantas noites em profunda dor. Esse movimento de ouvir a dor, desacelerar, parar e voltar-se para a pessoa com necessidades é o movimento da compaixão, da solidariedade, do amor feito gesto e atitude.

Terceira ponderação

Outras atitudes são verdadeiros aprendizados e podem servir como lições de vida para nós, como incentivar o menino com um beijo, entrelaçar os braços e andar lado a lado até a linha de chegada. Sim, o ponto de chegada para eles pode ser o ponto de partida para um novo olhar sobre a vida, as pessoas e o nosso dia a dia. A vitória significativa é a vitória de todos.

Quarta ponderação

Os aplausos e as lágrimas dos presentes no estádio só serão férteis se forem consequentes, isto é, se se traduzirem em atitudes de vida. Que a decisão pela diminuição da velocidade em nossas vidas seja decidida por nós, e não por um laudo médico, seja escolhida pela nossa capacidade livre e lúcida de escolher, e não pelos medos e pela dor. E que essa nova direção no jeito de caminhar seja dada por nós no momento presente da vida, e não em um momento futuro quando for tarde demais.

Quinta ponderação

A prece que se segue resume bem o espírito que perpassa nossa reflexão:

"Dai-me Senhor a paz que vos pedimos
A paz sem vencedor e sem vencidos
Que o tempo que nos deste seja um novo
Recomeço de esperança e de justiça.
[...]

Fazei Senhor que a paz seja de todos
Dai-nos a paz que nasce da verdade
Dai-nos a paz que nasce da justiça
Dai-nos a paz chamada liberdade
Dai-nos Senhor a paz que vos pedimos

A paz sem vencedor e sem vencidos."
(Sophia de Mello Breyner Andresen).

"O poder nunca é propriedade de um indivíduo; pertence a um grupo e existe somente enquanto o grupo se conserva unido."
(Hannah Arendt)

Terceiro bloco
Desafios na educação

Não há aprendizagem mais difícil que manter a coragem, renovar-se a cada dia e buscar entusiasmo nos desafios de cada hora.

Celso Antunes

Faço um convite para uma reflexão sobre alguns desafios na educação. No primeiro dos cinco capítulos que constituem este bloco, vamos aprofundar realidades/conceitos como: alteridade, empatia e compaixão. A educação tem como missão central a formação de homens e mulheres para os outros. Essa perspectiva, de formar pessoas éticas e cidadãs para um mundo mais justo, mais humano e habitável para todos não nos é dada de forma automática, e sim pela vivência e travessia de processos importantes.

O segundo capítulo se apoia sobre um tripé, isto é, sobre três conceitos: informação, conhecimento e sabedoria. A partir disso, é preciso buscar compreender a missão que temos em transformar informações em conhecimentos e estes em sabedoria de vida. Os pais e educadores exercem um papel central nessa busca e nesse modo de proceder.

No terceiro capítulo, a imagem do costureiro recebe uma conotação nova juntamente com outras duas imagens sugestivas: chave e pó de café. As imagens – costureiro, chave e pó de café – são refletidas e aprofundadas dentro da perspectiva da educação.

O quarto e quinto capítulos acontecem na perspectiva do aprender na qual as crianças aprendem. Esse modo de viver – como eternos aprendizes – é uma bandeira permanente tanto dos educandos quanto também dos pais e dos professores. Para compreender melhor o quinto capítulo, "Crianças aprendem: como educar", vamos antes refletir sobre o quarto capítulo, "Crianças aprendem: como não educar". A educação adquire uma importante compreensão quando dentro dessa dupla perspectiva: "Educar é como semear: o fruto não é garantido, nem é imediato. Mas, se não se semeia, é certo que não haverá colheita" (Carlo Maria Martini).

1. Homens e mulheres para os demais

O real não está na saída e nem na chegada, está na travessia.
João Guimarães Rosa

O ser humano, desde o seu nascimento, entra na dinâmica do treinamento. Somos treinados para aprender a caminhar, a falar, a nos equilibrar e treinados para driblar e atravessar obstáculos. O mesmo ocorre em relação aos esportes: é necessário um treinamento constante que nos proporciona condicionamento físico, aprimora a qualidade técnica e nos torna aptos para o esporte e a maratona da vida. Portanto, a musculatura atlética, a aprendizagem de conhecimentos e o aprimoramento de valores para enfrentar os desafios da vida não vêm prontos, mas devem ser desejados, buscados, treinados e conservados.

É na ação de nadar que nos tornamos nadadores. É na repetição de certos atos e atividades que criamos bons hábitos. É com o movimento da bicicleta que se aprende o equilíbrio, pois "viver é como andar de bicicleta: é preciso estar em constante movimento para manter o equilíbrio" (Albert Einstein). O equilíbrio não nasce da nossa passividade, mas da coragem em nos colocarmos em movimentação.

Nesses treinamentos, tudo pode ser visto como arte ou como dificuldade, como desejo ou como necessidade, como possibilidade ou como limite. A diferença está em nós, está no conceito que temos de nós e da vida, na compreensão que temos daquilo que constitui o viver. Somente no dicionário o sucesso vem antes do trabalho, mas isso não se aplica na vida, na formação e na realização dos nossos sonhos.

O presente capítulo terá como referência a importância do treinamento na educação tanto para os filhos e educandos como para os educadores.

O psicoterapeuta Leo Fraiman nos coloca na perspectiva de algumas posturas que devem ser treinadas para que não deformemos as crianças. Ele afirma de forma clara e persuasiva que

> *"Se a criança não é treinada a esperar, criar, negociar, ceder e a se frustrar, você está aleijando a criança".*

A pretensão na educação não é formar pessoas submissas ou obedientes. Isso ocorreria se a atitude dos pais e dos educadores fosse autoritária, agressiva, sem diálogo e se incutisse o medo.

No século III a. C. encontramos uma citação que retrata essa preocupação e a importância do treinamento e da educação do homem: "Se planejarmos para um ano, devemos plantar cereais. Se planejarmos para uma década, devemos plantar árvores. Se planejarmos para toda vida, devemos treinar e educar o homem" (Kwantsu). As crianças, os pais, os professores e todas as pessoas precisam ser educadas e treinadas.

Das cinco perspectivas de treinamento apontadas por Fraiman, quatro têm como bases de seu conteúdo o cuidado, o cultivo e a disciplina, e apenas uma – treinar para criar – traz consigo uma meta na qual as outras quatro adquirem um sentido significativo. Vamos tecer algumas reflexões sobre cada um dos cinco horizontes dentro dos quais cada criança deveria ser treinada e educada:

1. "Ser treinada a ESPERAR"

Essa atitude, aparentemente passiva, costuma provocar reações bem ativas nas crianças e nos adolescentes. Por isso, buscamos entender o lado formativo dessa arte ou dessa necessidade em saber esperar. Segundo Guimarães Rosa, "esperar é reconhecer-se incompleto", ou seja, é saber-se relação, acolher-se como dom e como tarefa para si e para os demais. Já Manoel de Barros diz que "a maior riqueza do homem é sua incompletude", e essa consciência provoca um dinamismo de busca, de compreensões e de caminhos que possam preencher o que é incompleto. Portanto, saber esperar é um valor que deve ser valorizado, buscado e trabalhado.

Saber esperar exige paciência, tempo e sensibilidade ao longo da vida. O desejo que se move no coração do verbo esperar é a consciência de que existem outras pessoas, valores, prioridades, contextos e compreensões. Ceder ao jeito "pavio curto" de ser de muitas crianças não é educativo. Ir contra só por ir também não educa. Saber esperar está na perspectiva de valores mais importantes que os momentâneos.

Esperar tem relação com esperança. "A esperança adquire-se. Chega-se à esperança através da verdade, pagando o preço de repetidos esforços e de uma longa paciência. Para encontrar a esperança é necessário ir além do desespero. Quando chegamos ao fim da noite, encontramos a aurora" (Georges Bernanos). É essa a perspectiva formativa do saber esperar: é a nova luz, é o olhar para o outro e para aquilo que deseja ser outro em nós.

Por fim, aprender a esperar é saber que nós somos somente quando somos com os outros no mundo. Não somos uma ilha. Conviver é saber que existem limites e possibilidades, e nem todo limite nos limita. "Se temos de esperar, que seja para colher a semente boa que lançamos hoje no solo da vida" (Cora Coralina).

2. "Ser treinada a CRIAR"

Se esperar tem a ver com esperança, aqui mergulhamos em um terreno fértil no qual vale a pena lançar as sementes da imaginação criativa. Esse processo consiste em ser criado e treinado para transformar o esperar em esperançar.

A criança foi criada e continua sendo criada por meio da criação da sua atividade criativa. Segundo Janusz Korczak, "eu não posso criar outra alma, mas posso acordar a alma que está dormindo" em cada pessoa que eu encontro.

Faz parte da criatividade a beleza e a responsabilidade de sermos criadores de um mundo melhor. Isso exige mente e coração abertos para o que deseja irromper com a nossa ação criativa. Para que isso seja real, é necessário viver de forma desarmada para que as intuições possam aflorar e apontar horizontes. "O homem deve criar as oportunidades e não somente encontrá-las" (Francis Bacon). O homem é muito mais criativo do que ele mesmo consegue imaginar, sobretudo quando ele confia em si e é movido por sonhos.

Sejamos bem realistas: "Não há nenhum caminho tranquilizador à nossa espera. Se o queremos, teremos de construí-lo com as nossas mãos" (José Saramago). Esse é o grande desafio no quesito da criança ser treinada para criar: aprender a confiar em si mesma, em seu potencial e em sua capacidade criadora. Ela deve ser partícipe da criação da vida no permanente hoje do viver. "Criar o que não existe ainda deve ser a pretensão de todo sujeito que está vivo" (Paulo Freire).

3. "Ser treinada a NEGOCIAR"

Aqui o verbo negociar não tem o mesmo sentido que teria em um contexto comercial, tampouco tem um sentido de barganha, que é uma prática de fazer trocas, de forma fraudulenta ou não, de uma coisa por outra. Essa prática infeliz é praticada por muitos adultos em relação aos seus filhos, sobretudo por pais ausentes na vida de seus filhos. Aliás, é uma péssima atitude, que é muito mais um subterfúgio para aliviar as suas consciências.

Diferente é a atitude de incentivo dado pelos adultos à participação da vida em família de todos, já que todos constituem a vida e a história da família. Os filhos fazem parte da família e têm responsabilidades de acordo com sua idade e maturidade. Essa negociação implica combinados, implica participação nas tarefas e responsabilidades da casa.

Negociar tem a ver com os afazeres da vida em família, da escola e da vida como um todo. Está mais na perspectiva de ajustar horários, estabelecer momentos de estudo, cuidados com higiene, distribuição de trabalhos e responsabilidades.

É bom lembrar que o adulto na negociação são os pais. A eles cabe a firmeza para negociar, e não determinar como tudo vai ser. "A rigidez é boa na pedra, não no homem. A ele cabe firmeza, o que é muito diferente" (George Gurdjieff). Porém, existem situações inegociáveis como, por exemplo, a falta de educação na mesa, o uso de linguajar baixo e de aparelhos eletrônicos durante as refeições, o desrespeito a valores importantes na vida família, entre outras.

Tanto as negociações quanto os combinados precisam ser lembrados e, sobretudo, testemunhados pelos adultos para serem eficientes e terem credibilidade. Um tipo de negociação pode ocorrer quando os filhos querem alguma coisa e os pais não têm condições de dar. A negociação aqui se dá dentro da compreensão e do bom senso entre os desejos dos filhos e as condições dos pais. A verdade da realidade tem um papel importante na mediação de qualquer negociação: não se pode dar nem prometer o que não se tem.

Outra dimensão importante na perspectiva do negociar é ter uma escala de valores. Por exemplo, gastar na formação dos filhos não é só gasto, mas também investimento. Pode fazer parte de uma negociação pedagógica a reflexão sobre o que é importante e o que não tem importância. Uma marca de tênis, de mochila ou um tipo de aparelho eletrônico não definem nenhuma pessoa.

Outro exemplo de negociação ocorre durante um pedido de desculpas contra preconceitos, exclusões ou mesmo *bullying*: o pedido de desculpas não está na agenda da negociação. Isso é imperativo categórico. Nenhum educador – pais ou professores – pode dispensar a atitude de pedir perdão do filho ou aluno. O que pode ser negociado é o modo ou o tipo de gesto que mais vai ajudar a superar esse erro.

Para que uma criança possa ser treinada a negociar, os adultos também devem treinar a sua capacidade de escutar, dialogar, argumentar, ponderar, confiar, respeitar e ter uma reta intenção, isto é, o desejo sincero de buscar e encontrar as melhores soluções. Além disso, eles precisam ser fiéis ao que foi negociado. "Nunca negociemos sem medo, mas nunca tenhamos medo de negociar" (John Kennedy).

4. "Ser treinada a CEDER"

Outro desafio que deve ser enfrentado na educação e na relação com os filhos é a capacidade de ceder. É importante lembrar que ceder não é sinônimo de submissão ou sentimento de inferioridade. Aprender a agir desse modo ajudará a formar o caráter das pessoas.

O espírito de aprender a ceder está nas entrelinhas da afirmação de Dante Alighieri: "Uma vontade, mesmo se é boa, deve ceder a uma melhor." O "mais", o "melhor" e a "verdade" devem ser os referencias que nos levam a ceder. O melhor pode estar em você mesmo ou nos outros, assim como pode estar em uma ideia melhor que a sua ou um jeito mais criativo que o seu. Não se trata de uma competição, mas da busca do melhor. Essa prática forma homens e mulheres livres, desapegados de suas opiniões, abertos aos outros e ao diferente, que sempre pode surpreender positivamente.

As crianças costumam saber o que querem e o que não querem, e usam todas as estratégias possíveis e inimagináveis para conseguir o que desejam. Elas são intensas e sinceras ao expressar seus gostos e desgostos. Porém, na vida não basta sinceridade: é preciso autenticidade. O melhor pode estar exatamente na capacidade de ceder não só porque alguém tem que ceder, mas porque esse alguém percebe que o caminho que está por trás desse ceder é bem melhor e fornece uma possibilidade maior de crescimento.

Ceder pode ser visto como uma arte, uma renúncia e um desafio. A ação do verbo ceder é menos problemática em famílias, grupos, amizades e escolas, ambientes nos quais se busca sempre o melhor, o diálogo é real, os debates são vistos como degraus para o conhecimento e o crescimento e discernimento de todos são vividos como um tipo de lamparina que aquece por dentro e ilumina o caminho por fora.

Não é fácil ceder, ser contrariado em suas opiniões, motivações, desejos e expectativas. É necessário ter grandeza, compreensão e treinamento dentro desse embate. "É preferível ceder o caminho a um cão, a ser mordido por ele, pois mesmo matando o cachorro a dentada não ficaria curada" (Abraham Lincoln).

É possível transformar a necessidade de ceder em um valor: ceder porque o que estava ruim pode ser bom e o que já estava bom pode ser ainda melhor. Talvez a imagem do Sol e da Lua nos ajudem a compreender melhor a nossa reflexão: o Sol, que brilha durante o dia, cede o céu à Lua para que ela também possa brilhar. Isso ocorre alternadamente, dia após noite e noite após dia.

Afirma a sabedoria oriental que em noites de tempestade, as árvores rígidas são as primeiras a quebrar, enquanto as árvores flexíveis se curvam e deixam o vento passar. Aprender a ceder se torna uma verdadeira escola de aprendizagem e de crescimento quando isso se dá na perspectiva do bem comum e da coletividade. O que nos faz humanos é a capacidade de sermos maleáveis e abertos ao novo que deseja irromper.

5. "Ser treinada a se FRUSTRAR"

Essa perspectiva educacional é a que mais pode nos impressionar. Mas o queremos dizer com "se frustrar"? Vejamos com atenção o que está por trás do verbo frustrar segundo o dicionário *Houaiss*: "não corresponder à expectativa de alguém ou de si mesmo; decepcionar-se". Portanto, a frustração se dá quando duas expectativas – as nossas e de alguém – não são correspondidas. "Excesso de expectativa é o caminho mais curto para a frustração", afirma Martha Medeiros. Faz parte da vida a possibilidade de se frustrar, porém, ela poderá ser um trampolim altamente educativo se soubermos situar corretamente tal questão e se aprendermos a lidar com as frustrações decorrentes dela.

O filósofo Sêneca refletiu sobre as causas da frustração. Segundo ele, ela surge porque nós esperamos demais dos outros e de nós mesmos, como, por exemplo, quando um treinador fica frustrado porque esperou muito dos jogadores ou quando um jogador ficou frustrado porque esperou muito de si mesmo e não correspondeu à própria expectativa. Portanto, nós nos frustramos pelo excesso de expectativas, que dificilmente serão satisfeitas plenamente. Nem as pessoas correspondem às nossas expectativas nem nós correspondemos a todas as expectativas que as pessoas têm em relação a nós.

Outro fator que gera a frustração é o apego: a) a conceitos que nós fazemos de nós mesmos e que, quando são questionados, a impressão que temos é que um prédio está caindo sobre a cabeça, tamanha a frustração e o barulho do desmoronamento de tais conceitos frágeis; b) a crenças, que não podem ser criticadas, e se são, geram uma reação geralmente desproporcional; e c) a bens, que se revela quando não conseguimos emprestar algo ou nos desfazer de algo. Outro termômetro de apego é quando perdemos a paz interna quando se quebra algum objeto na casa ou algo se estraga. Existem pessoas tão apegadas a objetos, por exemplo, que são capazes de provocar tumultos, brigas e exteriorizar todo tipo de agressividade. Por quê? Porque para elas esses bens eram considerados eternos e, portanto, inquebráveis. Em acréscimo, as pessoas ainda podem ter apego às redes sociais. Impressiona como algo criado pelo homem está mandando no próprio homem, criador desses aparelhos. Esse apego em específico tem produzido pessoas dependentes e escravas a ponto de não conseguirem nem mesmo almoçar sem os aparelhos de conexão em cima da mesa. Além desses, existem muitos outros tipos de apegos, mas o nosso intuito é perceber apenas algumas causas da frustração.

O educador Mário Sérgio Cortella diz que "existe uma geração que acha que vaca dá leite, ela acha que as coisas são automáticas. Eu quero, eu peço, eu ganho. A felicidade resulta do esforço. A ausência de esforço gera frustração". A vaca não dá leite. Nós temos que tirar o leite da vaca, e isso só acontece quando nós tomamos iniciativa e nos colocamos em movimento e fazemos acontecer. Para as pessoas que querem tudo de mão beijada, pode valer o epitáfio deixado no túmulo de Dom Casmurro: "Tentou ser, não conseguiu; tentou possuir, não possuiu; tentou continuar, não prosseguiu; e nessa vida de expectativas frustradas tentou até amar... Pois bem, não conseguiu, e aqui está."

A sabedoria da vida nos ensina a abandonar as expectativas, a não esperar nada dos outros. Nunca seremos satisfeitos por completo. Porém, é extremamente saudável esperar muito de nós, pois isso só depende de nós. Amanhã podemos ser muito melhores do que somos hoje, mas sempre com leveza e liberdade. "Foi em um desses dias de riso solto, de alma leve e sem muita expectativa que ela se distraiu pelo caminho e tropeçou na alegria" (Edna Frigato).

É muito bom quando conseguimos olhar com humor para certas situações um tanto quanto sofridas. Como disse Fernanda Mello, "eu não quero promessas. Promessas criam expectativas e expectativas borram maquiagens e comprimem estômagos. Não, não e não. Eu não quero dor".

O perigo do excesso de expectativas, além da frustração, é tornar-se prisioneiro dos outros. É necessário enfrentar essa realidade e romper os cadeados e correntes que nos amarram às expectativas. Bem melhor seria sermos livres em relação a tudo, livres em relação aos desejos desenfreados de consumo. "E o grande drama é que o consumista nunca é feliz, pois desvaloriza o que tem para sofrer com o que ainda não tem" (Içami Tiba).

Quando falamos que as crianças precisam ser treinadas a se frustrarem, não é no sentido de viverem tristes, cabisbaixas, mas sim de viverem dentro de uma lógica realista de renúncia em vista do melhor. Lembro da postura de uma mãe para com o seu filho de onze anos que expressou, com todas as letras, que lavar louça era coisa de mulher. A mãe reagiu imediatamente a essa atitude grotesca e machista, adotou imediatamente uma atitude reparadora e fez com que o filho lavasse a louça do almoço e da janta durante um mês. Ela deixou claro que lavar louça é compromisso de quem a usa e a suja e de quem vive na mesma casa. Ou seja, a mãe reagiu imediatamente e não só reprimiu esse tipo de machismo doentio, como também assumiu uma atitude para reparar a postura do filho.

Muitos pais não têm condições de comprar as coisas de marca que muitos filhos desejam. Mas desejam por quê? Porque está na moda ou porque alguns colegas têm. Portanto, as referências são a moda – valor tão efêmero! – e os outros. Ambos não são critérios importantes na vida, pois comprometem a originalidade de cada pessoa.

Seria um erro os pais se sacrificarem ao extremo para darem aos seus filhos o que eles mesmos nunca tiveram. O contrário também vale: o fato de nunca ter tido determinada coisa não significa que os filhos não possam tê-la. O critério sempre deve ser o que se quer na educação, o que ajuda, facilita e o que é importante. Portanto, é preciso conviver com a verdade e a realidade, com os limites e as possibilidades. "Exige muito de ti e espera pouco dos outros. Assim, evitarás muitos aborrecimentos" (Confúcio).

Considerações provocativas

O que está em movimento nesses cinco pontos apontados e aqui refletidos? Vamos resumi-los e tentar apontar cinco horizontes dentro dos quais eles nos desafiam:

Primeiro horizonte – a importância de formar homens e mulheres PARA OS DEMAIS: a alegria dos pais deve ser a alegria dos filhos, deve ser ver os filhos superando os seus limites e superando os próprios pais em termos de conhecimentos, saberes e competências humanas e profissionais. Isso só será alcançado quando nos vencemos a nós mesmos, quando nos tornamos livres frente às pessoas e às coisas, quando mergulhamos no caminho da coragem e atravessamos as situações que a vida nos oferece. Seria um objetivo pobre e irrelevante formar pessoas para serem notórias, ricas ou famosas. O horizonte é formar cidadãos éticos para o mundo, para os demais. O sentido da vida se encontra nessa dinâmica e nesse horizonte.

Segundo horizonte – formar homens e mulheres LIVRES: a educação busca formar pessoas desapegadas, maleáveis e que tomam o volante de suas vidas em suas próprias mãos. Livre é a pessoa que deixa de ser caroneira e se torna motorista de suas decisões e protagonista de sua própria vida. "Se você não encontrar razão para ser livre, invente-as. Seja criativo!" (Clarice Lispector).

Terceiro horizonte – formar homens e mulheres RESPONSÁVEIS: esse jeito de viver só se adquire por quem se deixa esculpir e modelar, por quem não tem medo do novo, por quem olha para as pessoas não como ameaças, mas como companheiras de caminhada. "Nós somos responsáveis pelo outro, estando atento a isso ou não, desejando ou não, torcendo positivamente ou indo contra, pela simples razão de que, em nosso mundo globalizado, tudo o que fazemos (ou deixamos de fazer) tem impacto na vida de todo mundo e tudo o que as pessoas fazem (ou se privam de fazer) acaba afetando nossas vidas" (Zygmunt Bauman).

Quarto horizonte – formar homens e mulheres SOLIDÁRIOS: é forte a dimensão da vida na qual desperta-se e vivencia-se a compassividade, a empatia e a solidariedade. São decisões que podem mudar a vida e a história. Ser solidário é olhar para o outro como outro, como diferente e como oportunidade de reconhecimento e de crescimento. A solidariedade faz com que não olhemos para o outro como prolongamento de nós mesmos ou como extensão das nossas expectativas, mas como alguém diferentemente igual e igualmente diferente de nós. Por isso, não basta formar bons profissionais, mas também excelentes seres humanos. "É fácil sermos tolerantes com os que são diferentes. É um pouco mais difícil sermos solidários com os outros. Difícil é sermos outros, difícil é sermos os outros" (Mia Couto).

Quinto horizonte – formar homens e mulheres CRIATIVOS: abrir as portas e janelas para que o ar possa oxigenar e ter uma imaginação criativa compõem um horizonte fundamental. A educação deve valorizar a originalidade de cada criança, despertar confiança e desafiar a imaginação e a criatividade. "Quase sempre minorias criativas e dedicadas tornam o mundo melhor" (Martin Luther King).

Portanto, as cinco perspectivas não têm conotação punitiva. Ao contrário: ajudam a criar condições e realidades para que a semente possa ser colocada na terra e possa nascer, tornar-se rebento, crescer e produzir flores, frutos e novas sementes. E quando a videira tiver que ser podada, não é para provocar ferimentos, mas para torná-la apta a produzir frutos mais saborosos na próxima colheita. "O maior estímulo para ter disciplina é o desejo de atingir um objetivo" (Içami Tiba).

2. Informações – conhecimento – sabedoria

O conhecimento é uma ilha cercada por um oceano de mistério.
Prefiro o oceano à ilha.
Ludwig Wittgenstein

Uma das missões mais desafiantes e necessárias em nosso tempo no que tange a educação é ajudar a transformar informações em conhecimentos e estes em sabedoria de vida. É na articulação desse tripé que reside uma das dimensões centrais na arte e no desafio de educar. Dentro dessa perspectiva, a ação dos pais e dos educadores nunca foi tão importante, tão urgente e tão necessária.

Ser pai e mãe, ser educador e educadora é ser costureiro, capaz de juntar os retalhos, combinar cores, recortar excessos e, com a sua arte, fazer desses pedaços uma colcha. Essa capacidade de costurar se refere à grandeza de ajudar a ver, relacionar, articular, diferenciar as informações de conhecimento. Sim, quando um educando consegue relacionar realidades, tempos, sonhos entre tantas outros, ele está produzindo conhecimento, está produzindo um olhar de unidade sobre o disperso.

Essa mesma capacidade e habilidade do costureiro pode acontecer dentro de todos nós quando olhamos e escutamos, quando compreendemos e interpretamos e quando buscamos uma nova síntese com tudo o que se passa em nosso interior.

A imagem da colcha que usamos no dia a dia nos faz perceber que ela está em constante construção, nunca finalizada. Sempre é possível recortar algum retalho, firmar melhor outro, acrescentar um novo e, se preciso for, substituir outro. É na liderança e na ação do costureiro que nos tornarmos um bordado, cheio de nós que dão firmeza e de laços que dão encanto.

As crianças, os adolescentes e os jovens estão em contatos plurais e lidam com muitas informações em sua vida diária. Eles têm acesso fácil a notícias, redes sociais, acontecimentos, fatos e curiosidades. O desafio do verdadeiro educador – pais e professores – é ajudar a costurar toda essa constelação de informações que possuem em conhecimento. Este é fruto da ação de articular e relacionar diferentes realidades, compreender diferenças e semelhanças nas informações e, no coração delas, buscar uma nova compreensão.

Nós produzimos conhecimento quando fazemos essa articulação, quando despertamos uma compreensão articulada. É missão dos adultos despertar, facilitar, coordenar e desafiar esse tipo de processo de aprendizagem e de vida. O adulto se surpreenderá positivamente se souber provocar e desafiar a aprendizagem das crianças nas vibrações desse tripé.

Tomemos o seguinte exemplo: as crianças são capazes de estabelecer relações entre o ontem, o hoje e o amanhã; entre dor, *bullying* e redes sociais; entre amigos, colegas e coragem; entre água, terra e fogo; entre esporte, saúde e família; entre história, fontes e horizontes etc. Cabe ao adulto provocar e deixar que a criança pense por conta própria. Cabe ao adulto ir além, proporcionar novos horizontes, desafiar novas perspectivas, buscar novas relações e compreensões e deixar-se surpreender.

Certa vez, uma professora perguntou aos seus alunos quais eram as sete maravilhas do mundo. Depois de um tempo de reflexão individual, ela pediu que socializassem o que cada um anotara. As respostas apontavam para maravilhas como o Canal do Panamá, a Muralha da China, as Pirâmides do Egito, a Basílica de São Pedro, entre outras. Porém, a surpresa estava reservada para uma menina que assim elencou as sete maravilhas do mundo: sentir, tocar, ver, ouvir, saborear, rir, amar.

O conhecimento não se produz somente em laboratórios ou em campos científicos clássicos, mas no diálogo dentro de casa, na sala de aula, nos debates, nas quadras esportivas, nos questionamentos e nos desafios. "O conhecimento amplia a vida. Conhecer é viver uma realidade que a ignorância impede desfrutar" (Carlos Bernardo Gonzálves Pecotche).

Com isso, mergulhamos no terceiro pilar da nossa trilogia: a transformação das informações em conhecimento deve nos levar à sabedoria. Sim, o resultado da ação educativa nos transforma por dentro e incide sobre a realidade. Tornar-se sábio é aprender a viver melhor e conviver melhor para ser uma pessoa melhor. Em suma, a sabedoria de vida nos ensina a lidar bem com nós mesmos e com as pessoas nos mais variados contextos da vida. "Nada na vida se perde. Quando erramos, adquirimos aprendizado, quando corrigimos um erro, adquirimos conhecimento, e, quando ajudamos alguém a corrigir um erro, demonstramos ter adquirido sabedoria" (Rafael Monteiro). O desejo de querer aprender e a vontade sincera de querer crescer na vida são duas bandeiras que nunca deveríamos deixar de buscar, assim definidas por Immanuel Kant: "Ciência é conhecimento organizado. Sabedoria é vida organizada."

Em todos esses processos, a dúvida torna-se uma importante parceira. Ela não é sinônimo de insegurança ou de medo, mas sim de um motor interno que nos move, que nos desperta e nos faz sair em busca das coisas. É um movimento e uma dinâmica saudáveis; a dúvida é a verdadeira propulsora do novo. Aceitá-la e conviver com ela como parceira é próprio de pessoas diferenciadas e é um bom termômetro de vida, pois ela desperta reflexão, questionamento e dinamismo prospectivo. "Só sabemos com exatidão quando sabemos pouco; à medida que vamos adquirindo conhecimentos, instala-se a dúvida" (Johann Goethe).

Na articulação do nosso tripé – informações, conhecimento, sabedoria – Michel de Montaigne alerta para algumas dimensões que não podemos ignorar: "Nós podemos chegar a ser cultos com conhecimento de outros homens, mas nós não podemos ser sábios com a sabedoria de outros homens." A sabedoria nasce de dentro, da movimentação interna feita por dúvidas, crises, persistência, sonhos, buscas, escutas, leituras e tempestades. Ela nasce no âmago dessas pulsações, na travessia desses desafios e nas correções de equívocos que fazemos e de rumos que tomamos na vida. Sabedoria tem muito a ver com ética, é parceria de processos de vida e mostra sua face amiga por meio do nosso modo de ser, de proceder e de resistir.

Já as informações e os conhecimentos podem ser adquiridos de fora para dentro. Porém, conhecer muito não é sinônimo de ter sabedoria. Basta lembrar que as piores atrocidades na humanidade foram provocadas pela crueldade e a estupidez de pessoas tidas como inteligentes. Um conhecimento sem ética não será nunca um conhecimento sábio. "Se tens conhecimento, deixa que as outras pessoas acendam as suas velas na tua" (Thomas Fuller).

É importante refletir sobre algumas situações e conceitos que facilmente adquirem uma conotação alienante e, como tal, devemos evitar na educação:

O primeiro cuidado que devemos ter é evitar a projeção de um subjetivismo nem sempre saudável e aberto. O educador não está a serviço de si mesmo, de suas fragilidades pessoais, de suas visões reducionistas de mundo, moral, sexualidade e demais campos da vida. O educador não pode estar a serviço de seus limites, pois ele tem uma missão que transcende e é capaz de significar todos esses limites. Ele está comprometido com um projeto educativo que busca formar homens e mulheres éticos que possam fazer a diferença no mundo. O educador é referência e mediador para despertar o protagonismo em criticar e em ser sujeito intelectual. "Meu pai dizia uma coisa, que só anos mais tarde fui entender; não quero saber a opinião do jornalista. Quero a notícia. A opinião é minha" (Fernando Cabral). Algo semelhante acontece na educação: os estudantes têm direito às informações e pensamentos de diferentes autores. A educação precisa ensinar a pensar e não a obedecer, precisa abrir as gaiolas e não presentear correntes. Portanto, o educador não pode se projetar e muito menos enaltecer ou desfazer modos de pensar e de conceber a vida, o homem e a história. Um dos objetivos da educação é despertar a sã curiosidade, desafiar a compreensão do pensamento, proporcionar um olhar crítico e a necessidade de aprender, e não se enclausurar em opiniões fechadas. "O pior inimigo é a sombra de nós mesmos projetada pelos nossos medos" (Edna Frigato). O medo nunca é um bom parceiro ou conselheiro, por isso devemos abrir a cabeça ao diferente, ao que é outro ao nosso jeito de pensar.

O segundo conceito alienante é aparentar uma falsa neutralidade. Essa postura é alienante porque ela não existe. Você pode ser contra, a favor ou ficar "em cima do muro". São três posturas e são três escolhas, e ficar em cima do muro também é uma escolha. Pensadores importantes são claros nesse sentido: "Quando você fica neutro em situações de injustiça, você escolhe o lado do opressor" (Desmond Tutu); "Se sigo a neutralidade, condeno-me a viver sozinho, pois o neutro não é bom para amigo nem para inimigo" (Calderón de la Barca); "Lavar as mãos do conflito entre os poderosos e os impotentes significa ficar do lado dos poderosos, não ser neutro. O educador tem o dever de não ser neutro" (Paulo Freire). Este último justifica, ainda, dizendo que "não existe imparcialidade. Todos são orientados por uma base ideológica. A questão é: sua base ideológica é inclusiva ou excludente?". O critério que deve firmar a nossa cadeira a partir da qual encaramos o mundo é simples: devemos observar se ela é inclusiva.

O terceiro movimento é a facilidade em fugir de temas considerados tabus. Seria um erro ignorar ou fugir de certas temáticas em vez de encará-las, compreendê-las e interpretá-las. Essas questões consideradas tabus não só fazem parte da vida como também condicionam positiva ou negativamente o aprendizado. Nem os pais e muito menos os educadores devem evitar ou ter medo de estudar, entender, falar e refletir tais temas. Aliás, é por meio do diálogo franco que tudo pode adquirir uma nova compreensão e sentido. Se os educadores não conhecem o suficiente, há, hoje, muitas referências bibliográficas e fontes credíveis sobre a maioria dos temas para auxiliá-los. Além disso, existe também a possibilidade de convidar um profissional que conhece bem determinada temática – como sexualidade, doenças, preconceitos, racismo, alcoolismo, resiliência, empatia, violência, gênero etc. – para ajudar a elucidar e debater tais questões. "A escuta não é fácil, exige a suspensão de nossas ideias e preconceitos, só se efetiva quando deixamos de lado nossos julgamentos e nos colocamos abertos à mudança" (Azevedo e Sousa). Talvez aqui esteja um dos grandes desafios, bem expresso por Octávio Paz: "As massas humanas mais perigosas são aquelas em cujas veias foi injetado o veneno do medo. Do medo da mudança" (Octávio Paz). O artista, músico e poeta brasileiro Chico Buarque inverte essa lógica quando diz: "As pessoas têm medo das mudanças. Eu tenho medo que as coisas nunca mudem."

O quarto perigo pode estar na tentação de querer "colonizar" os outros. Assumem essa postura pais, por exemplo, que querem que os filhos sejam como eles, sigam a mesma profissão e adotem posturas comportamentais como as suas. São professores fechados em seus mundos e muitas vezes carregados de moralismos e disciplinas exageradas. Podemos chamar essa tentação de "colonização", fazendo alusão ao que os europeus tentaram fazer com os povos indígenas, por exemplo. O desejo dos "colonizadores" – pois não podemos chamá-los de educadores no sentido positivo do termo – é tentar fazer com que os educandos pensem como eles, sejam como eles, procedam como eles. É o velho desejo de querer "catequizá-los" ou "convertê-los" para que sejam expressão e continuidade do seu modo de pensar. O escritor e pensador José Saramago nos situa nessa questão quando diz: "Eu aprendi a não tentar convencer ninguém. O trabalho de convencer é uma falta de respeito, é uma tentativa de colonização do outro." Devemos, sim, ser persuasivos e apaixonantes na prática educativa que apresenta a verdade e a realidade em sua totalidade. É disso que os educandos necessitam. Aliás, existem estudos que apontam que uma educação feita com emoção e paixão traz resultados promissores e frutos muito saborosos. Entretanto, a tentação de fazer dos educandos extensão das expectativas dos adultos é uma prática ultrapassada e desrespeitosa porque busca uma uniformidade impositiva, e não uma unidade a partir do diferente e a partir da originalidade inédita de cada pessoa.

O quinto conceito que deve ser evitado é a facilidade em dar vazão a chavões vazios e a falsos moralismos. Dar voz e vez a certos reducionismos é condenar um debate ao desastre e ao imobilismo. Os chavões, de todos os tipos, e os falsos moralismos nunca contribuíram para nada. Eles apenas empobrecem qualquer tipo de debate e de crescimento. Geralmente, os chavões servem para enquadrar quem pensa igual e para julgar quem pensa diferente, e não proporcionam ou aprofundam debates, consequentemente limitando a abertura ao diferente, à aprendizagem e ao crescimento de todos. Costumam fazer parte desse indigesto grupo de pessoas rotuladas e exageradamente moralistas as pessoas que não leem e não interpretam a vida, não revisam atitudes, estão presas às redes sociais e que têm grande dificuldade para estabelecer bons diálogos, pois lhes faltam liberdade e conteúdo. "Com o punho fechado não se pode trocar um aperto de mãos" (Indira Gandhi).

O sexto equívoco é evitar ou fugir do confronto de ideias. É por isso que a mediação do educador é importante, pois não permite que as pessoas discutam ou que colegas se ataquem; ao contrário, o educador apoia que sejam debatidos sonhos, ideias e pensamentos. A vantagem de um bom debate não é estar certo ou querer ter razão, mas participar, aprender, crescer e amadurecer com os outros. É verdade que as nossas semelhanças nos aproximam, mas são as nossas diferenças que nos enriquecem. O educador tem que ter consciência de que é um pedagogo da provocação e da tolerância. Voltaire, escritor e filósofo iluminista francês, projeta uma importante luz sobre o quesito tolerância: "Posso não concordar com nenhuma das palavras que você disser, mas defenderei até a morte o direito de você dizê-las" (Voltaire). Essa postura deve despertar em nós a capacidade da escuta e da sabedoria e a compreensão do diferente, mesmo discordando.

O sétimo perigo é a tentação de silenciar diante da exclusão. O educador – pai e professor – é um testemunho em forma de pessoa, é uma referência e uma seta indicativa que aponta para a inclusão, e não para bifurcações. Ele deve ser radicalmente contra todo e qualquer tipo de preconceito e considera a todos como pessoas importantes, todas com limites e todas dignas de respeito. Não existe melhor ou pior, mas sim diferenças que devem enriquecer a todos. A prática da inclusão deve evitar a perversidade que está nas comparações: ninguém é mais ou menos. Somos todos diferentes, e é na diferença que reside a riqueza e o enriquecimento.

Dessa forma, vamos percebendo que os adultos devem ser pessoas livres, desapegadas e voltadas para o que for melhor. Essa forma de ser e de se comportar não está presente em uma receita, mas acontece no dia a dia, no tipo de presença e de escuta, no tipo de observação e de cuidados, na sinceridade do incentivo e do encorajamento. O filósofo alemão Immanuel Kant diz: "O adolescente que acabou sua formação escolar estava acostumado a aprender. Ele pensa que, de agora em diante, vai aprender filosofia, o que, porém, é impossível, pois agora ele deve aprender a filosofar." Aqui está a grandeza da educação: ensinar, desafiar e potencializar o filosofar, isto é, aprender a ser independente no pensar e no agir. Essa não dependência é explicada pelo próprio Kant quando diz: "Você é livre no momento em que não busca fora de si mesmo alguém para resolver os seus problemas."

A liberdade é uma tarefa diária. Ela não nos é dada, mas conquistada, além de conectar facilmente pessoas corajosas. A liberdade está em nós, está ao nosso alcance e sempre pode ser realidade e eterna nova possibilidade. "A gente é absolutamente livre. Livre para ser feliz, para querer, para buscar, para ir, para ficar, para mudar e, talvez o mais importante, livre para desistir. A gente é livre para desistir de ser quem a gente não é, desistir de querer agradar. A gente é livre para desistir de se preocupar, desistir do que já foi, desistir do que não tem futuro, desistir do que deixa a gente estagnado" (Eleanor Roosevelt).

A alegria de um educador é dar o melhor aos educandos para que eles se tornem protagonistas de suas decisões e sujeitos de suas vidas. Quando alguém se inspira e reinventa o que aprendeu, começa a caminhar com os seus próprios pés, pois se tornou sujeito pensante e livre.

"Livres são aqueles que criam, não aqueles que copiam;
e livres são aqueles que pensam, não aqueles que obedecem.
Ensinar é ensinar a duvidar."

(Eduardo Galeano)

3. Costureiros – chaves – café

Você encontrará a chave para o sucesso debaixo do despertador.

Benjamin Franklin

Quem vive prisões, sonha chaves. Quem atravessa o escuro, tateia a luz do Sol. Quem chora sofrimentos, chove esperança. Quem se sente perdido, inventa caminhos.

Na ação educadora é preferível perguntas que desafiam a respostas que concluem. É preferível questionamentos em forma de reticência a saberes em forma de ponto final.

O bom de ser educador não é dar respostas prontas, mas ajudar a fazer bons questionamentos. As respostas dão satisfação, mas são as perguntas que nos trazem novos questionamentos, nos desafiam e nos colocam em uma dinâmica de vida importante e frutífera.

Uma das missões dos educadores é compreender o sentido das reticências para além da gramática: "Adoro reticências... Aqueles três pontos intermitentes que insistem em dizer que nada está fechado, que nada acabou, que algo sempre está por vir! A vida se faz assim! Nada pronto, nada definido. Tudo sempre em construção. Tudo ainda por se dizer... Nascendo... Brotando... Sublimando... Vivo assim... Numa eterna reticência.... Para quê colocar ponto final? O que seria de nós sem a expectativa de continuação?" (Nilson Furtado). Todo bom educador deveria tatuar em sua alma educadora vários pontos de exclamação diante de tantos encantos e surpresas da vida; deveria pintar vários pontos de interrogação para diariamente se colocar importantes questões; deveria, sobretudo, tatuar, pintar e colorir os três pontos das reticências, tamanha a importância e movimento que eles despertam na vida e na educação. "As reticências são os três primeiros passos do pensamento que continua por conta própria o seu caminho" (Mário Quintana).

Educadores e costureiros

Gosto dessa imagem do costureiro: este é a pessoa treinada na arte de costurar. Essa imagem traz uma memória afetiva bonita. Encanta-me mais ainda aplicar essa arte para pais e educadores envolvidos na educação.

O amor é costurado com a linha do conhecimento e da compreensão, é conectado com os elos da ternura e da seriedade "e entre meus remendos me faço inteira. Bordei sorrisos onde doía, costurei as feridas abertas e de retalho em retalho, fui tomando a forma que tenho. Tudo foi importante. Tudo teve sua função. E hoje me visto de felicidade e gratidão" (Rachel Carvalho).

A educação ensina a relacionar, diferenciar, tecer, articular. "A mesma articulação que tenho para reclamar, tenho para agradecer. E, se posso me adornar com a alegria, não é a tristeza que eu vou tecer!" (Marla de Queiroz). Cabe à liberdade essa importante escolha. A poetisa Cora Coralina diz que "às vezes o coração rasgado pela dor vira retalho. Recomenda-se nesses casos costurá-lo com uma linha chamada recomeço. É o suficiente".

O educador é um encantador, um semeador e um artista. "E o bonito desta vida é poder costurar sonhos, bordar histórias e desatar os nós de nossos dias" (Cidinha Araújo). Pais e educadores são costureiros na importante missão de acompanhar a vida e o aprendizado dos educandos. "Só depois do nó é que a costura fica firme" (provérbio italiano).

Educadores e chaves

A chave é outra imagem sugestiva que podemos atribuir a todos os educadores, pois ela trava e destrava. Esse duplo movimento – abrir e fechar – faz parte da vida de todas as pessoas: abrir as portas para o conhecimento, o crescimento, os desejos da sã curiosidade, e fechar as portas para a acomodação, a preguiça, os medos, a falta de autoestima e a falta de comprometimento.

No relato da criação, no Livro do Gênesis, fica claro que a matéria-prima utilizada para a criação de cada pessoa é uma argila preciosa e de inestimável valor. O curioso é que essa mesma matéria-prima é moldada em formas diferentes. Não existe, portanto, uma forma que seja igual a outra: toda pessoa é única. É o sopro da vida que dá vida, movimenta e impulsiona o que temos de melhor dentro de nós.

Hermann Hesse diz que "nada lhe posso dar que já não exista em você mesmo. Não posso abrir-lhe outro mundo de imagens, além daquele que há em sua própria alma. Nada lhe posso dar a não ser a oportunidade, o impulso, a chave. Eu o ajudarei a tornar visível o seu próprio mundo, e isso é tudo".

Segundo Hesse, o lugar pedagógico do adulto é ajudar a criar e apontar para a oportunidade, para o impulso e para a chave. Portanto, é preciso tornar visível e dar à luz ao que é carregado internamente como vida e possibilidade em potencial.

O incentivo ao estudo é fundamental. A boa formação é a chave que destrava fechaduras e abre portas. "Para você me conhecer é preciso que conheça meus sentimentos. Minhas emoções são a chave para a minha pessoa. Quando lhe dou essa chave, você pode entrar e compartilhar comigo o que tenho de mais precioso para lhe oferecer: eu mesmo" (John Powell).

É necessário, portanto, escolher as chaves certas e fazê-las girar. Elas podem abrir portas e nos colocar diante do mundo, de caminhos e de horizontes, mas não fazem o caminho por nós. O conhecimento e a sabedoria de vida se tornam reais na nossa atividade interna como pessoas aprendentes. Não nos iludamos: a pessoa diferenciada e o grande profissional não nascem prontos nem surgem de forma mágica. Chegar a esse ponto supõe escolhas, dedicação, tempo, capacidade de renunciar e travessias, sempre na perspectiva de sonhos maiores.

Educadores e pó de café

Um café e um amor... Quentes, por favor!
Pra ter calma nos dias frios.
Pra dar colo
Quando as coisas estiverem por um fio [...].
Caio Fernando Abreu

O café é originário da Etiópia e difundiu-se pelo mundo por meio da Europa e do Egito. Reza uma lenda que um pastor chamado Kaldi observou a mudança de astral e de postura de seus carneiros depois que comiam as folhas e frutos do cafeeiro, então ele mesmo os experimentou, o que o fez sentir mais vivacidade. O mesmo se passou com um monge, informado dos efeitos, que começou a usar uma infusão de frutos para não pegar no sono durante as suas orações.

Dito isso, vamos trazer para a nossa vida alguns ensinamentos e aprendizados importantes que acontecem no cultivo, cuidado, colheita, maturação, secagem, torração e na arte de fazer um bom café. O café é a segunda bebida mais consumida no mundo, perdendo apenas para a água, que é, ainda assim, um ingrediente importante na composição de um café.

Quem já teve a oportunidade de conhecer plantações de café ou mesmo cuidar de lavouras cafeeiras sabe da beleza, dos muitos cuidados, do discernimento contínuo que deve fazer parte de quem cultiva café. Vejamos alguns passos que são verdadeiras transformações que fazem parte da cultura do café e que têm relação com a nossa vida e com atitudes pedagógicas na educação:

- **Floração:** todos os anos o pé de café tem a sua florada. A plantação adquire uma beleza ímpar de tantas flores que contornam cada pé de café. Porém, vale ressaltar que nem todas as flores dão origem a frutos de café;
- **Frutos:** também chamados de chumbinho, surgem na fase que segue à floração. É nela que a flor adquire o fruto de café, que

se desenvolve e se torna um fruto verde. Este cresce e dá origem aos frutos chamados verde-cana; estes, por sua vez, se tornam os frutos maduros, conhecidos por cereja, e é nesse estágio que o café deve ser colhido. O momento certo da colheita é importante para a qualidade do café. A colheita pode ser artesanal ou mecanizada. Seja qual for, é importante proteger bem os pés de café durante o processo, pois feri-los pode tanto permitir a proliferação de fungos e bactérias como também atrapalhar e diminuir a produtividade na safra do ano seguinte. É facilmente perceptível como o brilho dos olhos do cafeicultor muda quando chega o tempo da colheita: ele fica mais feliz, pois é a operação mais importante dentro da lavoura do café.

• **A secagem em terreiro:** os grãos de café são espalhados em camadas finas em um terreiro seco e limpo, o que ocorre inúmeras vezes durante o dia. A secagem é feita à luz do Sol e ao vento. As fileiras são ordenadas no sentido do Sol nascente e, caso haja a iminência de chuva, na direção do declive do terreno;

• **Descascamento:** após a secagem no terreiro, segue o procedimento de remoção de impurezas. Depois dessa operação, inicia-se a remoção da casca do café, feita por meio de máquinas e técnicas próprias para o processo;

• **Torração dos grãos de café:** esse processo é importantíssimo para se produzir uma bebida de alta qualidade. O calor que torra os grãos amplia a complexidade química do café, pois o aquecimento gradual e equilibrado qualifica o aroma e o sabor dos grãos. Os óleos aromáticos, solúveis em água, são essenciais na torração. É por essa razão que podemos apreciar, em uma xícara de café, o sabor e os aromas do grão;

• **Café pronto para ser consumido:** este passou por vários processos. Café bom é café que obedece a uma temperatura ideal, feito com água mineral ou com água filtrada. Para uma experiência sensorial mais aprofundada, é melhor escolher bem o café e moê-lo minutos antes do seu preparo.

Além de escolher a melhor hora da colheita, o tipo de secagem e a temperatura processual na torração é importante estar atento ao clima, à maturação dos grãos, à umidade e à duração de cada etapa. Cada detalhe é importante e pode exercer grande influência no resultado final.

Além disso, o café de qualidade tem que ser puro. Não pode ser uma mescla de cascas, grãos verdes e resíduos, o que é feito por algumas indústrias, que torram tudo junto e de forma exagerada para esconder a sua péssima qualidade. Café ruim pode dar azia, não tem boa aparência, é amargo e tem gosto de queimado.

São muitas as decisões importantes que devem ser tomadas ao longo de todo o processo de cultivo, de cuidados e de colheita até o resultado final. Na vida acontece algo muito semelhante com o que se passa com o café: ela é feita de escolhas e passa por inúmeros processos, assim como a educação também passa pelos mesmos, tal como ocorre com as estações do ano, que também trazem consigo verdadeiros processos de transformações.

Certa vez, um pai levou sua filha à cozinha e mostrou como essas transformações estão presentes na vida diária. Para tanto, pegou cenouras, ovos e pó de café, colocou os três alimentos, cada um no seu tempo, em água quente, isto é, dentro de uma mesma adversidade. Todos reagiram de maneira diferente: a cenoura, forte, firme e inflexível amoleceu e passou a ser frágil; os ovos, frágeis e com casca fina, depois de terem sido colocados na água fervendo, apesar de não haver mudanças na casca, passaram a ter seu interior duro, mais firme. E o que aconteceu com o pó de café? Algo incomparável: ele não apenas mudou, mas mudou também a água. Depois que foi colocado na água a uma temperatura ideal, ele mudou a cor e a realidade do líquido e com o seu aroma inundou o ambiente e o astral das pessoas. Não tem como ficar indiferente diante do aroma de um café fresco, feito na hora.

Em meio às adversidades da vida é possível ser melhor e criar um mundo melhor. "Cada adversidade traz consigo a semente de um benefício equivalente. Ainda não encontrei homem algum bem-sucedido na vida que não houvesse antes sofrido derrotas temporárias. Toda vez que um homem supera os reveses, torna-se mental e espiritualmente mais forte" (Andrew Carnegie).

Tem horas que precisamos provocar verdadeiras metamorfoses em nós mesmos e naqueles com quem trabalhamos. "Sei que vou encontrar muitas pedras no caminho, uma flor e dez espinhos, mas não posso me curvar, pois o guerreiro de verdade é dentro da adversidade" (Nelson Mandela).

"Viver é rasgar-se e remendar-se."

(Guimarães Rosa)

As transformações são verdadeiras travessias e nem sempre tranquilas. São importantes e necessárias. Vejamos outras três realidades que se transformam a partir de realidades externas ou a partir de dentro delas mesmas:

As **VIDEIRAS** são podadas todos os anos não para vê-las sangrar seiva, mas para que os frutos no ano seguinte sejam mais saborosos. Sem essa interferência do homem, os frutos diminuem e perdem sabor. "Eu sou a videira verdadeira e meu Pai é o agricultor. Todo ramo que não der fruto em mim, Ele o cortará e podará todo o que der fruto, para que produza mais fruto" (Jo. 15: 1).

As **BORBOLETAS** passam por difíceis e doloridos processos. Para entendê-los, mergulhemos em algumas reflexões poéticas sobre as borboletas. Maya Angelou diz que "nós nos deliciamos com a beleza da borboleta, mas raramente refletimos sobre as mudanças que ela passou para alcançar essa beleza". É verdade que "não haverá borboletas se a vida não passar por longas e silenciosas metamorfoses", afirma Rubem Alves. A lagarta que rastejava torna-se leveza, voo e liberdade, e essa transformação nunca foi fácil: "Justo quando a lagarta achava que o mundo tinha acabado... Ela virou uma borboleta" (Alphonse de Lamartine). Se na poda da videira a mão humana era necessária e importante, aqui ela é dispensável. "A vida tem sua própria sabedoria. Quem tenta ajudar uma borboleta a sair do casulo a mata. Quem tenta ajudar o broto a sair da semente o destrói. Há certas coisas que têm que acontecer de dentro para fora" (Rubem Alves). Quando esse processo acontece, o encanto aumenta: "Borboleta parece uma flor que o vento tirou pra dançar" (Fernando Anitelli).

As **SEMENTES** também passam por inúmeras transformações: a princípio, estão em meio a muitas outras sementes e, quando colocadas terra adentro, estão totalmente sós e experimentam a força da solidão. É importante lembrar que nascer é um ato que supõe morte, supõe rompimento da casca dura para que o coração da semente possa abrir o seu caminho rumo à luz. O paradoxo em relação a morte da semente não é encarar a morte como fim de tudo, mas como passagem para nascer melhor. "Só a semente que rompe a casca é capaz de se atrever à aventura da vida" (Khalil Gibran). Existe um provérbio chinês que sabiamente diz que "todas as flores do futuro estão nas sementes de hoje". Nos girassóis, além de todos as lições de vida que essas flores nos ensinam, existe algo que nos emociona de maneira especial: o último gesto/movimento dos girassóis é espalhar sementes antes de morrer.

Somos sementes e não deveríamos ter medo de nos confiar à vida, de romper certas cascas duras que nos escondem, enclausuram e fecham. É preciso morrer para nascer melhor. Desejamos ser borboletas e, portanto, não deveríamos ter medo de ativar todas as forças dentro de nós para nos transformar em liberdade, em beleza e em leveza.

É importante aprender a lição da videira: pessoas instaladas, engessadas, acomodadas não florescem nem produzem bons frutos. É preciso cortar arestas, podar exageros e extremidades, e não as raízes e os troncos por onde entra e circula a seiva que fertiliza frutos saborosos.

O mesmo acontece com as estações do ano. Muitas vezes, estamos na primavera do ponto de vista climático, mas na dimensão existencial podemos estar passando por um rigoroso inverno ou mesmo pelo outono, em que é típico perder folhas. O importante é encarar e atravessar cada momento, cada situação e cada estação e deles tirar o máximo de proveito e de crescimento.

Por fim, e não em último lugar, sejamos o pó de café que viveu e atravessou as adversidades e fez o seu caminho: encarou e enfrentou todas as intempéries da vida e mergulhou na experiência definitiva, que é tornar-se bebida que sacia, aroma que encanta e sabor que surpreende.

"A educação faz com que as pessoas sejam fáceis de guiar, mas difíceis de arrastar; fáceis de governar, mas impossíveis de escravizar."

(Henri Peter)

4. Crianças aprendem: como não educar

Eduque a criança e não será necessário punir o adulto.
Pitágoras

Essa citação do filósofo grego Pitágoras pode ser lida como um desejo em forma de sonho, um convite com força de convocação, um imperativo categórico em forma de apelo, uma verdadeira missão diária na ação educativa. O verbo educar está no presente, portanto aviva a memória das consequências de uma má educação ou de uma triste omissão e aponta para um futuro que terá as cores com as quais pintamos o presente. "O plantio é opcional. A colheita é obrigatória. Por isso, cuidado com o que planta" (provérbio chinês). Apenas o presente está inteiramente em nossas mãos. O passado já passou e o futuro é caminho aberto.

Pitágoras situa uma responsabilidade de todos para com as crianças, que, por sua vez, passam pelo testemunho a atitudes positivas dos adultos. A força e sabedoria dessa citação será a espinha dorsal e o fio condutor das nossas reflexões neste capítulo.

Certa vez, ministrei uma palestra para mais de quatrocentos educadores em uma cidade do interior de São Paulo. No meio da minha fala, uma educadora pediu a palavra e deu um depoimento que impactou a todos. Disse, com voz embargada e visivelmente emocionada, que no dia anterior fora visitar as pessoas encarceradas no presídio de sua região. Para o espanto dela, lá encontrou um número expressivo de presos que tinham sido seus alunos em um passado remoto. Enxugando as suas lágrimas, ela voltou o seu olhar para os olhos de todos os seus companheiros de magistério e perguntou:

"onde foi que nós erramos na educação?" Deu-se um grande silêncio no auditório, um silêncio que gritava. "Toda pergunta é um grito para entender o mundo" (Carl Sagan).

O desafio proposto neste capítulo é como agir em relação à educação para que não seja necessário punir o adulto, ou para não ver o filho ou filha serem punidos pelo tempo, pela dor e pela lei. Faremos a reflexão em dois movimentos: primeiro, debateremos a dinâmica negativa, isto é, **COMO NÃO EDUCAR**, que contribui e abre um futuro incerto. No capítulo seguinte, faremos uma reflexão de forma propositiva e positiva – ou seja, sobre **COMO EDUCAR** –, que trará em seu bojo várias perspectivas práticas e pedagógicas que podem ser trabalhadas na educação.

Vejamos algumas situações negativas, muito comuns em famílias, escolas e convívio social, sobretudo algumas posturas de adultos, que podem contribuir para a deseducação dos educandos:

Organizar sempre o que seu filho bagunçou: aqui não se trata de empurrar as crianças para trabalhos forçados. Trata-se, pelo contrário, de considerá-las como participantes da família. Não é atitude pedagógica o adulto arrumar o que o filho bagunçou ou desarrumou, como brinquedos, sofá, cama, roupa, mochilas, calçados etc. Se assim proceder, passará a mensagem ao filho de que ele vive como um hóspede, e não como alguém que faz parte das alegrias e das responsabilidades da família. Além disso, poderá despertar no filho uma atitude passiva de quem "é servido", e não de alguém que é partícipe da vida que se constrói na casa. Uma postura passiva dos filhos pode torná-los folgados e causar tristes consequências futuras. "Não há excesso de liberdade se aqueles que são livres são responsáveis. O problema é liberdade sem responsabilidade" (Milton Friedman).

Defender seu filho só porque é seu filho: em vez de defender seu filho quando este está correto, muitos pais tendem a defendê-lo só porque é seu filho, ou mesmo tendem a defender uma imagem que os pais têm do filho, muitas vezes equivocada ou presa a um passado. Tem pai que diz que o seu filho não mente, que jamais faria isso, que a culpa é dos colegas, dos professores. Esse comportamento dos pais revela um apego, um sentimento de posse e uma cegueira assustadora em relação ao próprio rebento. Proceder dessa forma – defendendo-o cegamente, e não de acordo com a verdade e a realidade – é um equívoco e um tipo de fanatismo que poderão ter consequências bem tristes e doídas. No futuro, esse filho não terá os pais para defendê-lo, mas poderá ter quatro paredes e uma grade para fazer isso por eles. "O difícil não é implementar novas ideias nas cabeças das pessoas, mas sim retirar as antigas" (Mary Lippitt). Muitos pais tratam os seus filhos, *ad aeternum*, como se tivessem dez anos de idade.

Viver comparando o seu filho com os outros: esse lamentável modo de proceder é um prato cheio para o filho não ser ele mesmo. A comparação é um terreno minado e envenenado, pois faz com que o filho facilmente se considere superior ou inferior em relação ao comparado, podendo despertar o sentimento de orgulho ou de inferioridade. Contudo, nenhum dos dois sentimentos é saudável. Ninguém gosta de ser comparado, e não podemos fazer aos outros o que não queremos para nós. Além do mais, o terreno da comparação não desafia, mas limita, acomoda e coloca o outro como referência de vida, além de menosprezar o que cada criança é capaz de ser, fazer e realizar dentro de suas qualidades, limitações, fragilidades e sonhos. "Resista à tentação de comparar-se com os outros para descobrir se deve ser grato ou não. A comparação pode destruir a gratidão. O ódio, a inveja e o ciúme vêm da comparação e tornam difícil a gratidão" (Lee Jampolsky) e comprometem a originalidade de cada pessoa.

Rir quando seu filho disser palavrões: assim, ele crescerá pensando que o desrespeito é normal e divertido, com uma "plateia" que sempre rirá e achará engraçado. O filho vai procurar situações e oportunidades para repetir essa baixeza porque tem um público que aplaude. Eu nunca vi pais cultos com boa formação e comprometidos com a ética acharem graça em palavrões de seus filhos. A postura desses é bem outra: incentivam a participação em conversas sadias e ponderadas, comungam com a leveza e alegria no viver, a gentiliza no conviver com outras formas que fazem rir com o coração, com humor. "O humor combate a hipocrisia. O humor desestabiliza. O humor empodera movimentos. O humor nos obriga a rir de nós mesmos" (Martha Medeiros). Quanta diferença no modo de proceder dos pais!

Manifestar dó ou ter pena: essa é uma das piores posturas que podem ser assumidas tanto com os filhos quanto com outras pessoas. Ter dó não é sinônimo de compaixão, pelo contrário, a verdadeira compaixão se coloca na pele, no contexto e no coração do outro não como alguém que tem pena, mas como amigo e como quem é solidário. A compaixão conecta as pessoas e é, portanto, uma ponte. Sentir dó não ajuda em nada. Por quê? Porque infantiliza e não educa, não faz decidir e arriscar, não incentiva superação e iniciativas e não faz crescer nem amadurecer. Além disso, traz consigo um dinamismo que imobiliza e não desafia. Pior que ter pena dos outros é esperar que os outros tenham pena de nós. "Eu nunca vi algo selvagem ter pena de si mesmo. Um pássaro cairá morto de um galho sem jamais ter sentido pena de si mesmo" (David Lawrence).

Não repreender seu filho por má conduta: ele pensará que não há regras no convívio social, ou pensará que ter boa educação não é importante. Vale lembrar que repreender o filho não significa castigá-lo, mas mostrar com firmeza que esse não é um bom caminho. Repreender é dizer que existe um lado certo na vida e um lado certo na convivência, composto por respeito, tolerância, honestidade, entre outros valores. Repreender é se respeitar a partir do respeito dado aos outros. Repreender nunca deve ser um ato de humilhação, mas uma atitude que reforça a humildade. "Mais vale a repreensão aberta que a amizade falsa" (Livro dos Provérbios). Repreender não é uma oportunidade de o adulto mostrar sua autoridade, mas um momento de sabedoria em que o adulto corrige o erro de seu filho. "É mais eficaz a moderação com que se repreende do que a severidade com que se castiga" (Marquês de Pombal). Os pais, os professores, os adultos e "o líder corrige sem ofender e orienta sem humilhar" (Mário Sérgio Cortella).

Não participar das reuniões convocadas pela escola de seu filho: tem muito pai que nunca pode, que sempre tem uma desculpa e raramente vai às reuniões de pais na escola onde estuda o seu filho. Que tipo de mensagem isso passa para a criança? Que o estudo não é importante, que o pai não está nem aí para o que acontece na escola e com o seu próprio filho, mesmo que haja casos em que este goste dessa omissão de seus pais e tente diminuir a importância desse tipo de presença. Os pais precisam saber que tempo não é desculpa, mas é questão de escolha e de prioridade. Se o filho e a educação são importantes, eles reservarão esse tempo e irão às reuniões. Aliás, os pais não só deveriam ir à escola quando tem reunião ou quando são convocados por quaisquer problemas, mas também quando está tudo bem. Aí está a grandeza: conversar com a direção, coordenação e com os educadores e colaboradores da escola. Isso revela interesse, preocupação, amor e responsabilidade comuns na educação. É isso que faz um bem tremendo para o seu filho e revela a importância da formação. "Ser o homem mais rico do cemitério não me interessa. Ir para a cama à noite dizendo que fiz alguma coisa maravilhosa é o que importa para mim" (Steve Jobs).

Dar ao seu filho tudo o que este pedir: ele pensará que tem direito a tudo o que desejar. Os pais, portanto, devem frear o impulso de darem tudo aos filhos. Devem mostrar o preço das coisas e, acima de tudo, ensinar o valor das coisas e das conquistas. O prazer e a felicidade estão na caminhada, e não só na chegada. Dar tudo aos filhos é colocá-los no caminho do fracasso, é tirar deles a grandeza de se reinventarem, de serem protagonistas e vitoriosos por capacidade própria. Eles precisam de propósitos de vida, caso contrário, as compensações, drogas, dependências e os vazios existenciais poderão facilmente mostrar a sua face e toda a sua força destruidora. O pior consumista não é o que consome coisas, mas quem é consumido e escravizado por elas. "E o grande drama é que o consumista nunca é feliz, pois desvaloriza o que tem para sofrer com o que ainda não tem" (Içami Tiba). A sobriedade – não a pobreza – é um caminho muito mais justo e educativo. "Eu não sou pobre, eu sou sóbrio, de bagagem leve. Vivo com apenas o suficiente para que as coisas não roubem minha liberdade... Se eu tivesse muitas coisas, teria que me ocupar delas. A verdadeira liberdade está em consumir pouco" (José Mujica).

Ignorar comentários preconceituosos: "Crer em preconceitos é cômodo porque nos protege de conflitos, porque confirma nossas ações anteriores" (Agnes Heller). Muitas pessoas têm posturas preconceituosas porque são ignorantes e porque não querem viver processos de mudanças em suas vidas. Pior que ignorar é ter atitudes preconceituosas ou fazer comentários e piadas dessa natureza, com forte conotação, por exemplo, machista e racista. Quando se ignora esse tipo de práticas nos filhos, o adulto passa a mensagem de que isso é permitido e que não tem problema. É necessário, portanto, cortar o mal pela raiz e fazer um esforço enorme para se colocar no lugar da outra pessoa, na pele de quem está sofrendo preconceito. Assumir essa posição pode assustar, mas é urgente compreender que todo preconceito é um mal e que com o mal não se dialoga; ele deve ser, ao contrário, reprimido em suas múltiplas manifestações. Ignorar ou protelar é ser conivente, e amanhã poderá ser tarde demais. "Pensar é o que muita gente acha que está fazendo, quando está apenas rearrumando seus preconceitos" (William James).

Deixar os filhos escutarem músicas que vulgarizam a mulher: eles aprenderão a tratar as mulheres como seres sem valor e até mesmo como objetos. Essa permissão ou omissão por parte dos adultos contribuirá para que as crianças desenvolvam um olhar extremamente egoísta e possessivo, que vejam a pessoa como uma coisa passível de ser usada. Isso é um total desrespeito para com a dignidade da mulher, bem como de qualquer ser humano. Além disso, usar posturas preconceituosas de outras pessoas para legitimar o seu preconceito é um ataque ao bom senso. O erro do outro nunca pode ser desculpa ou critério para pautar o nosso comportamento. É tarefa e missão de todos aprender a respeitar e acolher cada pessoa por sua beleza, originalidade e diferença. "A vulgaridade começa quando a imaginação dá lugar ao explícito" (Doris Day).

Permitir que seu filho assista o que bem quiser na TV ou na internet: a relação entre pais e filhos não está no mesmo patamar. Deve existir entre ambos uma hierarquia saudável: na relação com os filhos, quem são os adultos e gerenciadores da vida são os pais, e não o contrário. Deixá-los livres para verem o que quiser fará com que os filhos facilmente sejam capturados pela curiosidade de conteúdos projetados para adultos e deixem de viver o que é essencial em cada fase de sua vida. "Nunca permita que um problema a ser resolvido se torne mais importante do que uma pessoa a ser amada" (Barbara Johnson).

Ter como fio condutor agradar seus filhos: esse é outro horizonte presente na (des)educação dos filhos. Quem vive para agradar se assemelha a uma minhoca, isto é, a um ser sem espinha dorsal, molenga, sem uma boa sustentação própria. Quem tenta agradar a todos, acaba desagradando a todos e perdendo a confiança destes. Por isso, nós acreditamos em pessoas que têm opinião própria, que falam olhando nos olhos, que têm ética e valores. É isso que lhes dá credibilidade. Ninguém nasceu para desagradar ou para agradar, mas para ser ele mesmo e ser verdadeiro, no qual o sim é sim e o não é não e no qual as pessoas são amadas e as coisas são usadas, e não o contrário. Portanto, o amor à verdade sempre deve ser mais forte do que a traiçoeira tentação de agradar. "Hoje senti saudades de mim... Do meu sorriso, do meu olhar, do meu jeitinho de ser, da minha forma de pensar, do meu coração e do meu sentir. Hoje olhei bem dentro de mim, e percebi que eu não estava aqui. Então me dei conta, que as vezes que eu não me encontro, são exatamente aqueles momentos em que tento agradar a outros e acabo me esquecendo de mim. Resolvi me cuidar" (Cecilia Sfalsin).

Continuar pensando que mimar é educar: uma criança mimada torna-se um ser humano "artificial", porque não se joga, não mergulha, não experimenta o valor das coisas, não vive processos, não se deixa transformar, não atravessa o que é do viver em toda a sua crueza e beleza, limites e possibilidades. Criança mimada costuma ser dramática e egocêntrica, facilmente foge dos desafios e da dor, quer tudo para si e no seu tempo. É possuidora de uma educação emocional nada saudável, razão pela qual não sabe ouvir um "não" e não sabe lidar com crises, frustrações e prazos. Isso pode ter sua origem no tipo de presença que os pais têm na vida de seus filhos. O perigo surge quando os pais querem compensar a sua ausência física, afetiva e na formação de seus filhos oferecendo a eles bens materiais. Consequentemente, a educação vira barganha, com traços comerciais. As crianças mimadas entram no jogo, sentem a culpa dos pais e começam a manipulá-los, seja pela insistência ou exposição dos próprios pais em lugares públicos, pois sabem que isso os constrange e que não vão repreendê-las. Com isso, atingem o "ponto fraco" dos pais para ver suas expectativas satisfeitas. A criança mimada costuma ser um adulto infeliz. Cabe aos pais, portanto, estabelecer limites saudáveis, mas que decorram de um tipo de relação saudável e justa. "Criança mimada é aquela que ganha tudo, enquanto a educada respeita tudo" (Marco Antônio de Araújo). A sabedoria de vida afirma e não falha quando diz para defender o professor na frente de seu filho para não precisar defender seu filho na frente do delegado.

5. Crianças aprendem: como educar

Na juventude aprendemos; na maturidade compreendemos.
Marie Von Ebner-Eschenbach

Se uma criança convive com a hostilidade, aprende a ferir; com a ignorância, aprende a julgar; com a agressividade, aprende a temer; com as críticas, aprende a condenar; com as aparências, aprende a ser vaidosa; com a vergonha, aprende a se sentir culpada.

Se uma criança convive na tolerância, aprende a ser paciente; no encorajamento, aprende a ser confiante; na gratidão, aprende a apreciar e a agradecer. Se uma criança convive com a compreensão, aprende a gostar de si; com a imparcialidade, aprende a ser justa; com gestos de amor, aprende a amar; com a segurança, aprende a ter fé.

Se uma criança recebe afeto, torna-se afetiva; se participa de decisões, torna-se sujeito; se é respeitada, aprende a respeitar; se convive com o diferente, torna-se ela mesma, única, original e inédita.

Neste capítulo, vamos aprofundar caminhos possíveis dentro do pano de fundo dado por Pitágoras quando nos desafia ao dizer: "Eduque a criança e não será necessário punir o adulto." Para tanto, no presente capítulo a reflexão terá conotação positiva e prospectiva, otimista e realista. Vamos deixar ecoar e ressoar em nós algumas atitudes e comportamentos, alguns pontos, caminhos e horizontes importantes, tais como:

1) Ajudem os filhos e as crianças e os eduquem para que sejam eles mesmos: é um desafio delicado e bonito, desafiador e necessário que se dará na paciência e na persistência e levará as crianças à vivência de sua originalidade e a buscarem nos outros não modelos de imitação, mas referências de inspiração. Somos todos diferentes, e é nessas diferenças que residem a riqueza de cada pessoa e a beleza de um grupo. "Decidi há muito tempo não caminhar à sombra de alguém. Se eu fracassar ou obtiver sucesso, terei vivido acreditando em mim" (Whitney Houston).

É importante compreender, no coração e na prática da vida, que: "A melhor coisa do mundo é saber ser você mesmo" (Michel de Montaigne). Vejamos algumas práticas sugestivas no aprofundamento dessa vivência:

a) Abrir os olhos e os corações das crianças para a beleza e riqueza de cada pessoa e fazê-las refletir sobre gostos, por exemplo. Elas aprenderão que uma criança pode gostar mais de cantar, mas outras podem preferir praticar esportes coletivos, dançar ou fazer trabalhos voluntários. É um ótimo exercício mergulhar nos gostos e preferências de cada pessoa e aprender com cada sensibilidade. É nessa variedade que é expressa a originalidade de cada pessoa;

b) Repetir certas expressões que aprofundam essa dimensão única e original de cada pessoa ser e proceder, conscientizando que ninguém é melhor nem pior, apenas diferente. O convite de Oscar Wilde pode servir como verdadeiro mantra: "Seja você mesmo, todos os outros já existem".

c) Repetir e aprofundar os versos que seguem: seja a sua melhor versão e a sua melhor companhia. Se goste, se ame e se escute! Se sinta, se priorize e se curta! Se aceite, se perdoe e se cuide! Se atualize, se projete e se sonhe! Se reinvente!

d) Mia Couto, o poeta moçambicano, alerta para outro jeito de ser e de acontecer na vida: "Antes vale andar descalço do que tropeçar com os sapatos dos outros." As crianças que crescem nessa perspectiva de vida não serão punidas quando adultas porque são de valor, movidas pela ética, vivem no respeito, na originalidade e no amor feito reciprocidade. "Seu tempo é limitado, então não perca tempo vivendo a vida de outro. Não deixe o barulho da opinião dos outros abafar sua voz interior. E mais importante, tenha a coragem de seguir seu coração e sua intuição" (Steve Jobs).

2) Eduquem as crianças para que sejam presentes e estejam presentes: já é próprio das crianças estarem muito mais presentes no tempo presente que muitos adultos. Porém o desafio, aqui, é fazer com que elas se aceitem como verdadeiras dádivas e vivam dentro dessa dinâmica de vida, e que sejam valorizadas individualmente e em momentos comuns, que sejam escutadas e possam participar, ao seu modo, da dinâmica que se dá na família, na sala de aula ou em outras situações. Nunca vamos nos arrepender de ter valorizado e escutado as crianças.

As crianças são sinais de vida e verdadeiros "termômetros": "As crianças são um sinal. Sinal de esperança, sinal de vida, mas também sinal de 'diagnóstico' para compreender o estado de saúde de uma família, de uma sociedade, do mundo inteiro. Quando as crianças são acolhidas, amadas, protegidas, tuteladas, a família é sadia, a sociedade melhora, o mundo é mais humano" (Papa Francisco). Outro "termômetro" facilmente observável: "As crianças são quase sempre felizes, porque não pensam na felicidade. Os velhos são muitas vezes infelizes, porque pensam demasiadamente nela" (Paolo Mantegazza).

É importante dizer que as crianças não são a esperança do futuro, mas são verdadeiras parábolas de vida no momento presente. Elas são a esperança acontecendo no tempo presente. "Vivo cada dia como se fosse cada dia. Nem o último, nem o primeiro, simplesmente o único" (Pablo Neruda).

3) Elogiem as atitudes positivas de seus filhos, e não as meras aparências: é saudável e decisivo ter isso presente, diariamente, na formação do coração, da personalidade e do caráter dos filhos e educandos. O adulto deve observar e reconhecer as atitudes de vida nas crianças muito mais do que elogiar o que é apenas aparente, visível e passageiro.

Deveríamos elogiar a ajuda dada a um colega nos estudos, o gesto de lavar uma louça e compartilhar um lanche, a empatia com idosos, doentes, mendigos. Elogiar quando arrumam a cama, deixam o calçado no seu lugar, quando respeitam e toleram o diferente, entre tantos outros exemplos. Esse tipo de reconhecimento soa e ressoa como motivação e encorajamento para a vida, para uma convivência saudável e ética.

Por que essa postura é decisiva e formadora na vida? Porque faz olhar para o outro, desperta altruísmo, solidariedade, compaixão, empatia. Agora, quando os pais elogiam somente meros aspectos exteriores, correm o perigo de formar pessoas egocêntricas e exageradamente voltadas para si mesmas. Tem adulto que elogia muito mais um bracinho musculoso do filho do que a dedicação ao estudo e que elogia mais as roupas do que o amadurecimento crescente visível na caminhada dos filhos. Outro erro terrível é ver adultos que insistem na categoria da comparação: comparam crianças, comparam professores, comparam pessoas.

É pedagógico ensinar aos filhos que existem inteligências, sensibilidades, sobrenomes, nacionalidades, crenças e facilidades diferentes. E ser diferente não nos faz melhores nem piores, apenas diferentes, e é na diferença que a riqueza e o crescimento se deixam encontrar e podem produzir frutos. Portanto, engrandecer iniciativas e sublinhar atitudes positivas faz com que a criança cresça sendo ela mesma e viva sabendo que é parte da relação com os outros no mundo.

Os elogios que se referem a aspectos meramente externos podem ser interessantes se visarem o crescimento da autoestima e do amor próprio. Por outro lado, não serão nada bons se visarem dar asas à competição e à comparação, à vaidade e ao orgulho. "A vaidade é um princípio de corrupção", afirma Machado de Assis. "A vaidade é a espuma do orgulho", diz Alphonse Karr. Já Honoré de Balzac diz que "deve-se deixar a vaidade aos que não têm outra coisa para exibir".

Nossa missão, portanto, é dar testemunho por meio daquilo que somos e expressamos em nossas atitudes. As crianças não adquirem atitudes de vida em livros ou nas redes sociais, mas na convivência com pessoas que são referência em suas vidas.

É importante saber elogiar e elogiar o que é digno de reconhecimento. A vaidade nos ensurdece e nos fecha sobre nós mesmos. "Nossa incapacidade de ouvir é a manifestação mais constante e sutil da nossa arrogância e vaidade" (Rubem Alves). A convivência é triste com pessoas ensimesmadas em suas vaidades vazias. "Eu amo as palavras, mas sou completamente apaixonada por atitudes" (Tati Bernardi).

4) Incentivem a independência financeira e doméstica: ensine sua filha a independência financeira para que ela, quando começar a namorar, busque um companheiro de vida, e não um patrocinador. Ensine seu filho a independência doméstica para que ele busque uma companheira de vida, e não uma empregada. São duas realidades contundentes, sobretudo em um mundo em que o amor é confundido com posse, as pessoas com objetos e os meios de vida com fins neles mesmos.

A formação da pessoa deve acontecer na perspectiva da liberdade e do protagonismo. A educação deve formar pessoas livres, tolerantes e respeitosas, e não pessoas submissas e dependentes. "Ser independente é algo de uma pequena minoria, é o privilégio dos fortes" (Friedrich Nietzsche).

Independência não é sinônimo de autossuficiência. As pessoas independentes costumam ser elas mesmas, inteiras e capazes de criar relações saudáveis com outras pessoas. As pessoas autossuficientes pensam que elas se bastam e tendem a não ver os outros como outros, mas como prolongamento de sua própria autossuficiência. Ser independente é um estilo de vida que não depende nem do dinheiro e nem da aprovação dos outros. "Se a mulher é livre e independente, pode ter certeza que ela só está com você por amor" (Fabrício Carpinejar).

5) Não confundam "fim" com "meio": muitas vezes existe uma verdadeira inversão nessa lógica, acarretando consequências terríveis em todos os sentidos. Por exemplo: as pessoas foram criadas para serem amadas e cuidadas, e não usadas. Já as coisas foram feitas para serem usadas e também cuidadas.

As pessoas não são degraus e não podem ser usadas como escada para fins de exploração ou de lucro. "Se o dinheiro for a sua esperança de independência, você jamais a terá. A única segurança verdadeira consiste numa reserva de sabedoria, de experiência e de competência" (Henry Ford). É essa a perspectiva na educação: formar pessoas cujo conhecimento se torna sabedoria, cuja experiência e formação as transformam em competentes profissionais e excelentes seres humanos.

6) Quando o "nunca" pode ser "sempre": eduque o seu filho a nunca agredir uma mulher, e eduque a sua filha a nunca perdoar uma agressão. É isso mesmo que você leu. É uma afirmação forte e séria, capaz de desmascarar qualquer visão machista, e é uma forma de proceder altamente pedagógica na perspectiva de que o mal não tem perdão. Educar é testemunhar e dizer aos filhos que a fofoca, a desonestidade, a prática do preconceito e tantos outros males não têm perdão. O mal em si mesmo não pode ter perdão. Já a pessoa que o cometeu pode ser digna de perdão em caso de sincero arrependimento. Essa dupla compreensão e esse comportamento são imprescindíveis se queremos formar homens e mulheres para um mundo diferente e melhor.

Vale lembrar que o perdão não é um ato vazio em forma de palavras, mas supõe um arrependimento acompanhado por uma mudança de vida. Os erros são imperdoáveis, mas as pessoas podem ser perdoadas. Fazer essa distinção na educação faz toda a diferença e forma homens e mulheres respeitosos, tolerantes, compassivos e livres.

7) Despertem dúvidas pedagógicas que fazem avançar: ter dúvidas não significa insegurança nem sentimento de menos valia. O bom das dúvidas é o que elas despertam em pessoas seguras e confiantes um movimento de saída de suas falsas seguranças e um dinamismo de busca. Essas dúvidas podem estar tanto relacionadas ao comportamento e às visões de vida quanto às afirmações tidas como absolutas. "Sempre considere que você pode estar equivocado, ou que a sua perspectiva é limitada. Nós muitas vezes não percebemos as coisas como elas são, mas como nós somos" (Karen Berg).

Regar as plantas do crescimento e cultivar a chama de querer aprender com tudo e com todos faz muito bem na vida e em todas as idades. Isso faz toda a diferença e é sinal de vida longeva. Viver com sentido supõe ter coragem e comprometimento com a aprendizagem e não ceder às tentações. "Queremos ter certezas e não dúvidas, resultados e não experiências, mas nem mesmo percebemos que as certezas só podem surgir através das dúvidas e dos resultados somente através das experiências" (Carl Jung). Essa atitude de estar disposto e disponível para aprender é o caminho do prazer, da alegria, da prosperidade e do crescimento.

8) Ensinem a buscar sempre o "mais" importante: sempre é possível ser mais, aprender mais, crescer mais, sonhar mais, participar mais, compreender mais e amar mais. "O mundo só melhorará quando cada um fizer seu esforço de compreender mais do que ser compreendido, e de amar mais do que ser amado" (Hélder Câmara).

A nossa vida é tecida por importantes escolhas. Eu posso, por exemplo, decidir e buscar o melhor e me ocupar com situações que me fazem crescer. Hoje temos inúmeras fontes de conhecimentos, de leituras, de pesquisa, e as pessoas sensatas fazem bom uso dessas ferramentas.

Os pais e educadores devem ser testemunhas vivas de que mais importante que ser igual é ser original, que ser importante é ser raro, que ser sincero é ser autêntico. Mais importante que saber é crescer, que ser bonito é ser verdadeiro, que compreender é acolher. Mais importante que ser rico é ser honesto, que ressentir é perdoar, que existir é escolher viver. Mais importante que criticar é participar, que chegar é recomeçar, que imitar é ser único, original e inédito. "Mas não tenho mais tanta pressa. Comecei a aprender a ser mais gentil com o meu passo. Afinal, não há lugar algum para chegar além de mim. Eu sou a viajante e a viagem" (Ana Jácomo).

9) Criem situações e oportunidades de decisão: "Coloque-se de lado por um momento e deixe espaço para aprender, observe cuidadosamente o que as crianças fazem e então, se você entendeu bem, talvez ensine de um modo diferente de antes" (Loris Malagguzzi).

Não podemos adotar um tipo de educação que aumenta a fila dos filhos da indecisão. É preciso formar pessoas que tomam o seu viver em suas mãos e tenham elementos suficientes para tomar importantes decisões tanto na cotidianidade da vida como também nas crises e encruzilhadas. Esse tipo de educação é missão dos adultos.

Não é difícil perceber e criar situações ou trazer situações do dia a dia para dentro de casa, para dentro da sala de aula e para o contexto das crianças. A prática do discernimento é uma arte de compreensão da situação, de estudos e de ponderações, culminando com a decisão. É importante deixar a criança, o adolescente e o jovem aprenderem e exercitarem decisões e assumirem as consequências das mesmas. Que isso não só aconteça em tempos de suas escolhas profissionais, mas que a participação nas decisões – respeitando sempre uma saudável hierarquia – faça parte de um jeito de ser e proceder das famílias.

Muitos adultos vão desenvolver sua paciência e vão se surpreender positivamente com a riqueza que as crianças e adolescentes têm para contribuir! Essa vivência é fundamental e libertadora na educação das crianças. "As possibilidades se multiplicam quando decidimos agir em vez de reagir" (George Shaw).

10) Desafiem o protagonismo nas crianças: elas precisam aprender, desde pequenas, a serem motoristas de suas vidas. Elas não podem ser apenas pessoas que vão com os outros, que seguem a opinião de amiguinhos, que se esforçam para agradar ou mesmo que são movidas pelo medo de errar. Isso também vale para os posicionamentos sobre realidades e a responsabilidade de estudar e fazer os afazeres diários por conta própria sem terem que ser mandadas a todo o momento. Protagonismo combina com iniciativas, combina com o desafio de tomar decisões como vimos no ponto anterior.

Esse protagonismo pode ter duas vias: individual e coletiva. A individual faz com que a pessoa tome iniciativas por si só porque sente a importância, o valor e a necessidade de tal prática. Já a coletiva se dá como família, sala, equipe, casal ou grupos diversos. Em outros termos, o protagonismo coletivo se dá com a participação de todos na reflexão e na escolha daquilo que será realizado por todos. "Na tribo o velho é dono da história, o adulto é o dono da aldeia e a criança é o dono do mundo" (Orlando Villas-Bôas).

Ser sujeito é desafiar decisões e assumir o que delas decorre, é aprender a ter opinião própria e expressá-la. Ser sujeito é humildemente o passado interpretar, é corajosamente o futuro projetar e é intensamente no presente mergulhar. Ser sujeito é olhar para dentro e escutar, é voltar-se para a terra e nela plantar, é lançar-se para o horizonte e se arriscar. "É quando fugimos que estamos mais sujeitos a tropeçar" (Casey Robinson).

11) Sejam extremamente humanos: o que as crianças querem e precisam é de adultos profundamente humanos. Desejam educadores amigos e próximos, firmes e cuidadosos, competentes e excelentes seres humanos. Não querem que sejam perfeitos, mas verdadeiros. Não querem que saibam tudo, mas que também vivam como aprendizes. Não querem que se precipitem nas suas decisões, mas que ajudem nas boas decisões. Não querem adultos cheios de lições de moral ou de conselhos para tudo, mas de pessoas que saibam escutar, acolher e compreender. "A palavra amor anda vazia. Não tem gente dentro dela" (Manoel de Barros).

12) Façam bom uso dos meios de comunicação: eles foram criados para serem parceiros na vida, e não motivo de dependência ou de fuga da realidade. Estão ao nosso dispor para serem consultados e para facilitarem o viver e o conviver.

A escolha do tipo de meio de comunicação que mais usamos deveria ser feita de acordo com os nossos objetivos de vida. A televisão pode ser boa para relaxar em certos momentos, ver bons filmes, ver o que acontece no mundo. Porém, o perigo de estar exposto em excesso à TV reside no conteúdo que é transmitido e a forma como este é organizado: ele não é planejado para desafiar a reflexão e o senso crítico dos telespectadores. Na TV, tudo é trazido pronto e mastigado em som e imagem. "A televisão matou a janela" (Nelson Rodrigues).

Os meios de comunicação que esticam a nossa audição são mais interessantes porque atiçam a imaginação e a criatividade. "O rádio é a televisão com imaginação" (José Paulo de Andrade). Porém, o mais aconselhado de todos os meios de comunicação é a leitura. Não de textos prontos e cheios de moralismos, mas de textos consistentes, reflexivos e que provocam a nossa sã curiosidade. "A leitura abre espaços de interrogação, de meditação, de exame crítico, isto é, de liberdade" (Paulo Freire); "meus filhos terão computadores, sim, mas antes terão livros. Sem livros, sem leitura, os nossos filhos serão incapazes de escrever – inclusive a sua própria história" (Bill Gates). A leitura de livros – textos escritos – e a leitura do mundo – o texto do nosso dia a dia – devem andar de mãos dadas e se desafiarem reciprocamente.

13) Busquem e encontrem o equilíbrio: são várias as realidades que mereceriam aqui ponderações. Vejamos como é importante ter um saudável equilíbrio entre as cobranças feitas aos filhos e a saudável e importante proteção para com eles, e o que o bom senso deveria nos dizer sobre o equilíbrio entre essas duas posturas.

Os exageros, tanto nas cobranças como na superproteção, não formam e não são saudáveis. Podem ser fortes causadores da procrastinação em um duplo movimento: uma criança exageradamente protegida pelos pais dificilmente se sentirá protagonista e sujeito de suas decisões quando adulta, pois a sombra de uma mão invisível agirá de forma negativa sobre ela e dentro dela. Já uma criança muito cobrada e exigida em sua infância poderá produzir um sentimento de perfeccionismo. Ela sofrerá sentindo que muita coisa será vista como impossível, provocando desânimo, impotência e sentimento de menos-valia. O meio termo aqui está no equilíbrio entre proteger e desafiar.

Que isso não seja uma teoria, mas uma vivência no dia a dia tanto na família quanto na escola nas situações que constituem o viver. "Viver é ficar se equilibrando o tempo todo entre as escolhas e as consequências" (Jean-Paul Sartre), entre o modo de ser e de proceder, entre desafiar e cuidar.

14) Exercitem uma relação positiva com o corpo: "Cuide do seu corpo. É o único lugar onde você tem que viver" (Jim Rohn). Essa postura começa com a compreensão de que nós não temos um corpo, mas que somos um corpo que ri e chora, que descansa e dança, que caminha e chega, que recomeça e persiste, que sente e sofre, que compreende e comunica. Dizer que temos um corpo dá a conotação de objeto e de posse. Por outro lado, dizer que somos um corpo muda a nossa relação e a nossa forma de viver em nosso corpo e a forma de conviver com as pessoas que também são corpos.

"*O corpo é* onde
é carne:

o corpo é onde
há carne

e o sangue
é alarme.

O corpo é onde
é chama:

o corpo é onde
há chama
e a brasa
inflama.

O corpo é onde
é luta:

o corpo é onde
há luta
e o sangue
exulta.

O corpo é onde
é cal:

o corpo é onde
há cal
e a dor
é sal.

O corpo
é onde
e a vida
é quando."

(Affonso Romano de Sant'Anna)

O corpo não é o cemitério da alma, como dizia Platão, e também não há dualismo entre corpo e alma, como está presente na filosofia de René Descartes quando este diz que temos corpo e alma. É importante compreender que nós somos uma unidade. Por meio do corpo estamos no mundo, e por meio dele somos e nos expressamos.

Uma atitude pedagógica positiva é fazer com que as crianças gostem de si, aceitem o seu corpo e respeitem ao corpo de todos. Aquilo que não expressamos acumula-se em nosso corpo, transformando-se em noites sem dormir, nós na garganta, nostalgia, dúvidas, insatisfação e tristeza. O que não dizemos, vivemos e expressamos não morre e nos mata lentamente. "O corpo diz o que as palavras não podem dizer" (Martha Graham).

15) Passar do olhar ao contemplar e do ouvir ao escutar: existe uma progressão em termos de amplitude e de profundidade quando contemplamos e quando escutamos, e isso se dá nas mais diferentes realidades do dia a dia.

O escritor angolano Ondjaki nos convida para um olhar contemplativo sobre as sutilezas da vida: "Às vezes numa pequena coisa pode-se encontrar todas as coisas grandes da vida, não é preciso explicar muito, basta olhar." Olhar para as crianças com o coração aberto fará sentir e enxergar, a cada dia que passa, uma nova criança. Contemplar o sorriso, crescimento e comunicações fará sentir uma nova criança, e com ela, nós nos transformamos em pessoas renovadas

Por isso é tão importante cultivarmos uma atitude interior para a escuta e a compreensão das crianças. Muitas vezes a fala delas não é perpassada por uma lógica ou racionalidade típicas dos adultos, mas sempre poderá ser captada. Contemplar, escutar e sentir as crianças é compreender que a comunicação delas nem sempre é pela palavra, mas pelo olhar, pelo tipo de abraço, pelas lágrimas e até mesmo pelas reações de medo.

Quando existe amor em forma de empatia e quando existe desejo sincero de escuta e de compreensão, todo tipo de linguagem se torna familiar. "Quem não compreende um olhar tampouco compreenderá uma longa explicação" (Mario Quintana).

16) Orientar as motivações na perspectiva *da* e *para* a liberdade: entendemos aqui por liberdade não fazer o que dá na cabeça, mas o que verdadeiramente é bom, justo e verdadeiro. E dentro dessa perspectiva, precisamos entender o duplo sentido de algumas situações, como, por exemplo: o olhar que julga é o mesmo que compreende; o coração que odeia é o mesmo que ama; a palavra que destrói é a mesma que dignifica; a rispidez que machuca pode se tornar coragem que liberta; o braço que afasta é o mesmo que abraça; o conhecimento que ajuda pode ser o mesmo que esnoba. A nossa liberdade de decisão sempre é desafiada a escolher o melhor. "A mão queimada ensina melhor. Depois disso o conselho sobre o fogo chega ao coração" (John Ronald Reuel Tolkien). A mão que prende é a mesma que se rende. A mão que aponta é a mesma que paga a conta. A mão que perdoa é a mesma que abençoa. "A mão que afaga é a mesma que apedreja" (Augusto dos Anjos). E, de forma paradoxal e poética, podemos compreender que "a mão que não me toca pode ser a que mais me toca. A mão que me segura não me tem. A mão que me impulsiona me apaixono" (Marli Nazario).

17) Despertem a sã e verdadeira curiosidade: existem dois tipos de curiosidade: a artificial e inconsequente e a sã, esta última considerada mais interessante. A primeira costuma ser saudável e nos movimenta dentro de um projeto de vida. Já a segunda se move dentro de um vazio, por meio de pessoas vazias e, geralmente, fofoqueiras, que só retratam e fazem aumentar o seu próprio vazio existencial.

A sã curiosidade nos faz compreender e, ao mesmo tempo, sabe lançar novos questionamentos. Ela desperta e provoca movimento. A busca de vacinas para determinado vírus, por exemplo, é um desafio que a curiosidade faz enfrentar na busca de soluções.

É uma pena que na vida pessoal e profissional, em muitas famílias e ambientes de educação, esse desejo intelectual não seja desafiado e desenvolvido como deveria. "Um aspecto que empobrece o nosso tempo é vivermos uma fase em que a vaidade e a ambição são mais valorizadas que a curiosidade intelectual" (Flávio Gikovate). Se existem pessoas que assim procedem, isso não é critério para que nós entremos nessa mesma lógica preguiçosa. "Sem a curiosidade que me move, que me inquieta, que me insere na busca, não aprendo nem ensino" (Paulo Freire).

18) Digam "sim" quando for sim e digam "não" quando for não: parece fácil, mas é um desafio que supõe coragem e humildade. Conheço pessoas que já passaram dos setenta anos de idade e não conseguem dizer "não" ao seu parceiro de vida. Isso não é saudável, não é libertador e atesta uma relação desigual. A situação se complicará para quem não se arrisca em dizer "não" quando a realidade assim o exigir, assim como também se complicará para a quem o "não" deveria ter sido dado.

Impressiona o que diz o poeta Gabriel García Marquez: "O mais importante que aprendi a fazer depois dos quarenta anos foi a dizer não quando é não." Vale uma pequena análise: ele diz que a postura tomada foi "o mais importante" dentro de um contexto de vida no qual muitas coisas são importantes. É muito forte essa confissão, e adquire ainda mais força pela liberdade que tal decisão provocou dentro dele. É libertador dizer "não" quando for não. No caso do poeta, esse ato adquire uma força nova pela impotência sentida durante as quatro décadas anteriores e que culminou com esse verdadeiro "parto" que deu à luz uma nova leveza em relação ao viver. Toda boa decisão é um descanso. Nesse caso, chama a atenção o uso de dois verbos: aprender e fazer. Dizer "não" é um aprendizado e pode levar tempo, e é no verbo fazer que está a verdadeira liberdade. Não basta saber o que é importante e o que é necessário fazer, mas é literalmente fazer. É na prática que a casca dura da semente se rompe e começa a germinar o novo.

É na prática da educação que essa perspectiva deve ser trabalhada e vivida. É importante que as pessoas aprendam, desde crianças, a dizer "não" quando for não e "sim" quando for sim. É papel do educador provocar e desafiar posicionamentos como prática da própria liberdade. Esse modo de proceder, além de convidar as crianças à participação afetiva e efetiva em debates e tomadas de decisões, faz com que elas aprendam a ter opinião própria e sejam protagonistas de suas decisões. Elas devem ser incentivadas!

19) Somos condicionados e podemos transformar: deve-se saber que, na educação, tanto somos condicionados pelo contexto externo em que vivemos – e não determinados – como também podemos condicionar e transformar esse mesmo contexto. Há uma relação de condicionamento recíproco. Não estamos presos a um determinismo cego que nos engessa nem a um voluntarismo desenfreado que pode tudo. Na verdade, existe um movimento de recíproca possibilitação e limitação.

A educação é como o ar que respiramos. Quando ela se dá em ambientes acolhedores, de alegria e de incentivo, é como se as janelas da inteligência se abrissem. Dessa forma, a casa fica oxigenada e cheia de luz. Já em ambientes nocivos onde vivem pessoas negativas e pessimistas, o contágio costuma ser negativo e o dinamismo de aprendizagem fica atolado. É importante lembrar que quem cria esses ambientes – positivos ou negativos – são as pessoas.

A melhor atitude pedagógica nesse sentido é compreender esses dois caminhos e essas duas atmosferas, isto é, compreender que somos condicionais e podemos condicionar. Seria muito bom confiar nas crianças e incentivá-las para que não parem de investir em sua formação e para que confiem que são capazes de transformar o mundo externo, a começar por arrumar a sua própria cama, arrumar o seu quarto, participar da dinâmica da casa, da sala de aula, dos grupos. "Se cada um varrer a calçada de sua casa, logo teremos uma rua limpa" (provérbio judaico).

20) Busquem a conexão equilibrada entre liberdade e segurança: nós sempre estamos chegando e sempre estamos recomeçando. Amamos sair de casa e amamos voltar a esta mesma casa. Gostamos da nossa família, mas chega um momento em que ela não mais nos basta e sentimos necessidade de buscar outros grupos – comunidades afetivas – de pertencimento. Essa não é uma postura contra a família, mas um movimento natural na vida de todos. "Para ser feliz há dois valores essenciais que são absolutamente indispensáveis. Um é a 'segurança' e o outro é a 'liberdade'. Você não consegue ser feliz e ter uma vida digna na ausência de um deles. Segurança sem liberdade é escravidão; liberdade sem segurança é um completo caos. Cada vez que você tem mais segurança, você entrega um pouco da sua liberdade. Cada vez que você tem mais liberdade, você entrega parte da segurança. E então, você ganha algo, e você perde algo" (Zygmunt Bauman). Para ser livre, eu não preciso deletar a segurança, e muito menos o contrário. Por isso é que a vida e a educação são tão apaixonantes: porque nos colocam diariamente a questão da busca do equilíbrio.

21) O possível está no impossível: seria cômodo tornar o impossível possível com a simples eliminação do seu prefixo. Porém, na vida não é assim. O que é educativo e cheio de esperança é a compreensão de que "o impossível não é um fato, mas uma opinião", diz o filósofo Mário Sérgio Cortella. Sim, o impossível não é uma verdade fechada, um dogma, um axioma, mas uma opinião, um ponto de vista.

Para muitos, "o impossível é o que não se tentou" (Jim Goodwin), é a constatação de que "algo só é impossível até que alguém duvide e acabe provando o contrário" (Albert Einstein). "Não sabendo que era impossível, ele foi lá e fez" (Jean Cocteau). Muitas realidades que ontem eram tidas como impossíveis hoje são realidades.

Pais e professores são semeadores de sonhos, não de ilusões ou de fantasias. E muitos sonhos de hoje podem ser palpáveis amanhã. É papel de ambos aplicar a arte de desafiar sonhos. Nessa perspectiva, muito adulto tem que repensar a sua linguagem, sobretudo quando facilmente diz que "isso é impossível", "não tem jeito", "sempre foi assim", "isso tem que ficar assim mesmo", "não dá para ser diferente", "é difícil demais", entre outras expressões de cunho impossibilitante.

Imagine como esse tipo de postura soa e ressoa no coração de uma criança que tem uma vida pela frente e carrega consigo todos os sonhos do mundo. Não cabe ao adulto – que representa muito mais do que ele é – puxar para baixo e desanimar tudo o que uma criança sonha e cultiva dentro de si.

É atitude pedagógica despertar e incentivar sonhos, mostrar que eles têm asas e raízes e que nada é impossível. Não é papel de quem quer que seja destruir o sonho de alguém, pois é possível ser, sim, realista com o intuito de levar à reflexões mais profundas. "Eu gosto do impossível porque lá a concorrência é menor" (Walt Disney).

Para concluir este capítulo, ressalto, com um novo ardor e esperança, que é preciso educar a criança e que com isso não será necessário punir o adulto.

"O que eu faço é uma gota no meio de um oceano.
Mas sem ela, o oceano seria menor."
(Madre Teresa de Calcutá)

Quarto bloco
Dimensões na missão educadora

O mais importante na vida não é o muito saber,
mas o saborear as coisas internamente.
Inácio de Loyola

A motivação deste bloco, dividido em cinco capítulos, é provocar reflexões, desafiar olhares e trazer cores, temperos e sabores tanto para a educação como também para a nossa vida como um todo.

São ponderações que desejam ser aprofundadas e terão forte ressonância dentro de nós quanto mais dóceis e generosos formos.

Um coração e uma mente abertos são como um livro, apreciados quando abertos e lidos; são como paraquedas, que funcionam bem quando abertos e em movimento. "Não considere nenhuma prática como imutável. Mude e esteja pronto a mudar novamente. Não aceite verdade eterna. Experimente" (Frederic Skinner).

1. Protagonista – artista – motorista

Eu adoraria pintar como o pássaro canta.
Claude Monet

Libertar-se de todo tipo de amarra e buscar ser protagonista deveriam ser objetivos constantes e incansáveis em nossa vida. Ser sujeito da vida é passar do assento do "caroneiro" ao assento do volante, isto é, ao nosso lugar na vida, que é sermos motoristas capazes de guiar nosso coração, nossa razão, nossas motivações, nossos sonhos e nossa própria vida.

Aprender a ser sujeito de nossas decisões e protagonista de nossa vida é sempre um desejo desafiante, pois esse estilo envolvente de viver vai adquirindo novos contornos, novas cores e novas perspectivas ao longo da existência. "A vida é deserto e oásis. Nos derruba, nos lastima, nos ensina, nos converte em protagonistas de nossa própria história. Ainda que o vento sopre contra, a poderosa obra continua, tu podes trocar uma estrofe. Não deixes nunca de sonhar" (Walter Whitman).

O mais importante é que a vida pode fazer sentido e precisa de razões consistentes que a tornem prazerosa e digna. "Acreditamos saber que existe uma saída, mas não sabemos onde está. Não havendo ninguém do lado de fora que nos possa indicá-la, devemos procurá-la por nós mesmos. O que o labirinto ensina não é onde está a saída, mas quais são os caminhos que não levam a lugar algum" (Norberto Bobbio). A vida tem que valer a pena, e terá mais sabor e saber quanto mais formos sujeitos ativos. "Se a vida é um filme, além de protagonista, eu faço questão de ser diretora e roteirista do meu" (Edna Frigato).

A educação, tanto na família como na escola, deve fazer com que cada criança seja inteiramente ela mesma, que cada adolescente aprenda a agir por conta própria e que ambos aprendam a tomar inciativas, aprendam a descobrir a sua própria originalidade, aprendam a tomar a vida e os sonhos em suas mãos.

"Não é o cérebro que mais importa, mas sim o que o orienta: o caráter, o coração, a generosidade."

(Fiódor Dostoiévski)

2. Olhar – enxergar – contemplar

Sorrir com os olhos fechados é enxergar uma felicidade que pode ser vista pelo coração.

Gustavo Boroni

Existem vários tipos de olhares e todos eles estão em nós e nas pessoas a nossa volta. O olhar é como uma faca de dois gumes: pode machucar ou libertar, aproximar ou dispersar, compreender ou recriminar, acolher ou desprezar, conectar ou ignorar, perdoar ou condenar.

Os geradores que movem os nossos olhares são os nossos valores, convicções e crenças, é o conceito que temos de nós e das pessoas, é o tipo de relação que nós temos com a compreensão, o respeito e a tolerância. Todo olhar está no momento atual, mas nasce de uma mística e sabedoria de vida, de um tipo de educação que nos foi dado.

Talvez o pior de todos os olhares é o olhar vazio, frio e indiferente, muito bem expresso pelo poeta Mário Quintana: "O que mata um jardim não é o abandono. O que mata um jardim é esse olhar vazio de quem passa por ele indiferente." Ver sem enxergar e sem contemplar mata o jardim, machuca pessoas e torna nublado o florilégio de cores.

Sente-se à beira das estações e continue a olhar. "Eu nunca guardei rebanhos, mas é como se os guardasse. Minha alma é como um pastor, conhece o vento e o Sol e anda pela mão das estações a seguir e a olhar. Toda a paz da natureza sem gente vem sentar-se a meu lado" (Fernando Pessoa).

Diante de tempos marcados pela tecnologia, é preciso reinventar a capacidade de olhar, de enxergar e contemplar movimentos, detalhes, caminhos e possibilidades. "Torne-se um possibilitado. Não importa o quão escuras as coisas pareçam ser ou realmente sejam, levante sua mira e enxergue as possibilidades – sempre veja-as, pois elas estão sempre lá" (Norman Vincent Peale).

Enxergar é um ato consciente de quem sente e mergulha na presença de algo ou de alguém. E contemplar é fazer com que essas presenças entrem em nós, pintem as nossas pupilas, signifiquem nossos valores, deem um impulso às nossas relações, entusiasmem a vibração do nosso coração, façam parte da nossa vida, configurem diferentemente o nosso interior e a nossa ação.

A contemplação é uma arte e pode despertar um dos maiores prazeres. Ela pode se dar em duas direções:

Primeira direção: contemplar-se – É a capacidade de o homem sentir e apreciar a totalidade de sua vida, de seus sentimentos e comportamentos, de suas motivações e ações. É ver o coração por dentro, sentir os mais profundos desejos, pensamentos, anseios e direção de sua própria caminhada. "A consciência é a faculdade que o homem tem de contemplar seu íntimo, assistir à própria existência, ser, por assim dizer, espectador de si próprio" (François Guizot). É uma vivência extremamente simples e gratuita: contemplar a própria vida, ver por dentro os desejos de seu próprio coração e tudo o que nele se move.

Segunda direção: contemplar o mundo em sua volta – Trata-se de uma vivência que também supõe desnudamento, desapego, gratuidade e generosidade. Ou seja, é deixar que o mundo externo seja ele mesmo e se apresente, deixar que tudo que o constitui possa nos tocar, impactar e adentrar em nós, assim como o orvalho da madrugada vai entrando e umedecendo uma esponja. A arte da contemplação do mundo em nossa volta supõe, sobretudo, um olhar atencioso e carinhoso sobre a natureza e sobre as pessoas. O Papa

Francisco nos encanta nesse sentido quando diz: "Não há nada mais belo que contemplar os desejos, a entrega, a paixão e a energia com que muitos jovens vivem a vida." Isso não só se adquire com uma simples observação ou com um olhar, mas com a contemplação que conecta o outro enquanto outro, com o brilho e cores no olhar, vibrações e desejos no arriscar, com os sonhos e esperanças na coragem de avançar para águas sempre mais profundas.

Nunca nos esqueçamos de que "lutam melhor aqueles que têm sonhos belos. Somente aqueles que contemplam a beleza são capazes de endurecer sem nunca perder a ternura. Guerreiros ternos. Guerreiros que leem poesias. Guerreiros que brincam como criança", como diz Rubem Alves. A arte da contemplação cria em nós uma unidade interior que nos faz ternamente sérios e seriamente ternos.

"Só enxerga as cores da vida quem traz um arco-íris no olhar."

(Edna Frigato)

3. Termômetro – "escutômetro" – "chatômetro"

Numa viagem de cem quilômetros, depois de teres percorrido noventa e nove, estás apenas na metade do caminho.

Provérbio chinês

Existem cronômetros, pluviômetros, termômetros, bafômetros, gasômetros e tantos outros tipos de "metros". Bom seria também que existissem menos "chutômetros", "chatômetros" e "desconfiômetros", e mais "escutômetros". Isso daria novas medidas e novos parâmetros ao conviver, ser ombro amigo que repousa, olhar terno que compreende, coração compassivo que acolhe. A escuta é o perfume da compreensão e a confiança é a primeira pele do coração.

Aprender a escutar é uma escolha, um cultivo e um aprendizado. "Nós escutamos o barulho do carvalho que cai, mas não escutamos o barulho da floresta que brota. Ouvimos o ruído das torres desmoronando, mas não escutamos a consciência que desperta. No mundo de hoje, há muitas coisas que desmoronam, e em geral falamos das coisas que fazem ruído e não falamos das sementes de consciência e de luz que estão germinando" (Jean-Yves Leloup).

O que as crianças mais desejam são pessoas que sejam presenças inteiras, afetivas e verdadeiras. Não querem adultos impacientes e que gritam, adultos nervosos e que apenas exigem cumprimentos de tarefas.

Não é necessário estar o tempo todo com as crianças e nem por muito tempo, pois isso depende de vários fatores, mas quando estiver na presença delas, que seja desejada e escolhida, de qualidade e que haja a escuta e a valorização. Esse tipo de presença deixa um gosto de "queremos e podemos mais".

Se muitos adultos têm grande dificuldade em escrever bem, é porque leem mal e muito pouco. O mesmo se pode dizer de adultos não sabem o que conversar com as crianças. Isso se deve, em grande parte, devido a sua negligência ou sincero interesse em escutar. "Hoje em dia não se sabe falar porque não se sabe escutar" (Jules Renard). As palavras certas nascem da sincera e respeitosa escuta do outro, da conexão empática do outro enquanto outro, e não enquanto prolongamento de nós, da nossa visão de mundo ou de nossas expectativas. A fala nasce do olhar e da escuta, e essa fala do adulto pode se apresentar na forma de um olhar compreensivo, da mão sobre o ombro, de um gesto, da surpresa em algum detalhe, do silêncio de uma presença inteira. Um provérbio oriental projeta luz sobre o que aqui refletimos quando alerta sobre nossas falas: "Fale somente se as suas palavras forem melhores que o seu silêncio."

Nossos encontros deveriam ser moldados por escutas bonitas. A escuta mais respeitosa e linda é a de uma pessoa que silencia, se interessa e compreende o que as pessoas têm a dizer. O tipo de presença deveria ir ao encontro dos desejos e necessidades das outras pessoas. Aí, sim, existe a possibilidade de relação. "O que as pessoas mais desejam é alguém que as escute de maneira calma e tranquila. Em silêncio. Sem dar conselhos. Sem que digam: 'se eu fosse você'. A gente ama não é a pessoa que fala bonito. É a pessoa que escuta bonito. A fala só é bonita quando ela nasce de uma longa e silenciosa escuta. É na escuta que o amor começa. E é na não-escuta que ele termina. Não aprendi isso nos livros. Aprendi prestando atenção" (Rubem Alves).

Prestar atenção às crianças passa pelo tipo de olhar, pela escuta das entrelinhas e pausas, pelos movimentos das mãos, dos olhos, dos medos, da coragem, dos próprios silêncios. É aí que se dá a verdadeira comunicação. "A maioria das pessoas imagina que o importante, no diálogo, é a palavra. Engano, e repito: – o importante é a pausa. É na pausa que duas pessoas se entendem e entram em comunhão" (Nelson Rodrigues).

Não tem nada mais simples e profundo do que saber e decidir escutar. Basta mostrar interesse, priorizar o tempo e escutar o que as crianças querem expressar. É tudo tão simples e tão importante que chega a impressionar, e também impressiona negativamente porque muitos adultos não tiram os olhos de aparelhos eletrônicos e as mãos do controle remoto. Preferem jogar respostas prontas e impacientes, fazer exigências automáticas, fazer cobranças e dar lições de moral. E isso estraga tudo, porque não tem inteireza, presença, conexão ou sintonia, e nenhum diálogo flui. Quando o tempo e o espaço da vida são preenchidos pela impaciência e pelo medo, não há tempo para o diálogo e nem espaço de amor.

"Ver tudo, escutar muito e corrigir pouco."

(Gregório Magno)

4. Tempo – coragem – escolhas

Devemos gerar coragem igual ao tamanho das dificuldades que enfrentamos.

Dalai Lama

Plutarco já dizia que "o tempo é o mais sábio dos conselheiros". Ao longo da história, a maioria das pessoas costumava dizer que é o tempo que resolve tudo. Em tempos de dor, de perda ou de grandes dificuldades, facilmente ouvimos esta expressão: "só o tempo!". De certo modo, isso faz sentido e motiva pessoas, sobretudo em tempos de sofrimentos profundos e em contextos de impotência. Isso pode acontecer quando ocorre a perda de entes queridos. Aí, sim, o tempo é o melhor aliado em termos de acolhida, aceitação e superação.

Porém, aqui quero acrescentar um novo elemento a essa sabedoria milenar e que pode encorajar a nossa vida. Não é o tempo que resolve tudo, mas são as nossas escolhas feitas no tempo que podem mudar tudo para melhor ou para pior. Podemos dizer que o tempo está grávido de sabedoria, mas esta só encontra cor e coragem, braços e mãos quando tomamos decisões.

Esse olhar é importante porque tira de nós a tentadora passividade da espera. Afinal, não é possível viver sem decidir: decidimos pela positividade, negatividade ou neutralidade. Inclusive "ficar em cima" do muro também é uma decisão. Nossas escolhas podem acelerar ou retardar a superação de problemas. Portanto, é preciso decidir bem no tempo que nos é dado. Creio que isso ajuda na compreensão e travessia de muitas situações em nossas vidas.

Vamos refletir sobre outros exemplos que nos desafiam sobre a importância de situar bem certas questões e despertar um novo olhar e uma nova compreensão:

a) Não é o poder que corrompe as pessoas, mas são as pessoas que se corrompem na forma de exercer o poder. "O poder não corrompe o homem; é o homem que corrompe o poder. O homem é o grande poluidor da natureza, do próprio homem e do poder" (Ulysses Guimarães);

b) Outra nova forma de compreensão nos é dada pelo psiquiatra chileno Cláudio Naranjo quando este diz que "quem vê todos os seres em seu próprio ser, e seu próprio ser em todos os seres, perde todo o medo". É uma pérola que nos coloca em um horizonte de comum união. Algo semelhante nos aponta o intelectual francês Henri de Lubac: "Todo sofrimento é único e todo sofrimento é comum. É preciso dizer essa segunda verdade quando eu sofro e a primeira quando vejo outros sofrerem";

c) Pablo Neruda nos ajuda a não vermos a oportunidade de cada dia como se fosse o primeiro ou último dia, mas no seu ineditismo convidativo: "Vivo cada dia como se fosse cada dia. Nem o último, nem o primeiro, simplesmente o único";

d) Cuidado com os reducionismos que facilmente rondam a vida de muita gente. "Eu não sou o que me aconteceu. Sou o que escolhi ser" (Carl Jung) com tudo o que me aconteceu na vida;

e) Outra questão que precisa, urgentemente, ser bem situada diz respeito a uma das feridas mais doídas em nossos tempos: "Não sou descendente de escravos. Eu descendo de seres humanos que foram escravizados" (Makota Valdina). Esse olhar pode mudar tudo, e também pode mudar tudo o modo de ser em relação ao racismo: não basta ser contra essa postura – que pode revelar passividade e conivência –, mas é necessário ser também antirracista;

f) E como fugir da tentação das justificativas fáceis? "Eu sou contra essa história de dizer: – eu não faço porque não me dão condições. Se você é capaz de fazer, você cria as condições" (Adib Jatene);

g) E sobre a tentação de apenas aparentar ou ter ganhos secundários? "Eu prefiro ser odiado pelo que sou do que ser amado pelo que eu não sou" (Kurt Cobain);

h) No tocante ao amor, é preciso compreender que não é este que fortalece as relações, mas sim os tipos de relações que escolhemos e estabelecemos que fortalecem e autenticam a vivência do amor. "A nossa tarefa não é buscar o amor, mas simplesmente achar as barreiras que construímos dentro de nós e que nos impedem de permitir o amor fluir" (Rumi);

i) A curiosidade intelectual e o conhecimento são ótimos investimentos e são incansáveis. "Aprender é a única coisa do que a mente nunca se cansa, nunca tem medo e nunca se arrepende" (Leonardo da Vinci);

j) Outra questão geralmente mal colocada é buscar a felicidade onde ela não se deixa encontrar. "A felicidade não tem absolutamente nenhuma relação com o que você possui e tem tudo a ver com o quanto você é grato pelo que possui" (Lee Jampolsky).

Não é só a dinâmica do tempo, mas são as nossas escolhas feitas no tempo que podem fechar ciclos, superar dificuldades, driblar problemas e encurtar sofrimentos. Nossas escolhas podem reconfigurar valores, desmoronar artificialidades, quebrar as pernas da mentira e desmascarar a falsidade. Elas também podem revelar a hipocrisia e os verdadeiros amigos, encorajar relações, purificar motivações, orientar comportamentos e nos apontar o caminho da verdade.

O mais importante é devolver à pessoa a capacidade de decidir por ela mesma e de não ficar esperando passivamente. A cronologia e duração do tempo são iguais para todos. "Acabo de notar aquilo que tenho em comum com as pessoas mais influentes da história: tempo.

Elas não dispuseram de mais horas por dia do que eu ou você. O uso criterioso do tempo é um dos elementos principais do sucesso" (H. Jackson Brown).

O tempo é nosso parceiro e ele é mais valorizado quando temos um projeto de vida com prioridade e escala de valores. A vida segue o seu fluir quando evitamos dois erros assim expressos em um provérbio persa: "No deserto encontrei-me com Deus e Ele me falou sobre os dois maiores erros da humanidade: a pressa ante o tempo e a lentidão ante a oportunidade."

5. Sonhar – realizar – reinventar

Tive sonhos e pesadelos. Sobrevivi aos meus pesadelos graças aos meus sonhos.

Jonas Salk

Não existe nada tão nosso, tão profundo, tão íntimo e tão original quanto os nossos sonhos. Eles são para as pessoas o que a seiva é para as árvores, a água para o peixe, a terra para a semente e o céu para a liberdade. As pessoas que não sonham, envelhecem prematuramente. "Uma das calamidades da vida é sonhar apenas quando estivermos dormindo... O homem mais pobre não é o homem sem dinheiro: é o homem sem sonhos" (Max L. Forman).

Cada sonho é sagrado, seja o meu ou o dos outros. É necessário e saudável sonhar. É a própria vida e o nosso jeito de caminhar que vão dando asas, raízes e musculatura a esses sonhos quando estes são verdadeiros.

Os sonhos amadurecem os frutos ao longo do caminho e nos amadurecem. Chegará o dia em que deveremos tomar posse deles. Isso nos dará segurança, mas também nos tirará a necessidade de reinventá-los constantemente. Além disso, os sonhos também têm os seus ciclos. "Concordo em gênero, número, grau, degraus e escadas que os sonhos não envelhecem. Eles apenas arrumam um jeito de tomar banho, mudar a roupa e fazer uma nova maquiagem. Tanto é verdade que os meus apenas ficam silenciosos em algumas estações e vira e mexe, sobem a borda" (Ita Portugal).

Deveria existir uma regra que proíbe a estupidez de alguém de rir dos sonhos de outra pessoa. Além do mais, cada adulto, pai, educador, líder deveria ser um semeador de bons sonhos e incentivador da coragem de sonhar. É isso que ajuda a formar pessoas diferenciadas. O incentivo, por essa razão, é necessário para que as crianças, adolescentes e adultos perseverem e nunca parem de sonhar e para que realizem os seus sonhos. O contrário é sinônimo de vida insossa.

Um filho não deveria abandonar um sonho e uma realização profissional por causa de um possível parceiro de vida. Um objetivo de vida, quando pulsa lindamente no coração de seus sonhos, poderá ser interrompido por uma força maior, mas nunca se render aos caprichos ou facilidades econômicas desse parceiro. Caso renda-se, poderá acarretar consequências doloridas por várias razões: em primeiro lugar, o comprometimento da realização de um sonho que é só dessa pessoa, pois ninguém poderá vivê-lo em seu nome; em segundo lugar, a fartura econômica não pode ser um objetivo de vida: os bens são meios, e a finalidade do viver com sentido transcende essa postura de posse; em terceiro lugar, seria um retrocesso enorme trocar um sonho por uma segurança econômica. Seria trocar o horizonte de realização por uma submissão triste; em quarto lugar, nunca se sabe do dia de amanhã: caso aconteça uma separação, por exemplo, a pessoa não terá ferramentas profissionais para seguir a vida; em quinto lugar, alguém pedir para que a outra pessoa abandone os seus sonhos profissionais de vida para ficar "debaixo das asas" dele, e isso é um absurdo e é a negação do próprio amor. Este não submete e não engessa sonhos, mas exige pessoas inteiras e em processo de realização em seus campos profissionais.

Se é verdade que "muitos não vivem os seus sonhos porque vivem os seus medos" (Les Brown), é verdade também que muitos vivem a força, a liberdade e a coragem de seus sonhos. "Se você quer construir um navio, não reúna as pessoas só para tarefas e trabalho: ensine-as a almejar a infinita imensidão do mar" (Saint-Exupéry). Essa afirmação do livro *O pequeno príncipe* lança um desafio importante para todos os pais e educadores: o mais importante não é repetir atos, ter disciplina, fazer os deveres de casa, mas, ao fazer isso tudo, lançar um olhar para o horizonte, para o futuro, para o devir. Exupéry não nega a importância e a necessidade das tarefas diárias e trabalhos árduos, mas eles deveriam estar situados dentro de uma perspectiva maior que motivasse essas mesmas atividades diárias. A orientação fundamental da vida ajuda a situar as decisões diárias e oferece sentido às mesmas.

O autor ainda diz que "amar não é só um olhar para o outro, mas juntos numa mesma direção". Essa forma de situar os olhares e a direção são importantes, pois se complementam, se exigem e se plenificam reciprocamente.

O sonho é o que temos de mais íntimo e transformador. Desenvolver o nosso potencial é dar voz e vez ao sonho. Assim como amar e ser livre são riscos, a vida também é um risco. Se não mergulhamos em sua profundidade, seremos meros expectadores de nós mesmos.

"Para mim é impossível existir sem sonho. A vida na sua totalidade me ensinou como grande lição que é impossível assumi-la sem risco."

(Paulo Freire)

Quinto bloco
Buscando o seu oposto

O apego é o oposto do amor. O apego diz: eu quero que você me faça feliz.
O amor diz: eu quero que você seja feliz.
Jetsunma Tenzin Palmo

Nos cinco capítulos deste bloco, vamos aprofundar cinco cuidados na educação a partir de cinco perspectivas. E o faremos a partir de seu oposto.

A educação é um desafio contínuo, uma arte saudável e uma tarefa diária. Veremos a força negativa de cinco verbos: comparar, gritar, competir, culpar e substituir. Afinal, quem gosta de ser comparado com outras pessoas? Por que comparar filhos, alunos, famílias, professores, pais? O que uma pessoa pode aprender com os gritos de um adulto? E por que gritar? Competir no mercado de trabalho pode ter suas vantagens ou trazer ganhos, mas o que se ganha competindo com pessoas? E que tal competir consigo mesmo? Quem nunca culpou? Por que culpar? Que ganhos isso proporciona? Educar é para formar crianças, adolescentes e jovens ou é para inflar o ego dos adultos? O que uma criança ganha quando o adulto faz o que o próprio filho deveria fazer?

Veremos os malefícios de cada um desses verbos na vida em família e na educação e vamos analisar experiências de vida que são a afirmação do oposto da força desses verbos. “O novo não é o contrário do velho. O novo é o oposto das prisões que nos impomos” (Artur da Távola).

1. Educar sem comparar

Amar é deixar de comparar.
Bernard Grasse

Se você se ama, pare de se comparar. Se você ama alguém, pare de compará-lo com outras pessoas. O psicólogo norte-americano Lee Jampolsky classifica como trágica a infeliz postura de viver comparando, mesmo que seja bastante comum em muitos lugares, grupos, famílias e escolas.

Geralmente são as crianças que mais costumam sofrer desse mal "para verificar não só como estão se saindo, mas até mesmo para saber quem são". As crianças não são vistas pelo que são ou fazem, mas pela relação comparativa com outras crianças. É um modo de proceder muitas vezes inconsciente, mas que reforça os grupos dos incluídos e dos excluídos. Isso costuma aparecer, por exemplo, na forma de escolher equipes para a prática esportiva ou para trabalhos em equipe e na forma de classificar os alunos a partir das notas e boletins.

Deveria ser algo natural compreender cada pessoa sem ter que compará-las. Lee Jampolsky aprofunda a questão e as consequências dessa prática de vida: "Resista à tentação de comparar-se com os outros para descobrir se deve ser grato ou não. A comparação pode destruir a gratidão. O ódio, a inveja e o ciúme vêm da comparação e tornam difícil a gratidão". A infeliz postura da comparação não traz vantagens e não agrega e nem desafia os educandos a se superarem.

Steve Jobs aprofunda essa temática quando diz que "o tempo é limitado, então não gaste seu tempo vivendo a vida de outro. Não fique preso no dogma que é viver como os outros pensam que deveria viver. Não deixe que as opiniões dos outros calem sua voz interior. E o mais importante, tenha coragem para fazer aquilo que manda seu coração e intuição". Tudo o que é outro – pessoas, opiniões, elogios, críticas – pode nos desafiar e até mesmo condicionar, mas jamais deveria determinar ou submeter o nosso jeito de ser e de viver. A compaixão e a intuição deveriam, sim, ter mais ouvidos, espaços e oportunidades.

Por trás da tentação da comparação pode estar uma não compreensão sobre a própria inteligência. Precisamos compreender que existem saberes diferentes, assim como existem sensibilidades, gostos e compreensões diferentes, e nenhum é melhor ou pior, apenas diferente. Todas as pessoas têm potenciais, habilidades, e todas são capazes, mas nem todas estão na mesma área ou na mesma expectativa dos adultos.

Cada pessoa deveria ser aceita como diferente, pois ser diferente não é ser melhor nem pior, apenas diferentemente único. O poeta moçambicano Mia Couto dá um depoimento no qual sublinha essa pluralidade de saberes e sabedorias: "Sou biólogo e viajo muito pela savana do meu país. Nessas regiões encontro gente que não sabe ler livros, mas que sabe ler o seu mundo. Nesse universo de outros saberes, sou eu o analfabeto."

Desafiar as pessoas é uma tática importante na educação. A comparação pode ser interessante em relação a coisas e bens, mas não em relação a pessoas. Se analisarmos com lucidez, veremos que a comparação é algo vazio, inconsistente. Ela troca a capacidade de ser sujeito para a de ser cópia. Ademais, além de injusta, ela não valoriza a singularidade de cada pessoa e limita a autoconfiança e o protagonismo, e o que é pior, nivela a pessoa a partir dos outros e não a partir do seu próprio potencial, que também é único.

Viver sem comparar é uma forma de sentir melhor a vida. É deixar a vida, as pessoas, os lugares e os acontecimentos se apresentarem na sua eterna originalidade. "Vê-se melhor quando não se vai para ver nada, quando os olhos procuram tudo o que possam achar.

E encontram tudo" (Miguel Esteves Cardoso). Essa atitude de não comparar deveria ser a lente pela qual se apresenta nossa perspectiva e nossa atitude interna de proceder.

Precisamos aprender a não comparar filhos, crianças, pais, professores, vizinhos, famílias etc. Ninguém gosta de ser comparado com outra pessoa. Esse modo de proceder não traz nenhum ganho! As pessoas sabem do seu potencial e convivem com as suas fragilidades.

Para ser inédito, seja único. Para ser grande, aprenda a ser pequeno. Para ser humilde, aprenda a ser simples. Para ser humano, aprenda a ser verdadeiro. Para ser diferente, diferencie. Para ser você mesmo, não se compare.

"A única pessoa com a qual você pode se comparar
é com você mesmo no passado."

(Sigmund Freud)

2. Educar sem gritar

Fraternidade significa entender que um grito de dor é igual em todas as línguas, e o mesmo se aplica a um sorriso.

Dadi Janki

A história humana poderia ser lida e interpretada a partir dos seus gritos que ecoaram no passado e continuam ecoando em nossos dias. São gritos contra o racismo, a fome, a exclusão. São gritos em defesa dos povos indígenas, da natureza, da fauna e flora, das minorias sociais, das periferias e de tantas outras realidades.

Existem obras de arte nas quais é possível escutar os gritos que nelas são esculpidos ou pintados. Lembro da minúscula estatueta de nome *Le cri*, talhada pelo francês Auguste Rodin: ela impressiona pelo realismo e força de vida que a caracterizam. Outra obra que impressiona é a pintura do norueguês Edvard Munch: *O grito*. Essa obra expressionista simboliza e retrata diferentes emoções e sentimentos do ser humano. O grito se dá, nesses casos, entre o desespero e a esperança. É a fuga do vazio existencial para o encontro com o outro, com os outros, com a liberdade.

O grito é uma forma de exteriorizar emoções. Alguns gritos provocam prazer e outros são motorizados pela raiva. A imagem de uma faca de dois gumes ajuda a entender o duplo sentido do grito: ela serve para cortar obstáculos e abrir caminhos, mas também pode servir para machucar, ferir e até mesmo matar. Vejamos a tipologia e suas diferenças:

O primeiro grito – o grito terapêutico: é uma forma de colocar para fora, de extravasar e de se libertar de algo que carregamos dentro de nós. Escutamos esse tipo de grito quando o seu time faz um gol, quando se ganha um presente muito desejado, quando acontece uma colação de grau. Em todos esses casos acontece uma verdadeira descarga emocional, vista como algo saudável e libertador.

A psicologia nos ensina que é melhor explodir do que implodir. Muitas pessoas foram educadas a uma passividade frente aos sentimentos e emoções. Não querem, ou não podem, ou não conseguem exteriorizá-los. Essa submissão a engolir gritos – popularmente chamada de "engolir sapos e lagartos" – costuma trazer problemas sérios à saúde como um todo, pois a natureza, quando não é respeitada, se vinga de diferentes formas.

O segundo grito – o grito agressivo: é como uma flecha dirigida a alguém ou a um grupo de pessoas. É um grito que constrange e inibe, que fere e agride. Esse tipo de grito não é nada saudável. Cientistas apontam que os gritos dessa natureza produzem efeitos maléficos no cérebro de quem os escuta e condicionam negativamente o seu futuro.

Quando um adulto grita com quem quer que seja, sobretudo com crianças, faz uma confissão de sua própria inferioridade ou incapacidade de saber lidar com essas pessoas e com suas próprias emoções. Reconhece, por meio da agressividade do grito, que tem mais traços autoritários do que posturas democráticas e educativas.

O controle das crianças e adolescentes não pode ser pelo grito, por ameaças ou pelo uso de palavras de baixo nível. Esse modo de proceder, além de expor o descontrole do adulto, não tem qualquer valor educativo de crescimento. A facilidade em gritar pode passar a falsa sensação de que o adulto solucionou uma situação a curto prazo. Porém, não resolveu nada, apenas silenciou e calou o problema. E é pior ainda quando os adultos gritam com crianças: essa atitude contribui para a formação de filhos adultos inseguros e agressivos.

Toda linguagem baixa por parte dos pais mina a autoestima da criança. A prática de constantes berros entre pais e filhos desgasta e compromete, para sempre, uma comunicação de recíproca escuta e crescimento. Portanto, uma educação sem gritos é a melhor opção que podemos assumir como pais e educadores. Se queremos respeito, saibamos que ele não vem pelo grito. "Há uma linha fina entre o medo e o respeito. Algumas pessoas confundem e, assustadas, não vivem" (Suely Ribella).

Gritar não é pedagógico para ninguém, nem para quem o emite nem para quem o recebe. Além disso, o grito não é saudável nem para a tomada de consciência do erro, para o crescimento e nem para a reparação. O grito não é bom para o cérebro, porque, longe de resolver algo, o que se consegue é ativar dois tipos de respostas emocionais: o medo e a raiva. "O medo corta mais profundo do que espadas" (George R. Martin).

O **medo** não evita novos erros, mas evita viver na leveza e em plenitude. Nós nunca deveríamos subestimar o poder do medo. Ele pode exercer um dinamismo destruidor em nossa vida, segundo os seguintes ditos: "é o pior dos conselheiros" (Alexandre Herculano); "ele adora roubar sonhos" (Bárbara Coré); "o medo cala a boca dos inocentes e faz prevalecer a verdade dos culpados" (Karl Marx); "a esperança é o alimento de nossa alma, ao qual sempre se mistura o veneno do medo" (Voltaire).

Outro efeito maléfico do medo é apontado por Dom Quixote: "O medo é que faz que não vejas, nem ouças porque um dos efeitos do medo é turvar os sentidos, e fazer que pareçam as coisas outras do que são!" Além disso, os gritos bloqueiam dimensões da vida afetiva, comprometem a autoestima, ensurdecem o coração, engessam a sensibilidade, diminuem a lucidez do pensar, reforçam a insegurança e comprometem a liberdade de escolha, que deveria ser movida por valores, e não por medos.

A **raiva** é outra resposta emocional negativa que o grito provoca nas crianças. Ela é um tipo de ácido que pode deteriorar objetos, matar plantas e corroer o nosso melhor. A raiva, assim como o ácido, não só corrói o que ela toca, mas também estraga o recipiente no qual ela se encontra. A raiva também pode ser encarada como um animal feroz, que nos morde por dentro e range silenciosamente os seus dentes depois que o grito de um adulto nos "agrediu".

Vejamos algumas pérolas de escritores que apontam malefícios que o grito desencadeia: "A raiva é um vento que apaga a lâmpada da mente" (Robert Green Ingersoll); "Agir com raiva é a mesma coisa que içar a vela na tempestade" (Eurípedes); "A raiva nunca é um bom argumento, e raramente oferece uma boa proposta" (Indira Gandhi).

Já Mahatma Gandhi diz que "a raiva e a ingratidão são irmãs gêmeas da incompreensão". A ingratidão e a raiva estragam dimensões importantes da vida e tornam a convivência nebulosa e difícil. Mas por que as pessoas gritam? Gandhi aponta como causas de certos gritos, por exemplo, "quando duas pessoas estão aborrecidas, seus corações se afastam muito. Para cobrir esta distância precisam gritar para poderem escutar-se mutuamente. Quanto mais aborrecidas estiverem, mais forte terão que gritar para ouvir um ao outro através da grande distância. Por outro lado, o que sucede quando duas pessoas estão enamoradas? Elas não gritam. Falam suavemente. E por quê? Porque seus corações estão muito perto. A distância entre elas é pequena. Às vezes estão tão próximos seus corações, que nem falam, somente sussurram. E quando o amor é mais intenso, não necessitam sequer sussurrar, apenas se olham, e basta. Seus corações se entendem. É isso que acontece quando duas pessoas que se amam estão próximas. Quando vocês discutirem, não deixem que seus corações se afastem, não digam palavras que os distanciem mais, pois chegará um dia em que a distância será tanta que não mais encontrarão o caminho de volta". O olhar compreensivo, o afeto compartilhado e a esperança comungada são posturas simples que dissipam possíveis manifestações agressivas.

O ator americano Will Smith diz que o melhor do viver pode estar do outro lado: "Do outro lado do medo estão todas as melhores coisas da vida." As coisas podem ser diferentes, sim! O ideal não é gritar vozes, mas ecoar melodias. Não gritar palavras, mas ressoar compreensão. Não gritar competição, mas entoar cooperação. Não gritar culpas, mas abençoar com as suas mãos. Não gritar insatisfação, mas povoar corações.

Vencer na vida exige desapego e coragem, firmeza e altivez: "É muito melhor ser livre, abandonar os fortes e as barricadas do medo, erguer-se com firmeza e encarar o futuro com um sorriso" (Robert Green Ingersoll). A educação na família e na escola deveria proporcionar vivências marcantes. Que essas experiências despertem atitudes e valores consistentes nas pessoas. Quanto mais a vida for movida pela compreensão, no diálogo, com firmeza e afetividade, melhores resultados mostrarão a sua face amiga. "Quem aplica um castigo quando está irritado, não corrige, vinga-se" (Michel de Montaigne).

As crianças e os adolescentes não só observam e sentem a dor pelo tipo de comportamento agressivo de seus pais, mas o absorvem, internalizam e reproduzem quando adultos, gritando, acusando, ameaçando e agredindo.

Vamos clarear algumas situações e possíveis posturas:

Primeira situação: quem é o adulto na relação? – Sempre é bom lembrar que os adultos na relação com os filhos e educandos são os pais ou os educadores. A ambos cabe gerenciar situações e liderar pessoas. Seria um equívoco o adulto entrar na mesma lógica das crianças ou descer ao nível delas. O adulto não pode ter medo de nenhuma situação da vida e deve exercitar um olhar de lucidez e uma postura pedagógica. Vale lembrar que muitas crises e situações conflituosas não são tão problemáticas como se pensa. Na verdade, elas são o melhor terreno e momento de formação do caráter e de valores nas crianças, mas para isso precisam ser bem orientadas.

Segunda situação: é preciso diferenciar – Os problemas pessoais entre dois ou mais adultos devem ser resolvidos entre eles mesmos. Não é admissível a postura agressiva de um adulto que projeta as suas frustrações e situações mal resolvidas nas crianças ou nos adolescentes. Eles não podem ser usados como escudos e não são telas sobre as quais o adulto projeta os seus problemas pessoais ou joga as cinzas de vulcões internos que estejam vivendo no trabalho ou na vida amorosa.

Terceira situação: ver onde escorregou – Muitas situações podem ser remediadas, evitando assim que elas saiam do controle ou tirem a paciência do adulto. "Não olhe onde você caiu, mas onde você escorregou", afirma sabiamente um provérbio africano. Muitas vezes uma mudança de postura, uma palavra amiga ou uma avaliação podem remediar certas situações. "Todo grande erro tem um momento no meio do caminho, uma fração de segundo em que ele pode ser interrompido e talvez remediado" (Pearl S. Buck).

Quarta situação: em busca de uma paciência assertiva – Cabe ao adulto apontar e explicar à criança o erro ou o comportamento equivocado e pedir que ele não seja repetido. Sempre é louvável quando se usa uma linguagem direta, quando se elogia atitudes positivas dos filhos, quando o adulto sabe dialogar e quando é terno, firme e paciente. "Paciência: o intervalo entre a semente e a flor" (Ana Jácomo).

Quinta situação: o tempo está "grávido" de sabedoria – Existem situações que levam ao extremo a paciência dos adultos, como a falta de educação dos filhos, as bagunças, manhas, manias, insistências, preguiça, o não cumprimento das tarefas e dos estudos, etc. Nesses momentos, a tentação de gritar, de ameaçar ou proferir palavras fortes se apresenta como impulso imediato. Como já falamos anteriormente, o grito não forma e não disciplina. Ao contrário, ele pode amedrontar e silenciar uma situação em curto prazo. Especialistas alertam que gritar não forma sujeitos ativos e livres. Além disso, o grito emitido por adultos ecoa como perda de sua própria autoridade moral.

Sexta situação: o diálogo nunca sai de moda – O diálogo é uma das ferramentas mais poderosas na educação dos filhos. Eles precisam sentir a presença dos adultos, serem escutados, compreendidos e amados. O olhar sincero nos olhos costuma ter um significado profundo que poderá marcá-los para o resto de suas vidas. "Os silêncios são parte da conversa. O silêncio é uma outra maneira da palavra viver e há coisas que não podem ser ditas de outra maneira" (Mia Couto).

Sétima situação: o combinado nunca sai caro – Quem nunca escutou que o combinado não sai caro? Esse dito vale, e muito, na educação dos filhos ao se estabelecer regras e combinados, previamente conversados e acertados, e que devem ser cumpridos tanto pelos adultos como pelas crianças. Aqui é proibido ter pena ou entrar na lógica da barganha ou do querer agradar. Os adultos devem ser firmes em relação aos combinados e jamais se desautorizarem na frente dos filhos, mesmo tendo pontos de vista diferentes. "Não é errando que se aprende, mas sim corrigindo o erro" (Içami Tiba).

Oitava situação: qual o sentido da reparação? – A reparação não é castigo e nem pode ser vista como uma vingança. Ela deve ser pedagógica no sentido de ajudar na recuperação, na superação e na volta ao caminho da verdade. "O conselho é uma lâmpada, e a instrução uma luz, e a disciplina que corrige é o caminho da vida" (Livro dos Provérbios).

A reparação é pedagógica quando desperta a compreensão da falha e, consequentemente, uma justa correção. Esta não pode ser um ato agressivo, nem um acontecimento humilhante ou uma punição inconsequente, tampouco ser uma simples reação emocional do adulto. A reparação deve ser um ato de humildade e de coragem, ambas atitudes que não se contradizem. Pelo contrário, a verdadeira coragem traz consigo a força respeitosa da humildade. Dito de outra forma, a verdadeira humildade encoraja a correção dos erros.

Na reparação não podemos confundir agressividade e firmeza. A primeira pode silenciar, calar e inibir a curto prazo, mas a médio e longo prazo não produz resultados saudáveis e transformadores. Já a firmeza é um comportamento educativo, que faz olhar com realismo a omissão ou o erro e ensina a assumir as consequências dos atos. A firmeza faz com que o nosso "sim" seja sim e o "não" seja não. Portanto, a firmeza no agir não admite a possibilidade de se dar um "jeitinho" diante do erro.

É importante repetir e insistir: com o mal não se dialoga. O mal se reprime. Já para a pessoa que cometeu algum mal, existe a possibilidade do arrependimento, da reparação e do perdão. Dito de outra forma, uma injustiça, um *bullying*, um roubo, um preconceito não têm perdão porque o erro é imperdoável, mas a pessoa que cometeu tais males pode ser perdoada em caso de arrependimento sincero e consequente. O perdão não é um ato isolado, mas tem suas consequências de reparação: se roubou, terá que devolver; se desrespeitou, terá que reparar o erro.

O que forma, educa e traz resultados para a vida é a capacidade de acolher os filhos, de estar com eles, de sinceramente escutá-los e, acima de tudo, de cultivar uma paciência histórica, encorajar uma compreensão titânica e regar uma empatia profundamente humana.

Portanto, a reparação é um gesto, um novo estilo de vida dentro de um movimento altruísta, solidário e de sincera compaixão, pois tanto o bem que fazemos quanto o mal que cometemos têm relação com as outras pessoas e incidem no que é coletivo. Quanto mais o bem comum, os outros e a dimensão coletiva estiverem contemplados na reparação, mais resultados de vida esse momento poderá produzir.

Existem alguns binômios que nunca saem de moda e que sempre precisam ser reinventados: compreensão e disciplina, firmeza e ternura, orientação e correção, ensinamento e aprendizado, entre tantos pares de asas que podem ajudar a estabelecer boas relações e a amadurecer pessoas. Dentro dessa perspectiva não há necessidade de recorrer ao grito ou à rispidez.

> *"Gritar é uma tremenda falta de educação em qualquer situação e não leva a nada, pois não educa, deixa pais e filhos extremamente irritados, prejudica a relação entre eles."*
>
> (Içami Tiba)

3. Educar sem competir

O sábio não se exibe, e por isso brilha. Ele não se faz notar, e por isso é notado. Ele não se elogia, e por isso tem mérito. E porque não está competindo, ninguém no mundo pode competir com ele.

Lao-Tsé

Nós vemos o mundo de acordo com as lentes que usamos. Se elas estão riscadas, passam a sensação de que o mundo está riscado; se estão embaçadas, passam a sensação de que o mundo está embaçado. Existem vários tipos de lentes e de olhares. "Cada um lê com os olhos que tem e interpreta a partir de onde os pés pisam. Todo ponto de vista é a vista de um ponto" (Leonardo Boff).

O mesmo acontece com o tema deste capítulo: é possível trocar as lentes da competição pelas lentes da colaboração, eliminar ou diminuir o espírito competitivo e aumentar a dimensão cooperativa. Esse tipo de lentes faz ver mais longe, faz enxergar e sentir as vibrações de mais corações e faz despertar um prazer duradouro.

Começo relatando uma história que aconteceu com um antropólogo que estava estudando os costumes de uma tribo africana e, ao finalizar sua pesquisa, sugeriu uma brincadeira para as crianças dessa região: ele pôs um cesto cheio de doces embaixo de uma árvore e propôs às crianças uma competição, isto é, uma corrida até o cesto. Quem chegasse primeiro, ficaria com o cesto cheio de doces. Quando disse "já", todas as crianças se deram as mãos e saíram correndo juntas em direção aos doces. A conquista foi coletiva, então todas dividiram os doces. A alegria estava estampada no rosto de todas as crianças.

O estudioso ficou surpreso com essa atitude. As crianças lhe explicaram que esse é o espírito *ubuntu*: "*Ubuntu,* tio. Como uma de nós poderia ficar feliz se todas as outras estivessem tristes?" Ele, então, percebeu a essência daquele povo, algo que não lhe fora dado pelos estudos teóricos feitos com este: não havia competição, mas sim colaboração. *Ubuntu* significa: "sou quem sou, porque somos todos nós!" Sou porque somos! O conceito de *ubuntu* inspira além das fronteiras africanas e indica uma forma exemplar de como tratar o semelhante. Essa dimensão coletiva e inclusiva não é patrimônio das tribos africanas, mas pode ser inspiração para todas as culturas, grupos e comunidades. É um caminho de humanização em vista de uma nova humanidade.

O bispo africano Desmond Tutu – Prêmio Nobel da Paz em 1984 – diz que *ubuntu* "é a essência do ser humano. Ela fala do fato de que minha humanidade está indissoluvelmente ligada à sua. Eu sou humano porque eu pertenço. Ela fala sobre a totalidade, sobre a compaixão. Uma pessoa com *ubuntu* é acolhedora, hospitaleira, generosa, disposta a compartilhar. A qualidade do *ubuntu* dá às pessoas a resiliência, permitindo-as sobreviver e emergir humanas, apesar de todos os esforços para desumanizá-las".

Imagine algo dessa natureza sendo dito em uma avenida de grandes bancos, de bolsas de valores, de comércio, em meio a pessoas apressadamente gananciosas correndo em todas as direções. Agora imagine esse mesmo espírito *ubuntu* sendo falado em tempos de pandemia, nos quais as pessoas estão em isolamento social, em perigos iminentes. O importante é perceber que o tipo de escolhas que nós fazemos em nossa vida é que nos torna pessoas mais felizes ou mais tristes, mais livres ou mais apegadas. Onde está a nossa essencialidade de vida?

Tudo o que fazemos ou deixamos de fazer ou ajuda a construir um mundo melhor ou contribui para um mundo pior. Não existe meio termo. A indiferença, a neutralidade ou a protelação também são decisões, e geralmente são péssimas escolhas, porque costumam contribuir para dias piores para muitos ou porque legitimam o espírito do opressor.

A educação está dentro desse mesmo horizonte. "Não existe educação neutra. Educação ou funciona como um instrumento que é usado para facilitar a integração das gerações na lógica do atual sistema e trazer conformidade com ele, ou ela se torna a 'prática da liberdade', o meio pelo qual homens e mulheres lidam de forma crítica com a realidade e descobrem como participar na transformação do seu mundo" (Paulo Freire).

Nessa perspectiva, a surpresa e a reação do antropólogo no relato acima chamam atenção. A princípio, parecia que o pesquisador estava focado em um estudo apenas teórico sobre os costumes de uma tribo e que colheu e refletiu sobre muitas informações e conhecimentos. Mas faltava algo: mergulhar na alma, na mística e na sabedoria de vida desse povo. Esse mergulho foi proporcionado pela parábola vivida pelas crianças que faziam parte dessa cultura. São elas que mudaram o jeito de olhar e de sentir do antropólogo.

Nada é mais surpreendente que a força das crianças e nada é mais contundente quando elas se tornam as nossas mestras. "Ser mestre não é resolver tudo com afirmações, nem dar lições para que os outros aprendam... Ser mestre é verdadeiramente ser discípulo" (Søren Kierkegaard). Aí está uma das chaves mais importantes na educação e na vida: desejar crescer, viver e proceder como aprendiz.

Essas reflexões não são um convite para nos retirarmos de um mundo competitivo, afinal, a competição é a força motriz de sistemas econômicos. O problema de certas competições está na força tóxica e destruidora que carregam dentro de si. "As pessoas educam para a competição e esse é o princípio de qualquer guerra. Quando educarmos para cooperarmos e sermos mais solidários uns com os outros, nesse dia estaremos educando para a paz" (Maria Montessori).

É curioso e interessante saber que alguns países adotam sistemas de avaliação que fogem dos métodos de notas ou conceitos. Há países, por exemplo, que eliminaram o *ranking* de notas entre alunos e aboliram o boletim, que classificava os alunos entre os "melhores" e os "piores", entre os primeiros e os últimos. Aliás, ambos os sistemas de avaliação podem fazer muito mal tanto do ponto de vista psicológico como também do ponto de vista social ao agrupar os alunos em incluídos e excluídos, primeiros e últimos, competentes e incompetentes. Esse tipo de dualismo sofre com a falta de pontes e de aproximações.

A prática educativa que eliminou as notas parte do pressuposto de que aprender não é uma competição que exalta ou diminui, mas um espaço de aprendizagem no qual a autodisciplina é vista como um valor porque devolve ao estudante a responsabilidade da formação como ferramenta para ser e para vencer na vida. Afirmar e viver a educação dentro desse horizonte é um desafio extremamente exigente, mas ao mesmo tempo libertador, pois dá ao educador um novo tipo de presença e devolve aos estudantes a dimensão do protagonismo em seus estudos. A imagem de uma orquestra sinfônica pode ajudar na compreensão: existem diferentes tocadores, instrumentos, movimentos e apenas um regente, porém, todos são orientados por uma partitura, que é comum a todos.

A postura dos adultos em qualquer que seja o sistema de avaliação é a de refletir sobre a importância do estudo para a vida, e não apenas para as notas ou para o passar de ano. Não faz nenhum sentido dar voz e vez para competições entre marcas de roupa, calçado, mochilas ou entre o tipo de casa, apartamento, carro dos pais. Isso não é nada relevante no processo educativo ou na vida.

Podemos considerar o exercício da competição como um estímulo: a) no comércio, tendo em vista os valores, a qualidade dos produtos, o tipo de atendimento; e b) nos esportes e em outras atividades coletivas, nas quais o melhor de cada um é colocado a serviço de todos. A vitória de um jogo não é só do goleador, mas também do goleiro, dos defensores e dos meios-campistas, bem como a derrota, que também deve ser assumida por todos. "A competição é só civilizadora enquanto estímulo; como pretexto de abater a concorrência, é uma contribuição para a barbárie" (Agustina Bessa-Luís).

A competição como estímulo deveria ser incentivada a nós mesmos, a sermos, hoje, melhores do que fomos ontem, a sermos, amanhã, melhores do que somos hoje e assim sucessivamente. Esta, sim, é uma competição que vale à pena: enfrentar dificuldades, vencer problemas, superar medos, desmascarar preguiças, ultrapassar limites, acolher fragilidades, melhorar escolhas. Essa é uma competição saudável na qual só há ganhadores.

O filósofo e teólogo Rubem Alves descreve o espírito de duas práticas esportivas, o tênis e o frescobol: "O tênis é um jogo feroz. O seu objetivo é derrotar o adversário. E a sua derrota se revela no seu erro: o outro foi incapaz de devolver a bola. Joga-se tênis para fazer o outro errar. O bom jogador é aquele que tem a exata noção do ponto fraco do seu adversário – e é justamente para aí que ele vai dirigir sua cortada –, palavra muito sugestiva, que indica o seu objetivo sádico, que é o de cortar, interromper, derrotar. O prazer do tênis se encontra, portanto, justamente no momento em que o jogo não pode mais continuar porque o adversário foi colocado fora de jogo. Termina sempre com a alegria de um e a tristeza de outro." No frescobol, contudo, "para o jogo ser bom, é preciso que nenhum dos dois perca. Se a bola veio meio torta, a gente sabe que não foi de propósito e faz o maior esforço do mundo para devolvê-la gostosa, no lugar certo, para que o outro possa pegá-la. Não existe adversário porque não há ninguém a ser derrotado. Aqui ou os dois ganham ou ninguém ganha. E ninguém fica feliz quando o outro erra – pois o que se deseja é que ninguém erre", conclui o filósofo e mestre.

Nós sabemos que todo jogo tem a sua beleza, elegância e prazer. Tem, também, os seus obstáculos e desafios. Este texto não é para diminuir esportes, mas para ressaltar os que trazem consigo uma dimensão pedagógica, construtiva e vitoriosa para todos os competidores.

Hoje temos acesso a muitos jogos e práticas esportivas. Seria bom rever e evitar as que praticam a eliminação, a proibição e a "morte" entre outras dimensões negativas e escolher jogos que tenham perspectivas inclusivas, de força moral e pedagógica. O esporte, além de fazer muito bem à saúde, é um dos melhores espaços de crescimento e de amadurecimento, sobretudo quando é coletivo. Nele, aprendemos a respeitar, a vencer o egoísmo, passando a dar o nosso melhor em prol do coletivo, e a ser disciplinado tanto para ser fiel à posição como também para respeitar às regras. O esporte coletivo é uma verdadeira escola na qual nos conhecemos melhor.

Muito tem-se falado sobre o *fair play*, isto é, o jogo justo. Trata-se de uma filosofia esportiva que acentua a conduta ética nos esportes. Esse estilo de praticar esportes nasceu em 1896 durante as primeiras Olimpíadas da Era Moderna, em Atenas. O Barão de Coubertin, organizador dos jogos, idealizou a filosofia por meio da seguinte frase: "Não pode haver jogo sem *fair play*."

Outro dado curioso é o fato de o *fair play* não constar como regra no manual das regras nos diferentes tipos de esportes. É, portanto, um acordo implícito e aconselhado. Além disso, uma de suas grandiosas forças está em revelar os verdadeiros valores que movem a conduta de cada jogador e das equipes. É uma pena que em muitos ambientes esportivos o *fair play* tenha sido reduzido à interrupção do jogo e do posicionamento da bola fora de campo para que um companheiro de profissão possa ser atendido em caso de uma possível lesão, recomeçando o jogo com a bola devolvida ao time que o interrompeu e pôs a bola para fora.

O *fair play* é muito mais do que isso. É um modo de ser e de proceder em relação ao esporte. Ele tem a ver com o jeito de se portar durante os jogos, com o tipo de linguagem que se usa e com o respeito à arbitragem; tem a ver com o respeito para com o adversário, com os companheiros do próprio time e com a forma de se comportar tanto na vitória como na derrota; tem a ver com o pós-jogo, no qual as equipes deixam de ser adversárias e podem confraternizar em um mesmo espaço.

O esporte é uma escola em que se aprende a ganhar com classe e a perder com categoria. O *fair play* é uma filosofia, é um estilo de vida que afirma o valor do ser humano acima de qualquer outra possibilidade. "A cooperação é a convicção plena de que ninguém pode chegar à meta se não chegarem todos" (Virginia Burden).

Vamos voltar à mística *ubuntu*, sobretudo à atitude das crianças. Esse testemunho pode projetar luz sobre a nossa vida e sobre a prática da educação se levados em consideração os seguintes fatores: a) é preciso compreender que o mundo de hoje não precisa de heróis solitários, mas de heróis solidários; b) a força do coletivo dá a cada pessoa a sua importância, o seu valor e a sua dignidade; c) não existe comum união quando existe exclusão e não existe alegria plena quando a tristeza ronda corações que são excluídos; d) seria tão bom agir como as crianças sentem e despertar diariamente como elas sonham. "As crianças não brincam de brincar. Brincam de verdade" (Mário Quintana) e revelam situações que nos chamam à verdade. Portanto, eu sou quem sou porque somos todos; e) "não há democracia com fome, nem desenvolvimento com pobreza, nem justiça na desigualdade" (Papa Francisco); f) "não existe humanidade sem solidariedade compartilhada" (Ignacio Ellacuría); g) toda pessoa tem o seu valor, o seu nome, os seus pés, as suas mãos, o seu rosto e um vibrante coração. "Notei um lugar vazio na roda. Lentamente fui ocupá-lo. Surgiram todos os rostos, iluminados" (Carlos Drummond de Andrade); h) "somos todos feitos do mesmo pó de estrelas" (Carl Sagan) e nascemos da mesma argila preciosa, porém em formas diferentes.

Quando falamos em mundo, não deveríamos nos assustar nem crescer com medo e impotência, mas crescer na compreensão de que nós somos o mundo. O mundo está onde eu estou e onde nós nos movimentamos. Esse mundo pode ser o seu quarto, casa, rua, bairro, família, comunidade ou colégio. Estes são espaços reais nos quais acontecemos e nos quais podemos dar passos importantes na transformação do mundo. "Entrar em um caminho de transformação não é estar à procura do fantástico ou do extraordinário, mas é aprender a fazer de maneira grande as coisas pequenas" (Jean-Yves Leloup) do nosso dia a dia.

"O desenvolvimento humano depende da cooperação e não da competição. A ciência nos confirma isso."

(Dalai Lama)

4. Educar sem culpar

Não há um nenhum problema tão terrível que você não possa adicionar um pouco de culpa e torná-lo ainda pior.

Bill Watterson

É um sinal de sabedoria e de maturidade quando buscamos soluções em vez de culpados, pois é mais fácil culpar ao invés de resolver e apontar o dedo ao invés de esticar o coração e as mãos.

À medida que a criança cresce, ela vai perdendo certas dependências e vai se tornando mais segura de si e mais independente. É a conquista lenta e processual de sua liberdade, que vai se tornando a bússola de sua vida. Essa consciência e atitude deveriam ser incentivadas e desafiadas na adolescência e juventude a ponto de os futuros adultos aprenderem a tomar as rédeas de suas vidas em suas mãos.

Em muitas das nossas frustrações existe uma tendência a encontrar culpados. Seria muito melhor encontrar soluções ou remediar situações para que não sejamos vítimas. Ao invés de reclamar do tombo, seria bem melhor ver onde se escorregou; ao invés de acusar, seria bem melhor fazer compreender porque isso aconteceu; e ao invés de criticar, seria bem melhor participar e, aí sim, ter um olhar crítico comprometido.

Por isso, é importante distinguir culpa e responsabilidade. A culpa tende a nos jogar no passado e traz consigo uma enorme força que nos martiriza. Já a responsabilidade é um olhar terno e firme que assume o erro e, diante dele, se emenda. A responsabilidade costuma ter uma conotação prospectiva, isto é, as pedras sobre as quais tropeçamos podem servir como degraus para construir escadas ou diques que evitam a força de ondas de situações negativas. "Tortuoso é o caminho do homem carregado de culpa, mas reto, o proceder do honesto", afirma a sabedoria budista.

Culpar os outros e a si mesmo são punições psicológicas sem poder reparador e de crescimento. Bem melhor seria o arrependimento sincero diante do erro, pois este nos lança para a frente, faz reconhecer e traz consigo uma enorme força propulsora de superação.

As reações e emoções negativas são naturais em nossa vida. Elas aparecem quando menos esperamos e podem ser bem menos danosas quanto melhor for a nossa aceitação e compreensão, pois qualquer sentimento submetido à razão e à interpretação pode adquirir um eixo de equilíbrio dentro de nós. O caminho da superação é buscar o que causou essa emoção negativa e, nesse mesmo processo, encontrar soluções.

Dentro dessa lógica, vejamos como é importante educar no equilíbrio e como os extremos deseducam. A imagem do pêndulo nos antigos relógios ajuda a compreender que, entre o movimento das duas extremidades, existe o meio termo.

O bem e o mal não são praticados por mãos invisíveis, mas por pessoas reais, e quando estas adotam posições injustas ou se omitem de suas responsabilidades, têm que ser responsabilizadas. Não dá para dizer que não existem responsáveis pelo enorme contingente de pessoas que passam fome, estão desempregadas, oprimidas, sofrem preconceitos e são excluídas. A pobreza existe não porque faltam alimentos para os pobres, mas porque a ganância dos ricos é insaciável, injusta e desumana. "Somos culpados dos sofrimentos dos pobres se não fazemos tudo o que está em nossas mãos" (Vicente de Paulo).

Se existem responsáveis sociais – culpados pela ação ou omissão –, existe um modo de proceder de muitos adultos que incutem sentimentos de culpa nas crianças. Faz muito mal para o desenvolvimento das crianças viver nessa noite sombria da culpa. Triste é ver adultos que facilmente culpam as crianças com frases ameaçadoras: "foi você de novo?", "olha o que você fez", "você não tem vergonha?", "veja como ficou o teu irmãozinho", entre tantas outras expressões que facilmente culpam as crianças, sobretudo quando os adultos não tinham essa intenção.

Os adultos deveriam se perguntar: o que de bom, de positivo e de crescimento isso traz para essas crianças? Até que ponto isso não é projeção da insatisfação do adulto em cima de quem é mais frágil? E onde está a humanidade de admitir que as crianças também têm o direito de errar? A questão não é ficar calado, mas não tornar pior o que já não andava bem. "Eis a natureza humana em ação: o culpado culpando todos menos a si mesmo" (Ortega y Gasset).

"Se não nos perdoamos por nossos erros, e aos outros pelos sofrimentos que nos infligiram, terminamos debilitados pela culpa. A alma não consegue crescer sob um cobertor de culpa, porque a culpa é isoladora, enquanto o crescimento é um processo gradual de reconexão com nós mesmos, com outras pessoas e com o todo maior" (Joan Borysenko). A verdadeira compaixão sempre nos convida a um olhar de empatia, a um esforço de nos colocar na pele do outro, a termos paciência e compreensão e a termos uma postura pedagógica firme que gere crescimento e amadurecimento.

É curioso compreender que, quando não reconhecemos os nossos erros, nos tornamos caçadores de culpados. "Um péssimo trabalhador culpa suas ferramentas" (provérbio islandês). O mesmo se passa com jogadores que culpam o gramado e a chuteira quando erram um chute ou quando a jogada não sai como projetada. "Quem não sabe dançar põe a culpa na irregularidade do piso" (provérbio malaio).

A facilidade em culpar as crianças tem consequências tristes para elas, pois a culpa é isoladora, tira a autoconfiança, evita a coragem de se arriscarem por medo de ser repreendidas e não facilita a aprendizagem e o crescimento.

"A pedra não tem culpa de ser pedra.
Pode machucar ou edificar. Pode servir ao ódio sendo muro.
Pode servir ao amor sendo ponte. Pode servir à raiva sendo murro.
Pode servir ao caminho juntando estradas."

(Fabrício Carpinejar)

5. Educar sem substituir tarefas

Os poetas que me desculpem, mas nenhuma palavra substitui um olhar.

Luara Quaresma

Os pais querem que os seus filhos se desenvolvam e sejam capazes de decidir, que sejam eles mesmos capazes de enfrentar qualquer situação na vida. Isso é louvável, porém nem sempre os meios adotados e as formas de proceder ajudam a desenvolver esse movimento nos próprios filhos.

Os adultos podem ser pontes ou muros, podem possibilitar ou limitar o crescimento e amadurecimento de seus filhos. Muitos pais – consciente ou inconscientemente – podem estar comprometendo a autoestima e o protagonismo de seu filho.

Nesse sentido, estamos falando de posturas nada pedagógicas por parte de adultos, sobretudo quando eles: a) fazem o que os filhos deveriam fazer: pesquisas, deveres de casa, trabalhos escolares; b) não envolvem os filhos em pequenas responsabilidades próprias da dinâmica da casa; c) não criam espaços de participação da vida diária e envolvimento em decisões no dia a dia; e d) superprotegem ou defendem o seu filho mais do que a verdade deste. Este último ponto merece reflexão, pois é aí que muitos pais falham. Quando defendem o seu filho só porque é seu filho, defendem o lado bom dele, mas também defendem os erros, as mentiras, o desrespeito que fazem parte da vida. Não se trata de ir contra o filho nem de humilhá-lo. Longe disso! Trata-se de não colocar no mesmo patamar seus acertos e erros.

No dia a dia existem afazeres e trabalhos que são de total responsabilidade dos filhos e outros que são dos adultos. Não é bom e nem pedagógico fazer o que cabe ao filho, pois isso tira a sua oportunidade de crescer e o acomoda no exigente trabalho que é exercitar o pensamento com a resolução de tarefas. Muitos pais se sentem orgulhosos porque resolveram questões para o seu filho, mas mal sabem eles que isso só faz bem para o seu próprio ego e não é nada educativo para o filho.

Quando os pais substituem o filho em suas responsabilidades, o que se passa no coração deste? Ele pensa que não tem responsabilidade, pensa que sempre terá alguém que fará as suas tarefas. Crescerá em uma sombra invisível e na companhia de um fantasma de dependência, pensando que sempre terá alguém para resolver as suas questões, e o pior, crescerá em uma atmosfera de passividade em fazer as coisas por ele mesmo. Tirar o protagonismo e a responsabilidade dos filhos é formar pessoas dependentes, inseguras, artificiais, passivas e, portanto, não sujeitos e protagonistas.

O dever e lugar dos pais em relação aos filhos não é estar na frente dos mesmos para puxar, nem atrás para empurrar, mas é estar do lado para incentivar, encorajar e desafiar, e não para resolver as questões que são deles.

Faz muito bem ao filho sentir o incentivo dos pais, saber que estão do seu lado e proceder como alguém que sabe que é capaz de resolver as suas questões. Portanto, é preferível que o filho não vá muito bem em uma prova, que erre algumas questões, que ele aprenda e cresça, com isso, na vida. No futuro, não levaremos as nossas notas nem os certificados para resolver questões do dia a dia, mas levaremos conosco os conhecimentos, a competência, os aprendizados e as lições de vida adquiridas.

Outra postura importante dos pais está no tipo de linguagem que adotam em relação aos filhos. Imaginemos um pai que vive dizendo ao rebento que tudo isso "é fácil demais", ou "eu não acredito que você não sabe", ou que entra na venenosa lógica das comparações dizendo que o irmão é muito mais inteligente e que nunca teve problemas com ele. Isso não forma. Tais reações prepotentes são expressões de um ego mal resolvido na vida do adulto, de pais que aparentam ter respostas e soluções dos problemas dos outros, menos dos seus.

Não podemos esquecer que as palavras têm poder. Podem rebaixar ou erguer, desanimar ou encorajar. A palavra de um adulto tem muito poder porque ele representa muito para uma criança. A força da palavra exige humildade no comportamento, exige pontes de coerência. "O poder só é efetivo enquanto a palavra e o ato não se divorciam. Quando as palavras não são vazias e os atos não são brutais. Quando as palavras não são empregadas para velar intenções, mas para revelar realidades, e os atos não são usados para violar e destruir, mas para criar novas realidades" (Hannah Arendt). Em uma linguagem mais simples, a palavra tem sentido e força quando ela é expressão da coerência entre teoria e prática, entre intenções e realizações, entre liberdade e novas realidades. "Gosto desta ideia que o amor é uma forma de conversação em que as palavras agem em vez de serem faladas" (David Lawrence).

A questão da aprendizagem dos filhos está nos filhos que estão aprendendo, e não no orgulho dos pais que pensam que sabem. O foco de atenção está naquele que está em processo de aprendizagem e de crescimento. Na linguagem positiva as palavras são doces e firmes, são de compreensão e de incentivo, são assertivas e pacientes, porém, na linguagem negativa os filhos podem se sentir diminuídos e desanimados. Quando isso acontece, as crianças pensam que existe algo muito errado nelas por não saberem resolver determinadas questões.

As crianças suportam esse tipo de linguagem dos pais mesmo que não agregue nenhum valor à sua vida. Mesmo passando vergonha por comportamentos ambíguos dos pais, elas não deixam de amá-los, mas começam a se amar menos. E isso deveria preocupar e questionar as posturas de muitos adultos, pois geram-se consequências na vida presente e futura.

Outra situação notória diz respeito ao tipo de erro que uma criança pode cometer. Se for por omissão, preguiça e falta de comprometimento, é um erro que precisa ser corrigido e a criança, portanto, ser repreendida. Agora, quando uma criança erra porque está na dinâmica de vida, no movimento de busca de suas metas, esse tipo de erro tem um peso bem mais leve. Para muitos, esse tipo de erro se torna combustível para novas tentativas. O poeta moçambicano Mia Couto é assertivo quando diz que é o sonho que deve nortear o caminhar: "O que faz andar a estrada? É o sonho."

A postura do adulto sempre deveria ser pedagógica. Isso não significa ser chato, pelo contrário: é ser paciente, presente, atento e pensar inteligentemente antes de reagir, e não agir por "ação e reação". O adulto jamais deveria incutir medo na criança, mas encorajar. Isso se dá na forma de falar, na sinceridade do olhar e na postura corporal, que também fala muito. "O problema não é o problema. O problema é a atitude com relação ao problema" (Kelly Young).

É importante buscar o melhor e o acerto sem, com isso, ser um adulto perfeccionista, pois este tende a ver as crianças, as pessoas, a realidade e a educação como deveriam ser, e não no estágio em que, de fato, se encontram. Como o adulto perfeccionista não mergulha nos processos da vida, costuma ser impaciente e fica na primeira parte desta citação de Carlos Drummond de Andrade: "Arrume a casa todos os dias... Mas arrume de um jeito que lhe sobre tempo para viver nela."

Nas pessoas perfeccionistas costuma haver um abismo entre o ideal e o real. É como se imaginar em um determinado estágio de vida sem ter feito a caminhada até lá e sem ter vivido o processo que lhe é inerente. Elas costumam sofrer e fazer sofrer, e têm dificuldade em curtir cada momento da vida porque vivem em função de um estado – perfeito – que não costuma ser tão real como desejam. Elas imaginam ver a pia sem louça suja ou se imaginam na casa de um conhecido. Porém, para que isso seja possível, é necessário lavar a louça e fazer um caminho para chegar à casa do conhecido. Existem processos e caminhos e estes só acontecem quando mergulhamos e quando fazemos o caminho com o nosso jeito de caminhar. Como diz Mahatma Gandhi: "Não existe caminho para a felicidade. A felicidade é o caminho." Temos que ser humanos, maleáveis e generosos, colocar-nos à caminho sabendo que "a vida... nunca é o caminho que se imagina. Ele te surpreende, te assombra, e faz você rir ou chorar quando menos espera" (Niki de Saint Phalle).

Boa é a educação que não fica lamentando as consequências, mas que compreende as causas. Boa é a educação que curte cada vitória e transforma cada chegada em um novo recomeço. Boa é a educação que educa.

"Quando uma criança se sente confiante, ela deixa de buscar aprovação dos adultos a cada passo."

(Maria Montessori)

Sexto bloco
Atitudes diferenciadas

Uma grande atitude faz muito mais que acender as luzes no nosso mundo; parece que ela magicamente nos conecta a todos os tipos de oportunidades.

Earl Nightingale

As máquinas podem ter força e executarem importantes trabalhos, mas somente as pessoas podem ter atitudes, e estas podem ser diferenciadas. O psiquiatra chileno Cláudio Naranjo diz que "qualquer livro pode descrever uma técnica, mas uma atitude deve ser transmitida por uma pessoa". A frase por si só já é uma pérola que nos faz pensar. Por essa razão, vamos aprofundá-la, sobretudo seu sentido e relevância na educação.

As atitudes vêm de dentro das pessoas e se expressam em comportamentos, é um dinamismo interior que se torna visível na posição corporal. Eis algumas citações que exemplificam essa necessidade recíproca entre o mundo interno e a realidade externa: a) "a compreensão tem pouco valor se permanece uma ideia; ela deve tornar-se nossa atitude em relação aos outros, refletida em todos os nossos pensamentos e ações" (Dalai Lama); b) "o que se opõe ao descuido e ao descaso é o cuidado. Cuidar é mais que um ato; é uma atitude. Portanto, abrange mais que um momento de atenção. Representa uma atitude de ocupação, preocupação, de responsabilização e de envolvimento afetivo com o outro" (Leonardo Boff); c) "a verdadeira decisão é medida pelo fato de que você tomou uma atitude. Se não houver atitude, então você realmente não decidiu" (Tony Robbins); d) "não se iluda com palavras. Apaixone-se por atitudes!" (Luiza Valeriano); e) "atitude é uma pequena coisa que faz uma grande diferença!" (Clarice Lispector).

As atitudes são verdadeiros termômetros de conhecimento: elas revelam muito de nós e, por meio das atitudes dos outros, temos acesso ao conhecimento deles. "Para conhecer alguém, observe. Observe gestos, movimentos, expressões, atitudes. Olhares e sorrisos revelam almas, esses não se disfarçam. Atitudes tentam esconder intenções, mas as expressões as entregam. Observe sons, observe tons... Palavras são como cascas, tons e entonações seus conteúdos. Para conhecer alguém, observe. Mas não se preocupe em enxergar, preocupe-se em sentir. Veja o que não se mostra, sinta o que se esconde. Dispa-se da razão e se entregue à intuição" (Kátia Ruivo).

Atitudes diferenciadas combinam com pessoas diferenciadas. Diferenciada é a pessoa que escuta muito e fala pouco, que observa muito e interpreta muito, que compreende muito e solidariza muito. Elas não desistem antes de começar, não dão moradia ao desânimo e sabem que todos os problemas são relativos e transformam fracassos em aprendizados. Pessoas diferenciadas aprendem com pessoas vencedoras e diferenciadas.

Esse é o objetivo principal deste bloco. Em seus cinco capítulos, vamos mergulhar e beber um pouco da força e da sabedoria de cinco pessoas que viveram em contextos diferentes. "O mundo precisa de atitudes, não de opiniões. Opinião nenhuma mata fome ou cura doença" (Angelina Jolie).

1. Atitudes diferenciadas de um pai

Um pai levou seus dois filhos ao circo. Lá chegando, pergunta quanto custa a entrada. O vendedor disse "R$ 30 para adultos e R$ 20 para crianças de 7 a 14 anos". E, em seguida, pergunta a idade dos dois filhos: "3 e 7 anos", respondeu o pai.

Com um sorriso malandro, diz o vendedor:

"Se o Senhor tivesse falado que o mais velho tinha 6 anos, eu não perceberia, e você pouparia R$ 20."

E o pai responde prontamente:

"É verdade, pode ser que você não percebesse, mas meus filhos saberiam que eu menti para obter uma vantagem e a lembrança desta tarde não seria especial, na verdade seria terrível para o caráter deles."

Olhar pedagógico – três ponderações

Primeira ponderação – não é a ocasião que faz o ladrão

A atitude louvável e positiva do pai que leva os filhos ao circo – que as crianças costumam amar – não lhe dá o direito de deixar em casa a ética e a honestidade ou de ser condicionado negativamente pelo vendedor ou pela opinião de aproveitadores. "Viver feliz é viver com honestidade e retidão" (Marcus Tullius Cícero). Não é a ocasião que faz o ladrão, mas é a ocasião que testa a honestidade, o caráter e a liberdade do homem. A ocasião apenas revela o tipo de homem que está na ocasião. "No dia da minha morte eu gostaria que alguém mencionasse que eu tentei ser honesto e caminhar com o próximo" (Martin Luther King).

Segunda ponderação – malabarismos

A postura do pai frente ao vendedor é típica de uma pessoa digna: firme e sem agressividade. Além disso, o pai foi verdadeiro, com ou sem câmeras, com ou sem *marketing*. A verdade ou se vive e se tem ou não se tem e não se vive. O pai não entrou na lógica vazia de muita gente de "dar um jeitinho". Ele não deu vazão à tentação que talvez outras pais dariam em contextos semelhantes. A atitude do pai foi justa e feliz no momento da compra, assim como foi no circo e como continuou em sua vida. Caso contrário, ele até poderia rir das graças dos palhaços no circo, mas teria grandes dificuldades em lidar com o malabarismo de sua consciência e com o equilíbrio da formação do caráter de seus filhos. "Nenhuma herança é tão rica quanto a honestidade" (William Shakespeare).

Terceira ponderação – estacas pelo caminho

A experiência do viver nos proporciona aprendizados que podem se tornar verdadeiras estacas e setas que indicam a direção do caminhar e do viver. Quando se testemunha e se trilha o caminho da justiça, do amor e da verdade, não será necessário recorrer à lei da punição quando as crianças forem adultas. "Ser correto, honesto e justo é a melhor contribuição que podemos dar ao mundo. Dar o exemplo sempre foi e será a primeira e mais acertada forma de influenciar pessoas" (Enio Stahlhofer). Se as explicações não forem boas, use gestos. Se a esperança não bastar, mergulhe no esperançar. "A gente precisa continuar acreditando: que vale a pena ser honesto. Que vale a pena estudar. Que vale a pena trabalhar. Que é preciso construir: a vida, o futuro, o caráter, a família, as amizades e os amores" (Lya Luft).

"Mesmo que você esteja em uma minoria,
a verdade ainda é a verdade."

(Mahatma Gandhi)

2. Atitudes diferenciadas de uma mãe desconhecida

"Respira. Serás mãe por toda a vida.
Ensine as coisas importantes e as coisas de verdade. A pular poças de água, a observar os bichinhos, a dar beijos de borboleta e abraços bem fortes.
Não se esqueça desses abraços e não os negue nunca. Pode ser que daqui a alguns anos os abraços que você sinta falta sejam aqueles que você não deu.
Diga ao seu filho o quanto você o ama sempre que pensar nisso.
Deixe ele imaginar. Imagine com ele.
As paredes podem ser pintadas de novo, as coisas quebram e são substituídas.
Os gritos da mãe ficam.
Muitas vezes você pode lavar os pratos mais tarde.
Enquanto você limpa, ele cresce.
Ele não precisa de tantos brinquedos. Trabalhe menos e ame mais.
Menos presente e mais presença!
E, acima de tudo, respira. Serás mãe por toda a vida.
Ele será criança só uma vez."

(Autoria de mãe desconhecida)

Olhar pedagógico – cinco ponderações

Primeira ponderação – mãe desconhecida

O depoimento por si só é sugestivo, provocador e nos questiona sobre várias questões. Trata-se de uma mãe com um jeito de ser e de proceder diferenciados. Ela é desconhecida, mas não anônima. Ela tem nome, história, sensibilidade e jeito especial de proceder em relação ao seu filho, assim como existem milhões de mães reais e comprometidas, mesmo que sejam desconhecidas. Ela ensina as coisas importantes e o que é de verdade. Sim, o que é importante e por qual verdade deveria passar a educação das crianças em nossos dias? Que tipos de escolhas deveriam ser feitas, diariamente, para serem coerentes com a missão que cabe a tantos pais e educadores?

Segunda ponderação – "não expressei os meus sentimentos"

Lembro de um trabalho feito no Brasil, nos Estados Unidos e no Canadá com pessoas em estado terminal sobre os seus maiores arrependimentos em relação à vida. Os dois maiores foram: "**não vivi a minha vida**, mas a vida de outros" e "**trabalhei demais**, com isso sacrificando família, amigos, vida social." O que também chamou atenção foi o terceiro arrependimento: "**não expressei os meus sentimentos** às pessoas que amava. Protelei elogios, reconhecimentos, gratidão. Não expressei o quanto as amava." O depoimento acima sublinha isto: diga, expresse o quanto você ama as pessoas que estão a sua volta. Aliás, ter gratidão, bons propósitos e expressar o amor são terapias valiosíssimas. Mas cuidado! Não basta ter bons propósitos, pois estes não costumam passar de três semanas. É preciso ter prioridade, musculatura e práticas diárias de um projeto de vida que testemunhem essa maneira de viver.

Terceira ponderação – exercitar a imaginação

Ter imaginação é saudável, faz transcender, faz olhar para além do aqui e agora. As coisas, os objetos e as posses são bens importantes, mas passageiros. Mas não é efêmero o que fazemos, a forma como nos relacionamos, os valores que testemunhamos. Não é passageiro como acolhemos e o que despertamos nas pessoas. Uma das missões dos pais e dos educadores é despertar a imaginação criativa, acordar para o novo, fazer olhar para os lados, para frente e para dentro e plantar belos sonhos em uma imaginação fértil e criativa.

Quarta ponderação – é necessário ter uma escala de valores

Aí está um dos pontos centrais da grandeza de significar o viver: não querer fazer tudo ou se omitir, mas ter uma escala de valores e de importância. Os filhos são mais importantes do que a eterna e grande quantidade de coisas a fazer, e os encontros com as pessoas e com os filhos são mais importantes do que as coisas e as muitas ocupações.

Quinta ponderação – ser livre frente a tudo

Outra riqueza no depoimento da mãe desconhecida – e que são tantas pelo mundo afora! – é a sua grandeza frente ao tempo, é a sua escolha frente ao momento, idade e contexto de seu filho. Essa riqueza supõe uma liberdade interior. "Se você não encontrar razão para ser livre, invente-as. Seja criativo!" (Clarice Lispector). As pessoas foram criadas para serem amadas e as coisas para serem usadas. Portanto, as pessoas e as coisas não podem ser colocadas no mesmo patamar. Existem tarefas que podem ser feitas em outro horário, mas certos momentos e vivências do ineditismo de cada acontecimento não podem ser protelados.

"O correr da vida embrulha tudo. A vida é assim:
esquenta e esfria, aperta, daí afrouxa, sossega e
depois desinquieta. O que ela quer da gente é coragem."

(João Guimarães Rosa)

3. Atitudes diferenciadas de um cientista mirim

Um cientista vivia preocupado com os problemas do mundo e estava decidido a encontrar meios de minorá-los. Para isso, passava dias em seu laboratório em busca de respostas para suas dúvidas.

Certo dia, seu filho de sete anos invadiu o seu santuário, decidido a ajudá-lo a trabalhar. O cientista, nervoso pela interrupção, tentou fazer com que o filho fosse brincar em outro lugar. Vendo que seria impossível demovê-lo, o pai procurou algo que pudesse ser oferecido a ele com o objetivo de distrair sua atenção.

De repente, deparou-se com o mapa do mundo, o que procurava! Com o auxílio de uma tesoura, recortou o mapa em vários pedaços e, junto com um rolo de fita adesiva, entregou ao filho dizendo:

"Vou lhe dar o mundo para consertar. Aqui está o mundo todo quebrado. Veja se consegue consertá-lo bem direitinho! Faça tudo sozinho". Calculou que a criança levaria dias para recompor o mapa.

Passadas algumas horas, ouviu a voz do filho, que o chamava calmamente. "Pai, pai, já fiz tudo. Consegui terminar tudinho!"

A princípio, o pai não deu crédito às palavras do filho. Seria impossível, na sua idade, ter conseguido recompor um mapa que jamais havia visto. Relutante, o cientista levantou os olhos de suas anotações, certo de que veria um trabalho digno de uma criança.

Para sua surpresa, o mapa estava completo. Todos os pedaços haviam sido colocados nos devidos lugares. Como era possível? Como o menino havia sido capaz?

"Você não sabia como era o mundo, meu filho. Como conseguiu?"

"Pai, eu não sabia como era o mundo, mas quando você tirou o papel da revista para recortar, eu vi que do outro lado havia a figura de um homem. Quando você me deu o mundo para consertar, eu tentei, mas não consegui. Foi aí que me lembrei do homem, virei os recortes e comecei a consertar o homem que eu sabia como era. Quando consegui consertar o homem, virei a folha e descobri que havia consertado o mundo."

(Autoria desconhecida)

Olhar pedagógico – quatro ponderações

Primeira ponderação – intuições nas distrações

No presente relato, é possível ver duas pessoas preocupadas e desejosas por um mundo melhor: o pai e o filho. Isso, por si só, já é uma coisa boa. Além disso, em se tratando de duas gerações, torna-se mais relevante, mesmo com um pai um tanto quanto perdido e atrapalhado. O pai não quer ser "atrapalhado" em seu trabalho e tenta distrair o seu filho com um quebra-cabeça, porém, o inusitado estava por vir. Mal sabia ele que as melhores intuições nascem das distrações, nascem quando as nossas certezas são literalmente desnudadas.

Segunda ponderação – respostas nas perguntas

Assim como "as melhores coisas da vida não são coisas" (Art Buchwald), da mesma forma as melhores respostas costumam estar nas perguntas. Mais do que isso, as melhores respostas se dão em forma de novas perguntas para nós mesmos e para as outras pessoas. Uma das melhores coisas do mundo é fazer os filhos partícipes da vida, das sugestões e da tomada de decisões. As crianças sempre nos surpreenderão, portanto é preciso dar voz e vez para que elas possam participar de sua realidade, contexto, idade e maturidade.

Terceira ponderação – tripé em transformação

Existem três polos que participam da lógica em toda transformação: o eu, o nós e o mundo. Quando eu mudo e minha mudança é para melhor, outros comungarão desse meu novo jeito de ser e de viver. E quando as mãos se entrelaçam, um novo mundo está nascendo. "Embora o mundo esteja cheio de sofrimento, está também cheio de vitórias contra ele" (Helen Keller).

Quarta ponderação – jogar a rede para o outro lado

Muitas vezes pescamos em rios nos quais não existem peixes e perdemos tempo. Muitas vezes buscamos soluções onde elas não se encontram. Muitas vezes queremos mudar o mundo sem nos transformarmos. A solução para a ausência de peixes pode estar na coragem de buscar outros mares e novos olhares. "Dois homens olharam através das grades da prisão; um viu a lama, o outro as estrelas" (Santo Agostinho).

4. Atitudes diferenciadas de um cidadão

O colunista Sydney Harris conta uma história sobre quando acompanhou um amigo à banca de jornal. O amigo cumprimentou o jornaleiro amavelmente, mas como retorno recebeu um tratamento rude e grosseiro.

Pegando o jornal que foi atirado em sua direção, o amigo de Harris sorriu educadamente e desejou um bom fim de semana ao jornaleiro.

Quando os dois amigos desciam pela rua, o colunista perguntou:

— Ele sempre te trata com tanta grosseria?

— Sim, infelizmente é sempre assim.

— E você é sempre tão educado e amigável com ele?

— Sim, sou.

— Por que você é tão educado, já que ele é tão inamistoso com você?

— Porque não quero que ele decida como eu devo agir.

Olhar pedagógico – três ponderações

Primeira ponderação – gerenciar e liderar-se

Podemos tecer vários comentários a partir dessa história. Não há dúvida de que a questão central está na última frase, isto é, no desafio de ser "dono" de si, sujeito de seus sentimentos, de suas reações e de seu próprio silêncio. Está em ação a sabedoria do discernimento sobre a melhor forma de responder às atitudes nada educadas. Existe um provérbio persa que projeta luz sobre essa realidade: "Duas coisas indicam fraqueza: calar-se quando é preciso falar, e falar quando é preciso calar-se." É preciso encontrar uma orientação para uma resposta apropriada, justa e consequente, e esta é dada pelo discernimento e pelo bom senso. É impossível viver sem decidir. Dentro desse contexto, não podemos esquecer que se rebaixar ao nível do jornaleiro seria uma decisão e sair resmungando seria outra, mas neste relato houve uma decisão diferente. O silêncio conscientemente escolhido nunca nos trai. Já as palavras, sobretudo como meros reflexos ou imediatas reações, podem nos trair. Tudo se resolve eventualmente, sobretudo com as decisões que tomamos no tempo. "O silêncio não é a ausência de fala. É o dizer-se tudo sem nenhuma palavra" (Mia Couto).

Segunda ponderação – o respeito merece vingança

O amigo de Harris não entrou nem na lógica do "olho por olho" e na expectativa do colunista que estava com ele e nem adotou a resignação. "Ninguém pode fazer com que te sintas inferior sem o teu consentimento", afirma Eleanor Roosevelt. Ele seguiu, primordialmente, o objetivo que o levou à banca: adquirir o jornal. Como já conhecia o jornaleiro, colocou a baixeza do mesmo no horizonte e na sabedoria do tempo. "Quando as palavras não são tão dignas quanto o silêncio, é melhor calar e esperar" (Eduardo Galeano).

Terceira ponderação – somente a luz pode dissipar a escuridão

Talvez o comportamento do homem tenha sido motivado – aqui são oferecidas apenas hipóteses para enriquecer a nossa reflexão – porque não queria estragar o seu dia, ou para não dar munição a um possível círculo vicioso da agressividade caso se rebaixasse ao nível do jornaleiro, entre outras razões. "Responder a uma ofensa com palavras más é o mesmo que querer limpar a lama com lama" (Juan Luís Vives). O fato de eu estar certo e o jornaleiro errado não me autoriza a gritar mais do que o errante. O objetivo da vida é muito mais do que estar certo ou desmascarar quem está equivocado. Tudo tem o seu tempo, seu momento e a sua hora, e essa hora vem, pode demorar ou talvez nunca venha. "O exercício do silêncio é tão importante quanto a prática da palavra" (William James). As decisões pensadas e livres carregam mais força do que a simples reação: "As possibilidades se multiplicam quando decidimos agir em vez de reagir" (George Shaw).

5. Atitudes diferenciadas de um artista

"Hoje levantei cedo pensando no que tenho a fazer antes que o relógio marque meia-noite.

É minha função escolher que tipo de dia vou ter hoje.

Posso reclamar porque está chovendo ou agradecer as águas por lavarem a poluição.

Posso ficar triste por não ter dinheiro ou me sentir encorajado para administrar minhas finanças, evitando desperdício.

Posso reclamar sobre minha saúde ou agradecer por estar vivo.

Posso me queixar de meus pais por não terem me dado tudo o que eu queria ou posso ser grato por ter nascido.

Posso reclamar por ter que ir que trabalhar ou agradecer por ter trabalho.

Posso sentir tédio com o trabalho doméstico ou agradecer por ter um teto para morar.

Posso lamentar decepções com amigos ou me entusiasmar com a possibilidade de fazer novas amizades.

Se as coisas não saíram como planejei, posso ficar feliz por ter o dia de hoje para recomeçar. O dia está na minha frente, esperando para ser o que eu quiser que seja."

(Charles Chaplin).

Olhar pedagógico – cinco ponderações

Primeira ponderação – acordar cedo e decidir viver

É muito bom ouvir os filhos falando bem de seus pais, ressaltando a coragem, o empreendedorismo, a persistência, a superação e a beleza de serem pais diferenciados e focados. Porém, é difícil elogiar um adulto que dorme até tarde, que traz fortes traços de preguiça. Pode haver, no máximo, uma bajulação. No texto acima, Charles Chaplin diz: "Hoje levantei cedo" e, logo em seguida, usa o verbo no gerúndio: "pensando no que tenho a fazer". Pessoas que pensam e planejam, fazem mais e fazem melhor. "Se, ao acordar, posso escolher uma roupa, posso escolher também o sentimento que vai vestir meu dia. Se, no percurso, posso errar o caminho posso também escolher a paisagem que vai vestir meus olhos. A mesma articulação que tenho para reclamar, tenho para agradecer. E, se posso me adornar com a alegria, não é a tristeza que eu vou tecer. Que hoje e sempre seja mais um belo dia!" (Marla de Queiroz). Feliz o casal, a família e a escola que encorajam seus sentimentos, que planejam o seu dia a dia, suas atividades, ações e projetos. "Eu prefiro olhar para traz e dizer: 'eu não posso acreditar que fiz isso!' do que dizer: 'eu gostaria de ter feito isso'" (Clarice Lispector).

Segunda ponderação – decidir escolher

Cabe a mim escolher o tipo de dia que vou ter hoje. Decidir é uma ação importante e libertadora quando é bem-feita. "Todos os dias, quando acordo, vou correndo tirar a poeira da palavra amor" (Clarice Lispector), do bom humor, da leveza, da gentileza, da empatia, da paciência e da coragem. Claro que é bom escutar os nossos sentimentos, compreender a raiz de certos desânimos e tomar consciência de algumas preguiças que interagem dentro de nós, mas seria desastroso dar à preguiça e ao desânimo o volante ou a palavra final sobre o nosso dia. Nós somos mais do que tudo isso e podemos muito mais do que imaginamos. Portanto, a autodeterminação é importante, e, com isso, mostramos a nós mesmos e às pessoas quem manda em nossa vida: se é a nossa coragem ou o medo, se é a preguiça ou o sonho, se são as opiniões dos outros ou a nossa grandeza original. Precisamos decidir bem!

Terceira ponderação – tudo me é permitido e até possível, mas nem tudo convém e faz bem

O texto sempre coloca duas possibilidades para a escolha, reclamar ou agradecer, semelhantes às as encruzilhadas da nossa vida e às mãos: "A mão que afaga é a mesma que apedreja" (Augusto dos Anjos). A diferença não está nas dificuldades da vida, mas na forma como as encaramos. A mesma pedra que atrapalha poderá servir como degrau, assim como a coragem que interpreta é a mesma que liberta, a que se doa é a mesma que perdoa e a que encara é a mesma que mostra a sua cara. "E posso saber que proveito você tira, arriscando assim a vida? Posso saber que proveito vocês tiram, não arriscando a sua?" (Fernando Sabino).

Quarta ponderação – a força da palavra

O verbo poder deve ser conjugado em todos os pronomes pessoais e merece aqui uma reflexão. Ele traz consigo uma força impressionante que abre caminhos. Imagine você falar para você mesmo: "eu posso". Imagine ensinar uma criança que ela pode, que ela pode mais e que ela consegue. As palavras têm poder.

Quinta ponderação – acontecer no coração de cada oportunidade

A oportunidade presente em cada dia está diante dos nossos olhos, está dentro de nós e nos amanhece. A luz do dia, que sempre dissipa toda a escuridão da noite, deseja ser vivida, ser sentida, ser atravessada e ser inédita. "Insanidade é continuar fazendo sempre a mesma coisa e esperar resultados diferentes" (Albert Einstein). Se queremos compreensões diferentes, é preciso cultivar um ardor e algumas expressões diferentes. Se queremos resultados novos, é preciso adotar metodologias e posturas novas. "Porque o fogo que me faz arder é o mesmo que me ilumina" (Étienne de la Boétie).

Sétimo bloco
Dialogando com pedagogos

Dialogar é dizer o que pensamos e suportar o que os outros pensam.

Carlos Drummond de Andrade

Neste bloco, vou dialogar com pedagogos que fizeram a diferença no mundo e no seu tempo e que podem servir de inspiração e exemplos de desafio. Irei, também, refletir sobre aspectos da natureza que podem exercer forte conotação pedagógica em nossa vida.

Começo com um decálogo de aprendizados que marcaram a minha vida e a de muita gente. Sublinho a humanidade e as atitudes pedagógicas de meus pais: Lúcia e Oscar. Quem teve o privilégio de conhecê-los e conviver com eles, pode ser considerado, de forma poética, vencedor do Oscar.

No segundo capítulo deste bloco, trarei várias citações de um dos maiores pedagogos da história humana: Paulo Freire. São verdadeiras pérolas reflexivas que projetam luz e coragem sobre o conteúdo deste livro e reflexões que nos convidam para uma educação diferenciada e comprometida.

No capítulo seguinte, me deixarei impactar pela postura de amor de uma mãe e educadora que salvou a vida de um jovem adolescente.

No quarto capítulo, irei tecer algumas reflexões a partir da imagem das árvores. Elas estão na pulsação do pulmão e do coração da natureza, e são e revelam uma importante escola de aprendizagem

Por fim, no quinto capítulo, irei dialogar com a beleza e a simplicidade encantadoras de Cora Coralina. “É necessário abrir os olhos e perceber que as coisas boas estão dentro de nós, onde os sentimentos não precisam de motivos nem os desejos de razão. O importante é aproveitar o momento e aprender sua duração, pois a vida está nos olhos de quem sabe ver" (Gabriel García Márquez).

1. Vencedores do Óscar

Os pais somente podem dar bons conselhos e indicar bons caminhos, mas a formação final do caráter de uma pessoa está em suas próprias mãos.

Anne Frank

Escolhi dez lições de vida que aprendi com os meus pais, um casal extremamente simples, pais exemplares e importantes pedagogos, mesmo que nunca tenham tido essa consciência. Salta aos olhos de todos que conheceram os meus pais a alegria natural, o desapego frente às coisas, a intensidade com que cada momento era vivido, o respeito incondicional pelas pessoas, o envolvimento comunitário e o valor absoluto que cada filho tinha para com eles.

Todo trabalho e sofrimento não eram pesados, pois estavam no horizonte da vida e eram expressões vivas do próprio amor que nos uniu e sustentou. Eles não tiveram muito estudo, mas sabiam muito bem interpretar olhares e ler a vida, bem como mergulhar no ineditismo e na beleza desta. Meu pai, por exemplo, nunca estudou meteorologia, mas raramente errava a previsão do tempo. Aprendera com os seus antepassados, com a sabedoria de vida e, acima de tudo, aprendeu com a observação e interpretação.

Segue, portanto, um decálogo de aprendizados que saltam aos olhos e continuam encorajando o viver de muitos:

Primeiro aprendizado – quem revê, vê melhor: a decisão do meu pai e da minha mãe de nunca discutirem entre si na frente dos filhos é uma característica forte desse casal, e olha que eram muitos os filhos, muitas realidades e contextos de vida. Nunca vi um desautorizar ao outro e muito menos levantar a voz contra o outro na frente dos filhos. Mas isso não quer dizer que não conversavam sobre o dia a dia, os filhos e as dificuldades da vida. Como a casa tinha paredes internas de madeira, era comum escutá-los de noite conversando sobre posturas que eles tiveram ao longo do dia em relação aos nove filhos. O pano de fundo dessas conversas era como ajudar melhor, portanto o foco deles não era saber quem errou mais ou quem tinha razão. O diálogo deles tinha duas direções: a) retrospectiva, com ênfase na revisão do dia, na ponderação dos acertos e na aceitação dos limites; e b) prospectiva, com preocupação com relação ao dia seguinte, a prioridade, as urgências, as responsabilidades e com relação aos filhos, com um olhar especial para quem passava por momentos mais difíceis e delicados.

Segundo aprendizado – dar voz e vez aos filhos: outra lembrança bem vívida que levo comigo é a de quando meu pai, que gostava de ler e de ouvir notícias pelo rádio, desafiava os filhos a também prestarem atenção para o que estava sendo noticiado para que, em seguida, cada um falasse sobre uma das notícias. Essa era uma postura muito boa, porque nos convidou a prestar atenção, a escolher uma notícia e a comentá-la na frente dos demais. Ser desafiado e valorizado parece pouca coisa, mas é de um grande significado para a vida toda.

Terceiro aprendizado – a honestidade e o amor à verdade: algo que não se apaga dentro de mim é a postura que meus pais tinham em relação à verdade e à honestidade. Se o troco, por exemplo, vinha errado, era devolvido na hora. Eles não defendiam os seus filhos apenas por serem seus filhos, mas defendiam a verdade de seus filhos. Quando alguém reclamava de outra pessoa, eles escutavam atentamente e nos olhavam fundo nos olhos. Muitas vezes, não falavam nada, apenas escutavam a versão. Em seguida, diziam que iriam escutar o outro lado para depois voltar a conversar e decidir pelo que fosse melhor. Essa atitude sábia profundamente pedagógica me fez compreender o amor à verdade e entender que a verdade sempre tem dois lados, e que ambos precisam ser escutados, ponderados e discernidos.

Quarto aprendizado – filhos não são escudos: esta consciência, que nem sempre é fácil na vida de muitos casais, meus pais sempre cultivaram: os problemas deles eram resolvidos entre eles e os atritos entre os filhos eram solucionados entre os filhos com a mediação dos pais. Existia uma consciência clara de que os filhos não podiam ser usados como escudos em conflitos que são do casal. Essa postura frequente na vida de casais que vivem em crise, além de injusta, expõe os filhos a um contexto em que eles não têm estrutura humana e psicológica para lidar com problemas originados e típicos de adultos. Ainda pior, além de injusto, é expor o filho a tensões que nem os adultos suportam.

Quinto aprendizado – sejam livres e responsáveis: essa foi outra característica muito presente na minha vida e na dos meus irmãos. Nunca faltaram ponderações e questionamentos diante de iminentes escolhas dos filhos, como mudar de país, fazer estudos fora da cidade natal, tomar decisões sobre casamento, fazer investimentos etc. O pano de fundo nunca foi o medo ou o desencorajamento. Pelo contrário, meus pais sempre nos incentivavam à reflexão, ao discernimento e às escolhas feitas com lucidez e cautela. Lembro que meu pai fumou durante nove anos e, de um dia para outro, tomou a decisão, firme e consequente, de parar com esse vício. Em vez de falar para todo mundo e fazer *marketing* de sua decisão – que soa mais como uma confissão de fraqueza na perspectiva de muitas pessoas –, reforçou seu desejo e convicção internos e, de fato, parou de fumar. E parou definitivamente! Além de parar, falou para os filhos: "desaconselho que vocês fumem, pois não faz bem à saúde, embora isso deva ser uma decisão de cada um. Quando sentirem vontade de fumar, comprem algo saudável para comer em vez de trazer essa fumaça tóxica para seus pulmões, comprometendo a sua saúde e a saúde das pessoas a sua volta." É verdade que muitas coisas nos são permitidas, mas nem tudo convém. A compreensão do mal que um vício pode oferecer e a convocação à liberdade e à responsabilidade dos nossos atos abre um caminho de verdade e de prosperidade.

Sexto aprendizado – existe um lado certo na vida e na história: a sabedoria é a arte de situar bem cada questão. Com um olhar retrospectivo é possível ver, reconhecer e agradecer essa importante postura dos meus pais (e de tantos outros pais pelo mundo) de situar corretamente cada questão para não provocar sofrimentos desnecessários. Alguns exemplos: a) não confundir o que é um fim e o que são meios: dinheiro e trabalho, por exemplo, são meios, e não objetivos da vida; b) o propósito dos debates e da socialização de pontos de vista não é levar alguém a ter razão, mas é fazer com que aprenda a acolher o diferente e com ele crescer e amadurecer; c) o erro do outro nunca pode ser critério ou justificativa para eu fazer o mesmo, pois existe um lado certo na vida de cada pessoa, na dinâmica das famílias e na forma de vivermos fazendo história.

Sétimo aprendizado – dispostos e disponíveis: Oscar e Lúcia sempre foram duas pessoas e um casal dispostos e disponíveis, e disposição e disponibilidade são dois movimentos dentro de uma mesma dinâmica de vida que foi se tornando estilo de vida também para os filhos. Meus pais cultivavam valores consistentes, atitudes internas e paixão pela vida. Esse tripé os tornavam disponíveis, generosos, extremamente altruístas. Meus pais eram pessoas de fé, e essa adesão ao Deus da vida tinha sua expressão e continuidade na participação na vida da comunidade. Lembro que meu pai doou grande parte do material (madeira, tijolos, telhas, entre outros) para a construção da escola da comunidade – construída em mutirão por todos os seus membros – na qual todos os nove filhos estudaram, e o maior prazer de minha mãe era poder ajudar os vizinhos com hortaliças que ela mesma cultivava. Além disso, os dois sabiam guardar segredos, o que despertou confiança: muitas pessoas vinham conversar com eles sobre situações de dor ou de preocupação. A disponibilidade e a disposição do meu pai e da minha mãe encontraram a sua inspiração na compreensão e na beleza do servir, atitude expressa por Mahatma Gandhi, que dizia: "Quem não vive para servir, não serve para viver."

Oitavo aprendizado – tomar inciativas: essa era outra dimensão importante no dia a dia. Mesmo com muitos filhos, cada um tinha o seu espaço, o seu lugar, a sua responsabilidade e, sobretudo, a possibilidade de tomar iniciativas. Uma pessoa que sabe quem ela é e o que deseja da vida costuma ser uma pessoa assertiva, focada e com iniciativas. Como é bom viver em um grupo de pessoas em que existe esse movimento de iniciativas! Tudo flui e tudo se torna gostoso porque todos são sujeitos e partícipes. Outro compromisso que meus pais tinham era a presença assídua nas reuniões da escola, e não só nas reuniões convocadas, além de em outros momentos para saber da vida dos filhos em relação aos estudos e formação.

Nono aprendizado – educar "com" e "para a" empatia: aprender a colocar-se na pele, no lugar, no momento e no coração do outro é atitude de grandeza. É impressionante quando a vida é apaixonante e quando tudo é vivido com paixão. Meus pais sempre viveram e incentivaram os seus filhos a viverem tudo com verdade e intensidade, fosse no trabalho do dia a dia, na participação em festas ou na dor de perdas. Tudo era intenso e verdadeiro, porém não exagerado ou fora de sintonia. Existia a lucidez de reconhecer quando um ciclo chegava ao seu fim e quando o novo desejava mostrar a sua face amiga. A força da citação de Marvin J. Aston constituía a mística na forma de olhar para as pessoas: "Se pudéssemos enxergar o coração do outro e entender os desafios que está enfrentando, acredito que nos trataríamos com mais gentileza, paciência, tolerância e cuidado." Esse respeito era expresso pela enorme capacidade de escuta dos meus pais. Amar é se conectar ao coração do outro, é escutar a musicalidade do outro, é vibrar na canção do outro, é brindar na taça do outro e dançar na plenitude das liberdades que rodopiam no coração de todos os outros.

Décimo aprendizado – todos são diferentemente iguais e igualmente diferentes: parece apenas uma frase de efeito, mas não é, pois por trás dela tem uma postura altamente justa dos meus pais: tratar todos os filhos de modo igual, respeitando as diferenças de cada um. Jamais éramos comparados aos mais velhos ou a outras crianças. Cada um era aceito e valorizado no que tinha de melhor e de original. Era essa postura e essa coerência de vida que davam credibilidade aos pais e despertavam a confiança dos filhos para com eles. Ninguém era mais e ninguém era menos, mas todos eram diferentemente iguais e igualmente diferentes.

Por isso que brinco ao dizer que somos ganhadores do Óscar, fazendo referência ao prêmio internacional que traz o mesmo nome do meu pai. De fato, quem conviveu com meu pai e minha mãe pode ser considerado privilegiado e vencedor.

"O homem que venceu na vida é aquele que viveu bem,
riu muitas vezes e amou muito."

(Robert Louis Stevenson)

2. O mundo está sendo

Não se pode falar de educação sem amor.
Paulo Freire

Quando se fala em autores e, no nosso caso, de um pedagogo da grandeza de Paulo Freire, o ideal seria ler e compreender a totalidade de suas obras, pois nelas é possível mergulhar em um pensamento carregado de conteúdo, desafiante em termos de metodologia e instigante como sonho tanto do autor quanto nosso. Fica como sugestão esse tipo de leitura, mas no presente capítulo vamos visualizar um arquipélago de sementes e uma constelação de estrelas: estas nos iluminam de cima para baixo e as sementes aquecem nossos corações a partir da terra fértil da realidade. Faremos isso a partir de algumas citações preciosas desse pensador, um dos mais pesquisados em todo o mundo.

"A leitura do mundo precede a leitura da palavra."
(Paulo Freire)

Por vários anos, acompanhei quarenta educadores que faziam a alfabetização de jovens e adultos na periferia de São Paulo. Eu coordenava os encontros de formação, que eram semanais, e a cada dois meses aconteciam os encontros de todos os alunos que eram acompanhados por esses quarenta educadores. Eram memoráveis as partilhas de vida e as socializações de experiências desses que viviam como verdadeiros aprendizes.

Lembro-me de um senhor de uns setenta anos – que estava aprendendo a ler e a escrever – quando compartilhou que não conseguia escrever a letra o e o dígito 0 (zero). Por mais que ele se esforçasse, os dois sempre saíam quadrados. Porém, algo aconteceu em sua vida que desencadeou a passagem do quadrado para o redondo. Segundo ele, isso ocorreu quando ele começou a ligar a leitura do mundo com a leitura de textos escritos, e quando ele conseguiu entrelaçar a escrita da palavra com a escrita de uma nova vida em seu bairro, em sua rua e em sua família. Quando ele conseguiu relacionar esses dois mundos, ele foi sendo outro e tudo foi se transformando, e novas letras, números, palavras e frases foram sendo costurados e escritos. "A alfabetização é mais, muito mais, do que ler e escrever. É a habilidade de ler o mundo" (Paulo Freire).

Ler o mundo e interpretar os acontecimentos devem ser práticas diárias e contínuas dos pais, educadores e de todas as pessoas de todas as idades. "É preciso que a leitura seja um ato de amor" (Paulo Freire). Aliás, Paulo Freire nunca buscou identificação ou legitimação de chavões como direita ou esquerda ou outros conceitos reducionistas. A paixão dele era a educação, e uma educação inclusiva e libertadora.

Vejamos outras preciosas citações do educador e mergulhemos em seu sentido e em sua força para as nossas vidas. São verdadeiras sementes que desejam ser semeadas na terra fértil da educação e regadas, amadas e cultivadas por todos nós:

1. "Não há saber 'mais' ou saber 'menos'. Há saberes diferentes." Essa afirmação tem um alcance enorme e deveria ressoar fundo no coração de pessoas que insistem em comparar, classificar, aumentar e diminuir outras pessoas. É preciso compreender que existem conhecimentos e pontos de vista diferentes, que existem histórias e sonhos diferentes. Nada é maior ou menor quando é de pessoas. Quem estudou Medicina não é melhor que um marceneiro, e o pedreiro não é menos que um advogado. Existem inteligências diferentes, cada uma com o seu valor, sua originalidade e sua importância.

2. "O que me surpreende na aplicação de uma educação realmente libertadora é o medo da liberdade." Esse é um dilema absurdo, entre a falsa segurança e a liberdade, que muitas pessoas vivem. A falsa segurança engessa, estagna a visão, acomoda e faz rastejar quando a educação deveria nos levar a voar. A liberdade supõe iniciativa, protagonismo e coragem para tirar os pés do chão e se arriscar ao novo.

3. "Lavar as mãos do conflito entre os poderosos e os impotentes significa ficar do lado dos poderosos, não ser neutro. O educador tem o dever de não ser neutro." Essa citação aponta para uma compreensão de que não existe atitude neutra na vida, pois o que fazemos ou deixamos de fazer ajuda a construir um mundo melhor, mais justo e mais inclusivo ou contribui para um mundo mais excludente e injusto.

4. "O ser alienado não procura um mundo autêntico. Isto provoca uma nostalgia: deseja outro país e lamenta ter nascido no seu. Tem vergonha da sua realidade." O homem e a mulher livres não procuram problemas, mas estão comprometidos com soluções. Não vivem nas nuvens, mas na realidade. Não se projetam em fantasias e nem bebem ilusões. As pessoas livres não são banhadas pela vergonha, mas são realistas na realidade em que vivem e contribuem para a sua transformação.

5. "Educar é impregnar de sentido o que fazemos a cada instante." O sentido é como o tempero para a comida, a água para o peixe, o céu para os pássaros. Impregnar significado é tão importante como a terra é para a semente, o oxigênio para a respiração, a chuva para a plantação, a esperança para o peregrino e a tinta e o pincel para o pintor. A vida pode e deve valer a pena. O tempo que se escolhe e se gasta em estudo supõe generosidade e renúncias. Paulo Freire sabe que estudar exige disciplina

intelectual, dedicação, seriedade e uma postura crítica e sistemática, e ele sabe, por experiência própria, que isso não nos é dado a não ser pela nossa entrega na prática do aprender, do crescer e do amadurecer.

6. "A fome frente a frente à abastança e o desemprego no mundo são imoralidades e não fatalidades." É preciso compreender e situar bem essa questão: as injustiças têm causas e causadores. Faz parte de pessoas alienadas ou mal-intencionadas colocar certas imoralidades como fatalidades, ou mesmo descrever situações sem ver o que causa tal realidade. Não podemos naturalizar o que nasceu do egoísmo doentio e dos interesses que usam as pessoas. Transcrevo um depoimento que o estilista norte-americano Marc Jacobs postou em seu Instagram durante as fortes e insistentes manifestações do povo contra o racismo em junho de 2020: "Nunca deixe que eles te convençam que vidro quebrado ou saque é violência. Fome é violência. Morar na rua é violência. Guerra é violência. Jogar bomba nas pessoas é violência. Racismo é violência. Supremacia branca é violência. Nenhum cuidado de saúde é violência. Pobreza é violência. Contaminar fontes de água para obter lucro é violência. Uma propriedade pode ser recuperada, vidas não." Em acréscimo, nós poderíamos continuar o texto com novos (com) textos: queimar florestas é violência, agredir povos e culturas indígenas é violência, não ter plano de governo de inclusão é violência, figuras públicas mentirem é violência etc. "Manter a esperança viva é em si um ato revolucionário" (Paulo Freire).

7. "Seria uma atitude ingênua esperar que as classes dominantes desenvolvessem uma forma de educação que proporcionasse às classes dominadas perceber as injustiças sociais de maneira crítica." A vida é feita de escolhas que são movidas por sonhos de justiça para todos, e não apenas para alguns que vendem um

discurso sofista com premissas mal colocadas, com falsos argumentos e conclusões deslocadas, postura típica de pessoas que vivem alienadas. As pessoas que leem pouco, pensam mal e vivem artificialmente costumam ser presas fáceis desse tipo de "enganação". Nada é fácil e nada cai pronto do céu. O que cai do céu é a chuva para fertilizar a terra onde germinam sementes de uma nova sociedade.

8. "Ninguém nasce feito. É experimentando-nos no mundo que nós nos fazemos." O homem é um presente e uma tarefa para ele mesmo e para os demais. A vida é um dom e uma missão. O homem é capaz de se experimentar, de se reconfigurar, de se inculturar com os outros no mundo. É no tipo de relação com o mundo que o homem e a mulher se encontram, se reinventam e se fazem.

9. "Criar o que não existe ainda deve ser a pretensão de todo sujeito que está vivo." Impressiona como existe uma enorme força prospectiva, imaginária e criativa na forma de ser e de pensar desse grande pedagogo. Ele sabe que o impossível não é um dogma, uma verdade acabada, mas apenas uma opinião que será superada pela ação livre e criativa da capacidade ilimitada do homem. O que está em questão é a eterna superação deste, a superação dos meios que facilitam a vida e que deveriam facilitar a vida para todos, e não apenas para elites ou grupos fechados. O mais interessante não é só essa visão, mas como essa forma de pensar e de proceder desperta uma postura realista em relação ao presente e ao futuro. Nossos olhos e pés estão voltados para frente e é nessa direção que o novo tem que ser descoberto e o surpreendente se deixa encontrar.

10. "É preciso ter esperança, mas ter esperança do verbo esperançar; porque tem gente que tem esperança do verbo esperar. E esperança do verbo esperar não é esperança, é espera. Esperançar é se levantar, esperançar é ir atrás, esperançar é

construir, esperançar é não desistir! Esperançar é levar adiante, esperançar é juntar-se com outros para fazer de outro modo." Esperançar é ter iniciativas e atitudes, é movimentar-se no caminho da vida, é estender e entrelaçar mãos e é ser empático e resiliente. O verbo esperançar rima bem com caminhar, avançar, perseverar, confiar, arriscar e amar.

11. "A educação é um ato de amor, por isso, um ato de coragem. Não pode temer o debate, a análise da realidade. Não pode fugir à discussão criadora, sob pena de ser uma farsa." Nós sabemos que a mentira, a falsidade, a desonestidade e a falta de ética tendem ao escondimento. O mal, desde sempre, tem essa característica de tentar se esconder e esconder a vergonha do erro. Paulo Freire acredita em uma educação envolvente, inclusiva e libertadora, que não pode ser uma farsa, mas sim um desmascaramento, uma busca da causa, da escuta e do debate. É por isso que a educação não é um ato de caridade, mas de amor. A caridade dá esmola e dificilmente provoca um processo de vida e de crescimento, porque costuma ser assistencialista. Já o amor busca a causa do erro e da injustiça e busca, coletivamente, respostas e soluções.

12. "Aprender não é acumular conhecimentos. Aprendemos história não para acumular conhecimentos, datas, informações, mas para saber como os seres humanos fizeram a história para fazermos história." É importante lembrar que não somos nós que iniciamos a história humana e não é conosco que ela termina. Fazemos parte da história e fazemos história na medida em que nela mergulhamos, nos reinventamos e nos recriamos ao recriar uma nova história. É por isso que olhar para a história passada não é repeti-la, mas deixá-la nos ensinar e nos inspirar duas posturas: saber para onde nunca mais queremos voltar e, ao mesmo tempo, quais caminhos devemos percorrer para que neles possamos desenhar novas páginas de história humana.

13. "Não é possível refazer este país, democratizá-lo, humanizá-lo, torná-lo sério, com adolescentes brincando de matar gente, ofendendo a vida, destruindo o sonho, inviabilizando o amor. Se a educação sozinha não transforma a sociedades, sem ela tampouco a sociedade muda." Existe um olhar lucidamente realista sobre um sonho que deveria ser de todos e um olhar crítico sobre posturas que não libertam, colocando, enfim, a educação como uma força transformadora. As pessoas não precisam de armas, mas de livros. Não querem a morte, mas a vida. Não querem conviver com o medo, mas estar no movimento do esperançar. A educação é um caminho de conhecimento, de crescimento e de transformação.

14. "Qualquer discriminação é imoral e lutar contra ela é um dever por mais que se reconheça a força dos condicionamentos a enfrentar." A educação, assim como a família e a vida social, é espaço do cultivo da tolerância e do respeito. O termo educação (educa+ação) traz consigo uma força que não permite condutas que excluam e denigram pessoas e direitos. Tudo o que discrimina, tudo o que é injusto e infundado não deve ter espaço na educação, a não ser que seja para desmascará-lo. E se tal postura imoral existir, é dever de toda pessoa lutar contra a mesma. "A educação faz com que as pessoas sejam fáceis de guiar, mas difíceis de arrastar; fáceis de governar, mas impossíveis de escravizar" (Henri Peter).

15. "Só existe saber na invenção, na reinvenção, na busca inquieta, impaciente, permanente, que os homens fazem do mundo, com o mundo e com os outros." É na terra da vida e no horizonte da esperança em que o saber é construído, ainda que não de forma exata, no envolvimento afetivo e efetivo. O aprendiz ama e precisa ser desafiado. Isso faz bem para que ele saia de seu mundo e se abra ao novo, ao diferente e ao realizável.

A boa educação se dá no movimento das asas da seriedade reflexiva e da afetividade envolvente. Uma citação de Benjamin Franklin ilumina a citação de Paulo Freire que acabamos de discutir: "Diga-me e eu esquecerei, ensina-me e eu poderei lembrar, envolva-me e eu aprenderei."

16. "Não há vida sem correção, sem retificação." Quem revê, vê melhor! Um dos pedagogos mais pesquisados em todo o mundo não é alguém que apenas sonha, mas que está focado em tudo o que torna o sonho possível e pode proporcionar voos mais altos e longínquos. Aqui, ele alerta sobre uma prática que facilmente é deixada de lado na educação: a constante avaliação de conteúdos e práticas educacionais para corrigir, melhorar e reorientar a meta a ser alcançada. Um nadador que nada na direção de uma ilha, por exemplo, se volta na direção da ilha, respira fundo e começa a travessia. A sua cabeça está na mesma posição do corpo, isto é, debaixo d'água. Porém, por várias vezes ele levanta a cabeça por dois motivos: para respirar fundo e retomar o fôlego e para ver se está na direção correta da ilha. A correção na vida se dá no levantar da cabeça, no retomar do fôlego e no (re)orientar da direção.

17. "Mudar é difícil, mas é possível." Não basta admitir ideias novas, mas também abandonar as ideias antigas que não têm mais serventia, e não basta projetar novos sonhos, mas também fechar práticas antigas que não possibilitam o irromper da novidade. É preciso aprender a fechar as torneiras de certos ciclos que já deram o que tinham que dar e direcionar essa água para novas plantações. A mudança será menos doída quanto mais tirarmos o foco do tamanho do problema e quanto mais nos focarmos em nossa capacidade e na coragem de objetivos sonhados em mutirão. A mudança será mais profunda, consistente e consequente quanto maior for a compreensão das razões que a impulsionam. A direção do caminho e a visualização da etapa seguinte tornam mais seguro qualquer tipo de mudança. "Não é o mais forte que

sobrevive, nem o mais inteligente. Quem sobrevive é o mais disposto à mudança" (Charles Darwin).

18. "Ensinar não é transferir conhecimento, mas criar possibilidades para a sua própria produção ou sua construção." Para Paulo Freire, não existem dois lados no processo educativo, compostos por um ativo, que sabe, e por um passivo, que aprende. Existe, ao invés disso, uma relação dialógica que constrói conhecimento e sabedoria, e isso muda o lugar social do educador e do educando: os dois estão em ação, a caminho, trilhando novas possibilidades, sem com isso, no entanto, perderem a sua identidade nos processos vividos.

19. "Quando a educação não é libertadora, o desejo do oprimido é ser o opressor." Libertar e libertar-se é um duplo movimento que faz toda a diferença. Quando isso não acontece, o desejo do oprimido se vira contra os seus. "O opressor não seria tão forte se não tivesse cúmplices entre os próprios oprimidos" (Simone de Beauvoir).

20. "Ninguém caminha sem aprender a caminhar, sem aprender a fazer o caminho caminhando, refazendo e retocando o sonho pelo qual se pôs a caminhar." A estrada pode ser dada, mas o caminho acontece no jeito de avançar. Quando éramos crianças, aprendemos a andar e a nos equilibrar. Como adultos, aprendemos a caminhar fazendo o caminho na forma de caminhar. Faz parte do caminhante ser peregrino do encanto, do novo, da abertura ao diferente e ao sincero desejo de aprender. O que nos move é o sonho dentro de nós, que é brilho nos olhos que ilumina o peregrinar. "Caminhante, não há caminho. Faz-se o caminho ao andar" (Antonio Machado).

21. "Ninguém liberta ninguém, ninguém se liberta sozinho: os homens se libertam em comunhão." Essa outra preciosidade de Paulo Freire também é valorosa, porque convida para um novo

olhar sobre o tipo de relações que, de fato, sejam libertadoras. Ninguém muda ninguém. Não é a postura do sabidão, do prepotente que muda outra pessoa, mas o tipo de vivência e de espaços que são criados e realizados na comum união. Quando existe comprometimento, iniciativas, prazer, ambientes aconchegantes criados pelas liberdades humanas, a transformação acontecerá. A sabedoria e a força dessa citação são conferíveis na vida de grupos comprometidos, em famílias participativas, em casais que se amam e em grupos de educação envolventes, nos quais algo não precisa ser ordenado para que seja feito. Ao contrário, a disposição de todos está na disponibilidade de todos se sentirem corresponsáveis por tudo.

22. "Educação não transforma o mundo. Educação muda as pessoas. Pessoas mudam o mundo." Paulo Freire não se cansa de situar bem cada questão, pois dificuldades mal colocadas comprometem ou dificultam a sua solução. A educação em si não muda o mundo, mas ela pode acender o ardor interno e a criatividade das pessoas. Ela pode dar novas lentes, despertar uma nova coragem, colorir um novo entusiasmo, acender uma nova esperança e abrir novas perspectivas de vida. O foco está na maneira como a pessoa pode ser livre e agente capaz de mudar o mundo. Portanto, a mudança é um movimento que exige uma eterna atualização de nós mesmos, do nosso jeito de ser e de proceder. "A única coisa que não muda é que tudo muda" (Heráclito).

23. "Onde quer que haja mulheres e homens, há sempre o que fazer, há sempre o que ensinar e há sempre o que aprender." O foco está no coração das pessoas enquanto seres capazes de criar e transformar. É na profundidade do coração que vibram e ressoam os três verbos que se relacionam, complementam e exigem: fazer, ensinar e aprender. Com a nossa ação (fazer), despertamos atitudes; com o ensinar, despertamos conhecimento;

e com o aprender, entramos na dinâmica do crescimento. Onde pulsam corações existe a possibilidade real de conjugar esses três verbos.

24. "Quando os professores sentam para refletir, os alunos levantam para aplaudir." No processo educativo não tem ponto final, apenas reticências. O aplauso dos alunos nasce da consciência de que tanto eles como os educadores são aprendizes. A educação séria e comprometida investe muito na formação contínua dos educadores, e isso merece ser aplaudido. Existem pessoas tão diferenciadas e com gestos tão generosos que nos passam a sensação de que todos os espaços fazem reverência a elas e o próprio tempo faz uma pausa para aplaudi-las!

25. "Educação não é domesticar pessoas, mas emancipá-las." O trabalho do pedagogo não é fazer com que os alunos aprendam fórmulas ou decorem textos, mas que, por meio dos trabalhos e reflexões, se emancipem, abram novas perspectivas, sejam guias de suas próprias vidas. A grandeza na educação não está na disciplina e na obediência, mas no sonho em ação. O sonho é o fim e a disciplina é um meio de ajuda. Um dos grandes prazeres na vida é ver as pessoas a nossa volta sempre mais livres e nós, menos escravos.

26. "Sem a curiosidade que me move, que me inquieta, que me insere na busca, não aprendo nem ensino." Estamos falando da sã curiosidade que faz avançar, que deseja descobrir, que mergulha fundo nas perguntas, que deseja sempre mais. Essa curiosidade é saudável e instigante, e o ensinar e o aprender trazem a boa curiosidade como horizonte e como dinamismo. A curiosidade intelectual é parceira e sempre recomendada, pois nos desafia e nos lança para frente, para a realidade e para o porvir.

27. "Aprendemos com as diferenças e não com as igualdades." As igualdades ou semelhanças costumam aproximar e identificar

pessoas. Porém, são as diferenças que enriquecem, que desafiam o novo e o que é outro. Octávio Paz diz que "o que põe o mundo em movimento é a interação das diferenças, suas atrações e repulsões; a vida é pluralidade, a morte é uniformidade".

28. "Quero um filho que saiba assumir o silêncio, mas que não viva silenciado." É nessa decisão consciente – do silêncio escolhido – que é possível encontrar unidade interior e compreender a verdade mais profunda. O silêncio assumido nos ensina a ver, compreender, imaginar e criar. O silêncio faz despertar a sincera e humilde coragem, e como valor e espaço de lucidez, faz discernir e escolher bem na vida. "Coragem é o que preciso para ficar de pé e falar. Coragem é também o que é preciso para sentar e ouvir" (Winston Churchill). Coragem é o que precisamos para escolher silenciar e ficar bem conosco mesmos, e é possível nos aprofundarmos ainda mais nessa dimensão paradoxal: "Somos assim. Sonhamos o voo, mas tememos as alturas. Para voar é preciso ter coragem para enfrentar o terror do vazio. Porque é só no vazio que o voo acontece. O vazio é o espaço da liberdade, a ausência de certezas. Mas é isso que tememos: o não ter certezas. Por isso trocamos o voo por gaiolas. As gaiolas são o lugar onde as certezas moram" (Fiódor Dostoiévski).

O pedagogo Paulo Freire sempre dizia, e testemunhou isso em seu dia a dia nas mais variadas missões que assumiu, que "a maior qualidade de uma pessoa é gostar de viver". Esse deve ser o eixo vital e a atmosfera positiva, realista e afetiva na qual o melhor deseja ser vivido.

"O mundo não é, o mundo está sendo."

(Paulo Freire)

3. De geração em geração

É lindo quando o amor se esparrama pelo dia.
Tatiana Marinho

Segue uma contundente história de vida de duas pessoas que fizeram e fazem a diferença na vida de muitas pessoas. A história é tão cheia de nuances, conflitos, tensões, aprendizados e atualidades que virou livro e até mesmo filme. Estou falando da história de dois pedagogos: o brasileiro Roberto Carlos e a francesa Margherit Duvas.

Roberto Carlos, mineiro da periferia de Belo Horizonte, era o caçula de uma família de nove irmãos. Aos seis anos de idade, a mãe o deixou na Fundação Estadual do Bem-Estar do Menor, a Febem, pois pensou que lá ele poderia ser alguém na vida. Porém, foi lá que ele aprendeu a roubar e a desconfiar do ser humano. O que se sabe é que ele fugiu mais de cem vezes desse lugar.

Foi nessa mesma Febem que Roberto Carlos conheceu Margherit, uma pedagoga francesa que faria toda a diferença em sua vida. Ela foi fundamental para que esse menino mudasse o rumo de sua história, aos treze anos, quando ela o adotou como seu filho.

Vejamos alguns relatos do próprio Roberto Carlos falando sobre a sua infância: "quando a gente é pequeno, não tem noção de que poderia viver em melhores condições. Na Febem, eu só lembrava que na infância, apesar da situação de pobreza da minha família, eu tinha afeto, tinha carinho. E por mais difícil que a coisa parecesse, tinha a ideia de fortaleza, que eram o pai e a mãe juntos. Na Febem nós tínhamos arroz, feijão, carne e leite. Tinha uma escola com piscina. Mas me faltava algo que eu não sabia o que era. E eu fugia diariamente de lá em busca desse algo. Hoje eu entendo que, quando o ser humano transgride é pela falta, sobretudo, de afeto."

Na Febem era comum aos residentes sofrer todo tipo de castigos e até torturas. Entre os que lá trabalhavam, era senso comum que Roberto Carlos era uma pessoa irrecuperável. Porém, algo começa a mudar na vida desse adolescente quando surge Margherit e, como ele mesmo diz, "quando tomamos consciência de tudo o que se passa conosco".

O próprio Roberto Carlos narra como se deu a sua transformação: "aos 13 anos, quando conheci a pedagoga francesa, na Febem, tudo era tão difícil que eu negava o toque humano. Passei por tentativas de estupro por parte de adultos, espancamento, tapa na cara. Então, para mim, o adulto era só um cara que me sacaneava. Daí a ideia de começar a roubar, de dar tijolada em vidro de carro. Quem está na rua sabe o que é não ser notado. Mas se você dá um prejuízo material para uma pessoa, ela te xinga com um palavrão. Aí você tem certeza de que continua vivo. E eu tinha medo da Margherit porque ela me tratava diferente. Só depois de um ano de convivência, quando senti que ela ia embora, é que eu me dei conta do carinho."

Roberto Carlos continua: "na Febem eu era acordado por um cara que batia com um canequinho na cama e soltava palavrões. Até poucos anos atrás, eu pulava dois metros da cama quando o meu celular tocava. Com Margherit, eu era acordado com uma voz baixinha me chamando 'Roberto, Roberto'. Quando pensei que ela pudesse ir embora, eu quis dar um motivo para ela me abandonar. Aí eu inundei a casa dela de água. Coloquei lençóis no ralo do banheiro e deixei tudo encher. Pensei: 'ela vai me bater e vai me botar para fora. Aí eu volto para rua certo de que ninguém é bonzinho como eu achei que ela fosse'. Só que ela chegou em casa e, em vez de me socar a mão na cara, me abraçou, começou a chorar e disse: 'o que eu preciso fazer para te provar que eu te amo? Me ensina'". Foi essa atitude sincera, humilde e corajosa que desencadeou a transformação do Roberto Carlos.

"Quando voltei da França, aos 21 anos, eu queria acabar com a Febem. Achava que aquilo foi a pior coisa que aconteceu na minha vida, mas minha mãe adotiva ensinou que eu não podia ficar me escondendo atrás de uma desculpa para não crescer. Com o tempo, me dei conta de que aquela experiência me permitiu, depois, voltar para lá como estagiário de pedagogia e ajudar a melhorar aquilo. Aí percebi que o que não me matou no passado, me fortaleceu." Esse olhar de interpretação é digno de registro, pois o passado deve ser visto muito mais como um trampolim que impulsiona do que um sofá que acomoda. Pergunta o poeta Mia Couto: "Matar o patrão? Mais difícil é matar o escravo dentro de nós."

Roberto Carlos alerta sobre certas posturas, em algumas famílias, no que tange a violência: "A gente chegou numa situação em que a palmada se tornou a forma de um pai dizer que ama um filho. Você chega em casa do trabalho, cansado, e a sua esposa te diz que o seu filho aprontou. Aí vai você chamar o menino: 'Por que você aprontou? Eu tô trabalhando o dia inteiro para te dar tudo e você faz isso'. E lá vai você fazer o papel de instrutor da Febem."

A violência tem um círculo vicioso e pode se tornar uma bola de neve ensanguentada. Vale lembrar que a cada movimento agressivo, vem uma vingança agressiva, que, por sua vez, pode ser nos mesmos moldes: agressão física ou verbal ou mesmo atitude de indiferença. A indiferença, a frieza e o faz de conta podem ser vinganças – nem sempre conscientes – de pessoas que se sentiram agredidas de um jeito ou de outro.

Hoje, Roberto Carlos tem uma casa com dezenas de crianças que ele acolheu ao longo de sua vida. Ele não considera essa casa como um abrigo, mas como uma família, e ela foi construída com a participação de todos.

O tipo de relação entre a pedagoga e Roberto Carlos provocou transformações profundas não só na vida deste, mas na sua história de vida e no trabalho que faz com adolescentes e jovens. Ele é um testemunho vivo de que não existem pessoas irrecuperáveis. O que existe são pessoas que não foram entendidas, amadas ou não tiveram oportunidades adequadas. "O perdão chega quando se reconhece que nunca houve nada para perdoar, e sim que havia algo para compreender" (Bert Hellinger).

Essa é uma história de vida como tantas outras, todas únicas, impactantes e reveladoras. Elas podem projetar luz, compreensão, mudanças em nosso olhar e agir e, sobretudo, na forma de nós sermos e vivermos. Nesse sentido, sublinho algumas atitudes pedagógicas da mãe que adotou Roberto Carlos, que são reflexões que podem ecoar e ressoar em todos nós:

Olhar pedagógico – dez ponderações

Primeira ponderação – você tem um nome

A mãe adotiva de Roberto Carlos fez questão de sempre chamá-lo pelo nome. Isso pode parecer pouco, mas significa muito para uma pessoa, pois o nome é a afirmação dela com todas as suas alegrias, cicatrizes, crises, superações. É a afirmação de uma história de vida. A história de vida que está por trás de cada nome nos faz únicos, irrepetíveis, originais e inéditos.

Segunda ponderação – eu te amo!

A mãe não o condenou quando ele inundou a casa para testá-la, tirá-la de sua vida e colocá-la fora do patamar da bondade para se mostrar "certo de que ninguém é bonzinho como eu achei que ela fosse". O que faz a mãe? Entra na mesma lógica do filho? O condena? Não! Ela não se assusta e nem se desespera com o estrago feito na casa, pois ela é livre em relação ao mundo das coisas. Por pior que tenha sido a intenção de Roberto, a mãe não perde a sua paz interior nem sua grandeza empática, mas acolhe o filho, que tem um nome e um caminho aberto pela sua frente. Ela deixa claro que olha para o filho, e não para o erro.

Terceira ponderação – eu te compreendo!

A mãe não fez o que muitos fariam: ela não "bateu" ou o "colocou para fora". Ela se importou e o trouxe ainda mais para dentro de seu coração. Esse importar se dá no abraço que sintoniza dois corações, e mais, ela não colocou o filho para fora, mas sim o seu amor, que abraça e compreende. Ela acolheu a pessoa, e isso é essencial, é tudo na vida.

Quarta ponderação – o amor não tem limite

O olhar dela não foi direcionado para a casa inundada ou para o castigo, mas para a pessoa e para a única forma de uma sincera recuperação desse seu filho. Esse posicionamento dá a sensação de que a mãe quebrou, de propósito, o retrovisor daquele momento com uma intenção clara: de apenas olhar para frente.

"É que os olhos, melhor que os lábios, falam
Verbo sem som, à alma que é de luz
– Ante a fraqueza da palavra humana –
o que há de mais divino o olhar traduz."

(Machado de Assis).

Sim, o amor tem um limite, que é amar sem limites, sem racionalismos e sem cobranças. "Quem eu sou, você só vai perceber quando olhar nos meus olhos, ou melhor, além deles" (Clarice Lispector).

Quinta ponderação – nós podemos!

Margherit chora enquanto abraça Roberto Carlos, porém o choro não é pelos estragos na casa ou pelas perdas materiais, mas pelo seu amor e seu mais sincero desejo de que a confiança fosse recíproca. Ela reconhece a sua pequenez e aceita a sua impotência ao mesmo tempo em que desperta algo novo no adolescente: "me ensina". Ao expressar esse desejo, ela o considera e o valoriza mais ainda. Ao se colocar como aprendiz, abrem-se novos caminhos. "Aprendi que vai demorar muito para me transformar na pessoa que quero ser, e devo ter paciência. Mas aprendi também que posso ir além dos limites que eu próprio coloquei" (Charles Chaplin).

Sexta ponderação – na mesma direção

Na pedagogia do amor, o educador é alguém diferenciado e que, dentro dessa mesma dinâmica, procede de forma diferenciada, com paixão e na lucidez da razão. "Amar não é somente um olhar para o outro, mas juntos numa mesma direção" (Saint-Exupéry).

Sétima ponderação – a oportunidade nas dificuldades

Outro aprendizado importante no relato desses dois pedagogos é a não utilização do passado como desculpa ou como justificativa, mas como escola de aprendizados. "A dor e o sofrimento não são bons. Bom é o que eu posso fazer da dor e do sofrimento" (Jean-Yves Leloup).

Oitava ponderação – novas lentes

Roberto Carlos tomou consciência de muita coisa quando foi para outro país. Saber retirar-se é um ato de coragem e de amor. Não significa fuga, mas oportunidade de enriquecimento e possibilidade para ver a vida com novas lentes. É a humildade que nos faz grandes, o esvaziar-se que nos torna plenos, o conviver que nos faz reconhecer, o agradecer que nos torna gratos e o rever que nos faz ver melhor.

Nona ponderação – na vivência do afeto

O afeto é uma das melhores "terapias de vida" que existe. A não vivência do afeto faz aumentar a agressividade nas relações humanas e costuma esfriar a convivência. "Hoje eu entendo que, quando o ser humano transgride é pela falta, sobretudo, de afeto", diz Roberto Carlos.

Décima reflexão – realizar como gratidão

Além do afeto, a gratidão é decorrência de um novo estilo de vida. A melhor forma de agradecer por tudo o que se passou na vida de Roberto Carlos foi ser grato e transformar a sua gratidão em um espaço de acolhida para que outras pessoas pudessem renascer para a vida e a esperança. "Família é um grupo de pessoas, cheias de defeitos, que Deus reúne para que convivam com as diferenças e desenvolvam a tolerância, a benevolência, a caridade, o perdão, o respeito, a gratidão, a paciência, direito e dever, limites, enfim, que aprendam a amar: fazendo ao outro o que quer que o outro lhe faça. Sem exigir deles a perfeição que ainda não temos" (Papa Francisco).

O passado de cada pessoa é irreversível, então não tem como mudar absolutamente nada nele. O que é possível e aconselhável, porém, é mudarmos o nosso olhar em relação ao que já passou. Dentro dessa perspectiva, Edmund Burke tem razão quando diz que "aquele que nos combate, fortalece nossos nervos e aguça nossas habilidades. Nosso oponente é nosso colaborador".

Para concluir: nós podemos ajudar a transformar a vida de uma criança, adolescente, jovem ou adulto, e, nessa dinâmica de vida e de amor, nós também somos transformados.

"O verdadeiro amor não se conhece por aquilo que exige, mas por aquilo que oferece."

(Jacinto Benavente y Martínez)

4. Vivam como árvores

Desejo que você plante uma semente, por minúscula que seja, e acompanhe o seu crescimento, para que saibas de quantas vidas é feita uma árvore.

Victor Hugo

Este capítulo volta o seu olhar para a beleza, o encanto, a originalidade e os ensinamentos que as árvores podem revelar, pois podemos "dialogar" com essas parábolas que a natureza nos dá e delas tirar importantes lições de vida.

Cabe a nós aprender e viver como elas se manifestam e viver no movimento de seu significado. "Gosto de quem descobre tempo, por mais ocupações que tenha, para contemplar uma árvore, saudar o Sol que se põe, contemplar as estrelas" (Hélder Câmara). A beleza das árvores pode nos invadir e pintar, dentro de nós, surpreendentes paisagens. "Nenhuma descrição, nenhuma imagem de nenhum livro podem substituir a vista real das árvores em um bosque com toda a vida que acontece em volta delas" (Maria Montessori).

Aprenda a lidar com as adversidades: as árvores nascem de uma pequena semente e levam anos para se tornarem adultas. Cada espécie tem a sua beleza e o seu encanto, tem a sua naturalidade e a sua razão de ser. "Não há nenhuma árvore que o vento não tenha sacudido", afirma um provérbio hindu. Em noites de tempestades, muitas árvores são flexíveis, se curvam e deixam o vento passar. Ser maleável pode fortalecer a musculatura. "Quanto mais forte o vento, mais fortes se tornam as árvores" (J. Willard Marriott). As árvores nos ensinam, ainda, como lidar com os contratempos e as adversidades, assim como o bambu nos ensina sabiamente e nos revela onde está a nossa força: "O bambu que se curva é mais forte que o carvalho que resiste" (provérbio japonês).

Aprenda a estar diante das árvores... e das pessoas: é curioso perceber que nós sempre estamos diante das árvores. Em qualquer um dos quatro pontos cardeais em que estivermos, sempre estaremos na frente dela, e em qualquer encontro nosso com pessoas, sempre estaremos na frente de pessoas. "Tenho um sonho onde os filhos não serão julgados pela cor de sua pele, mas pelo conteúdo de seu caráter" (Martin Luther King).

Aprenda com as árvores a manter-se em pé e seguro de si: viva sem pressa e sem angústias. "Qualquer homem que tenha conhecido amores verdadeiros, revoltas verdadeiras, desejos verdadeiros e vontade verdadeira sabe muito bem que não necessita de qualquer garantia externa para estar seguro de suas metas; sua certeza vem de seu próprio impulso" (Simone de Beauvoir).

Aprenda com as árvores a não se enquadrar: aprenda a não construir muros e nem cercas a sua volta, apenas horizontes, pois os construtores de muros serão prisioneiros de seus limites construídos. Já o horizonte é cheio de pontes e começa dentro de nós, quando olhamos pela janela e quando nos tornamos floridos em meio aos nossos jardins. "Uma das trágicas coisas que eu percebo na natureza humana é que todos nós tendemos a adiar o viver. Estamos todos sonhando com um mágico jardim de rosas no horizonte ao invés de desfrutar das rosas que estão florescendo do lado de fora de nossas janelas hoje" (Dale Carnegie).

Aprenda com as árvores a aproveitar o melhor de cada estação: "Se não houver frutos, valeu a beleza das flores. Se não houver flores, valeu a sombra das folhas. Se não houver folhas, valeu a intenção da semente" (Henfil). Tenha humildade para ser luz e brilhar, tenha coragem para trocar as folhas sem com isso perder as raízes. Aprenda a tirar o melhor de cada estação. "Roube da primavera o seu aroma, do verão a sensualidade, do outono a transformação, do inverno o recomeço e reconstrua-se" (Viviane Basso). Dentre as quatro estações, "repara que o outono é mais estação da alma do que da natureza" (Friedrich Nietzsche).

Aprenda com as árvores a beber bastante água e produzir oxigênio... e vida: o trabalho das árvores é feito no silêncio e tem como horizonte e razão os outros, as pessoas e a própria vida na natureza. "Viva cada estação enquanto elas duram, respire o ar, beba a bebida, saboreie a fruta, e deixe-se levar pelas influências de cada uma" (Henry David Thoreau).

Aprenda com as árvores e ser importante: abrigo e sombra, perfume nas flores e alimento nos frutos. "Desejo que os amigos sejam mais cúmplices, que sua família esteja mais unida, que sua vida seja mais bem vivida. Gostaria de lhe desejar tantas coisas, mas nada seria suficiente... Então, desejo apenas que você tenha muitos desejos. Desejos grandes e que eles possam te mover a cada minuto, ao rumo da sua felicidade" (Carlos Drummond de Andrade).

Aprenda com as árvores a ser discreto: quando contemplamos árvores, o inusitado se revela e o aprendizado pede passagem. "As folhas das árvores servem para nos ensinar a cair sem alardes" (Manoel de Barros). Seja uma poesia em forma de gente: "árvores são poemas que a terra escreve para o céu" (Khalil Gibran).

Aprenda com as árvores a força da resiliência: não se renda! Confie e resista! Lembre-se sempre deste provérbio judaico: "Uma árvore não pode ser derrubada com um só golpe." Além disso, lembre-se sempre das palavras de Alexandre Nolleto: "Moça, você não é máquina de resiliência! Você é de verdade, imperfeita e frágil. É assim mesmo, tem dia que o coração está exausto e a fé pede um descanso. Tem dia que a gente não tem força nem para fingir ser forte. Então descanse! Hoje não é preciso seguir o baile."

Aprenda com as árvores a ser generoso e grato: elas nos proporcionam sombra e frescor, ar puro e acolhimento, flores e frutos.

E elas são gratuitamente generosas, pois tudo nos é dado e de graça. Não estão preocupadas com a opinião dos outros, se tem câmera que filma ou se as pessoas são indiferentes frente a sua generosidade: continuam sendo elas e oferecendo o seu melhor. "Só consegue oferecer o seu melhor a Deus quem se libertou do desejo de ser melhor do que os outros" (Thiago Grulha).

Aprenda com as árvores o equilíbrio: elas buscam o equilíbrio na proporcionalidade, isto é, quanto mais crescem para cima, mais as suas raízes crescem para baixo e com mais profundidade.

Aprenda com as árvores a encontrar tempo e a dar tempo: nós não somos máquinas, mas humanos, e nessa forma de ser e de viver necessitamos de descanso e de leveza. "É preciso fazer pausas. A vida requer intervalos. Nenhuma árvore dá frutos o ano todo, nenhuma planta floresce em todas as estações. Dê-se tempo" (Lucas Lujan).

Aprenda com as árvores a ser paciente: nenhuma semente acorda árvore no dia seguinte. "Paciência: o intervalo entre a semente e a flor" (Ana Jácomo). As árvores não têm pressa e, mesmo assim, tudo é feito no seu devido tempo. "A paciência é árvore de raiz amarga, mas seus frutos muito doces" (provérbio persa).

Aprenda com as árvores a abrir-se ao novo e a fechar ciclos: as árvores são verdadeiras parábolas: "Certas árvores recolhem a seiva no outono, sorvem de si o essencial e deixam ir o que caducou. Ficam mais quietas e caladas, metidas consigo, no interior do tronco e dos ramos. Certas árvores sacodem dos ombros os pesos mortos e agradecem ao vento e tempestades a gentileza de lhes levar o que já não serve. Ficam mais leves e mais limpas, para renascer quando for tempo. Certas árvores preservam a vida assim, morrendo" (Gi Vasconcelos).

Aprenda com as árvores a contornar obstáculos: as raízes das árvores em regiões rochosas sempre encontram uma saída ao contornarem obstáculos. O curioso é que o crescimento das raízes sempre se dá na direção da água que as abastece. As árvores têm um tipo de bússola que situa e orienta a sua sobrevivência e o seu crescimento. Ela sempre encontra caminhos para contornar e ultrapassar os obstáculos. "Acreditamos saber que existe uma saída, mas não sabemos onde está. Não havendo ninguém do lado de fora que nos possa indicá-la, devemos procurá-la por nós mesmos" (Norberto Bobbio).

Aprenda com as árvores a ser seiva e vento, a ter as cores da responsabilidade e da liberdade: ser livre não é ser como uma árvore, mas como a seiva viva que dá cor e frutos e que faz circular a vida em todos os recantos da planta. Ser livre não é ser como as folhas ao vento, mas ser o vento nas folhas que leva as sementes a outros terrenos férteis. "Cada um de nós é um caminho. O que é pedido a um, não é pedido a outro. A única coisa que a vida em nós pede é que produzamos nossos próprios frutos, os frutos da nossa própria seiva, o canto do nosso próprio coração, o caminho da nossa própria vida" (Jean-Yves Leloup).

Aprenda com as árvores que nem tudo o que morre está morto: quando uma árvore morre, por exemplo, continua viva nas sementes que produziu. "Todas as flores do futuro estão nas sementes de hoje" (provérbio chinês).

Aprenda o altruísmo com as árvores: "A árvore não prova a doçura dos próprios frutos; o rio não bebe suas próprias ondas; as nuvens não despejam água sobre si mesmas. A força dos bons deve ser usada para benefício de todos" (provérbio hindu).

Aprenda com as árvores a agradecer a chuva com o sorriso de novas cores: surpreendentes flores e saborosos frutos. "Não há no mundo exagero mais belo que a gratidão" (Jean de la Bruyère). Aprenda com a vida a não amarrar os seus sonhos em árvores que não tenham raízes profundas e asas livres para voar.

A arte de contemplar árvores e deixar que elas também nos contemplem é o mergulho em uma experiência de vida. Não é estranho abraçar árvores. O que é estranho é cortá-las. "Amo aqueles que plantam árvores sabendo que não se assentarão à sua sombra. Plantam árvores para dar sombra e frutos àqueles que ainda não nasceram" (Rubem Alves). Se te incomoda o calor, plante uma árvore. Se te incomoda a falta de água, plante uma árvore. Se você gosta de frutas, plante uma árvore. Se você gosta de pássaros, plante uma árvore. E se você gosta da vida, plante muitas árvores!

"Se eu soubesse que o mundo terminaria amanhã,
hoje ainda plantaria uma árvore."
(Martin Luther King)

5. Tocar o coração

Há muros que só a paciência derruba e há pontes que só o carinho constrói.

Cora Coralina

Apresento algumas reflexões de um texto profundamente poético e com uma bela linguagem coloquial. Apesar de muitas vezes ser atribuído à Cora Coralina, ele é de autoria desconhecida. A nossa questão aqui, contudo, não é provar a autoria, mas mergulhar na força e na musicalidade das reflexões presentes no texto:

"Não sei se a vida é curta ou longa para nós, mas sei que nada do que vivemos tem sentido, se não tocarmos o coração das pessoas. Muitas vezes basta ser: colo que acolhe, braço que envolve, palavra que conforta, silêncio que respeita, alegria que contagia, lágrima que corre, olhar que acaricia, desejo que sacia, amor que promove. E isso não é coisa de outro mundo, é o que dá sentido à vida. É o que faz com que ela não seja nem curta, nem longa demais, mas que seja intensa, verdadeira e pura, enquanto durar. Feliz aquele que transfere o que sabe e aprende o que ensina."

(Autoria desconhecida)

Estamos diante de um texto pequeno em tamanho, mas gigantesco em sentido, pleno em humanidade, em desejos e em esperança. Tomo a liberdade de tecer algumas reflexões sobre o mesmo:

Primeira reflexão – O texto começa com um "não sei". O autor se coloca na humildade das pessoas sábias que não querem ter a verdade com elas, mas que vivem como aprendizes e se sentem à caminho de onde tudo pode ser novo e surpreendente. Essa postura não é uma confissão de insegurança ou de medo, pelo contrário, é a consciência de quem vive travessias e está de passagem, de quem prefere a dúvida que desafia à certeza que acomoda, que prefere construir relações humanas saudáveis a viver fechado em uma falsa segurança.

Segunda reflexão – O homem é o único ser vivo que tem consciência da sua finitude, embora isso não seja visto com tristeza no texto acima, mas como possibilidade de orientação do nosso coração e da nossa ação ao que dá sentido à vida. Salta aos olhos o sujeito empregado no plural: para nós. O texto sublinha que não somos ilhas nem temos o controle do tempo da nossa vida. O "nós" não é um nó vivido na coletividade, mas a compreensão de que somos pessoas no sentido verdadeiro, quando somos com os outros no mundo, todos em busca de uma vida que tenha gosto, sabor, saber e significado.

Terceira reflexão – E o que pode dar sentido à vida? A resposta no texto não é dada na incerteza, mas na confiança de uma convicção: a de que nasceu, cresceu e amadureceu ao longo da vida em relação com outras pessoas. "Conheça todas as técnicas, domine todas as teorias, mas ao tocar uma alma humana, seja apenas outra alma humana", afirma Carl Jung. Aqui está um dos grandes eixos na convivência humana: tocar a alma. Podemos dizer o mesmo em relação à educação: não basta tocar o intelecto, mas é preciso tocar a alma do coração. Não basta educar e formar competentes profissionais: temos que formar excelentes seres humanos. Essas duas perspectivas se complementam e se exigem.

Quarta reflexão – Na sequência, o texto acima propõe nove pistas, simples, concretas e ao alcance de todos. São movimentos que podem dar afeto, ternura, cor e sabor ao viver e dicas que não exigem dinheiro, mas exigem tempo, prioridade e decisão.

Quinta reflexão – Observando as nove atitudes e escolhas apontadas no texto, vemos que elas tocam três dos nossos sentidos: o tato, a audição e a visão. São esses três sentidos que podem dar um novo gosto e perfumar o viver. O texto fala de colo, braço, palavra, silêncio, alegria, lágrima, olhar, desejo e amor, que são os espaços onde a seiva da vida circula e faz florir e produzir frutos.

Sexta reflexão – Cabe uma palavra sobre os verbos utilizados no texto em questão, listados como acolher, envolver, silenciar, alegrar, chorar, olhar, desejar e promover. Eles podem ter uma enorme ressonância dentro de nós e despertar o nosso melhor e a nossa responsabilidade. Além disso, podem apontar para diversas pistas de um projeto de vida. São essas vivências que podem tornar as relações humanas profundamente humanas.

Sétima reflexão – Quando o dia a dia é vivido nessa perspectiva das pistas apontadas, a questão numérica e quantitativa da vida é relativizada, pois o coração está mergulhado na intensidade, na verdade e na transparência do conviver. Em nossas mãos está o momento presente e estamos na realização da vida em um caminho que vai se abrindo na coragem e no nosso jeito de nos realizar ao caminhar.

Oitava reflexão – "Perguntaram, certa vez, ao Galileu Galilei (1564-1642): 'Quantos anos você tem?' Ele respondeu: 'Oito ou talvez dez', em evidente contradição com a barba branca que trazia no rosto. Logo em seguida, ele explicou sua resposta: 'Tenho, na verdade, apenas os anos que me restam de vida, porque os já vividos não os tenho mais, do mesmo modo que também não tenho as moedas que já gastei.'" É impossível voltar ao passado, pois ele não é residência, mas referência. Está presente nos aprendizados internalizados, que encorajam o nosso viver. A nossa vida acontece no presente e está aberta ao futuro. Ela está na semente que plantamos hoje e a qual continuamos regando hoje e continuaremos regando amanhã. Portanto, essa dupla consciência de que não tem como reviver o que já passou e que o presente-futuro é finito e pode ser curto deveria despertar em nós um dinamismo interno de comprometimento e de intensidade em relação ao que ainda se deseja ser vivido.

Nona reflexão – A última frase do texto é outra pérola provocativa em forma de exclamação: "Feliz aquele que transfere o que sabe e aprende o que ensina." Essa joia deve ser entendida na pulsação de tudo o que foi dito antes: feliz aquele que transforma a sua existência em vida com sentido, e este é dado no altruísmo que toca outra alma conjugando os verbos como forma de viver com sentido. Nessa frase conclusiva, observamos dois verbos: transferir e aprender. O *Dicionário Houaiss* diz que transferir é "mudar de um lugar para outro, transmitir, levar, trasladar, traduzir" e aprender é "adquirir conhecimento e habilidades práticas. É vir a ter melhor compreensão, experiência pela intuição, sensibilidade, vivência, e pelo exemplo". Existe, por isso, uma relação entre ensinar e aprender, pois ambos desafiam e aperfeiçoam um ao outro. Nós não apenas ensinamos conteúdos como também estamos inteiramente presentes no ato de ensinar. Aprender o que ensinamos é enriquecer o que já sabemos e somos, é deixar que a beleza e a riqueza do outro nos encante e enriqueça. Quanto mais saímos ao encontro dos outros, mais estamos indo ao encontro de nós mesmos. Quanto mais saímos de nós, mais profundamente nos encontramos com nós mesmos. "A alegria não chega apenas no encontro do achado, mas faz parte do processo da busca. E ensinar e aprender não pode dar-se fora da procura, fora da boniteza e da alegria" (Paulo Freire).

"Reciprocidade é se permitir tocar aquilo que também te toca" (Edna Frigato). Para concluir essas reflexões, acrescento algumas respostas que a escritora Cora Coralina deu a um repórter quando este lhe perguntou o que é **viver bem**. Vejamos o que ela diz, pois são perspectivas sugestivas que ela nos propõe que indicam que as melhores coisas da vida nós não podemos comprar e não têm preço, mas têm valor e sentido:

1. **Viver bem é ser realista** – "Eu não tenho medo dos anos e não penso em velhice. Quando preciso de ajuda, eu digo que preciso."

2. É ler e estar no momento presente – "Procuro sempre ler e estar atualizada com os fatos e isso me ajuda a vencer as dificuldades da vida. O melhor roteiro é ler e praticar o que lê. O bom é produzir sempre e não dormir de dia."

3. É ter cuidado com o peso e o poder das palavras – "Também não diga pra você que está ficando esquecida, porque assim você fica mais."; "Nunca digo que estou doente, digo sempre: estou ótima."

4. Viver bem é viver comprometido – "Convoco os velhos como eu, ou mais velhos que eu, para exercerem seus direitos."

5. É não se enterrar durante a vida – "Sei que alguém vai ter que me enterrar, mas eu não vou fazer isso comigo."

6. É ser autêntica e assertiva – "Tenho consciência de ser autêntica e procuro superar todos os dias minha própria personalidade, despedaçando dentro de mim tudo que é velho e morto, pois lutar é a palavra vibrante que levanta os fracos e determina os fortes."

7. Viver bem é lançar sementes de vida – "O importante é semear, produzir milhões de sorrisos de solidariedade e amizade. Procuro semear otimismo e plantar sementes de paz e justiça."

8. É mergulhar no dinamismo nas virtudes teologais – "Digo o que penso, com esperança. Penso no que faço, com fé. Faço o que devo fazer, com amor. Eu me esforço para ser cada dia melhor, pois bondade também se aprende."

9. Viver bem é conscientemente decidir bem – "Mesmo quando tudo parece desabar, cabe a mim decidir entre rir ou chorar, ir ou ficar, desistir ou lutar. Porque descobri, no caminho incerto da vida, que o mais importante é decidir."

10. "É que tem mais chão nos meus olhos do que cansaço nas minhas pernas, mais esperança nos meus passos do que tristeza nos meus ombros, mais estrada no meu coração do que medo na minha cabeça."

Eu gosto de tudo o que é simples. Amo um sorriso sincero, um olhar compreensivo, uma palavra carinhosa. Amo o colorido das flores do campo, o brilho do céu estrelado, a cantoria dos pássaros que despertam o amanhecer. Eu gosto de tudo o que é simples. Amo as lições de vida de cada estação, a respiração em cada batida do coração, os sotaques variados das emoções.

Amo saborear os frutos da terra e acariciar a vida. Contemplar os jardins em flor e renovar-me por entre os bosques, beber água límpida na fonte e abrir os braços para novos horizontes. Eu gosto de tudo o que é simples. Amo estar na companhia do bom humor, escutar o que as pessoas nem sempre conseguem falar, passar pelo aperto de bons abraços. Amo a sensibilidade que respeita, o gesto que solidariza, o detalhe que valoriza.

Eu gosto de tudo o que é simples. Amo ser eu mesmo. Amo estabelecer boas relações, amo ser diferentemente igual e igualmente diferente. Amo a força escondida na criança, os desejos na semente, a fé na decisão bem-feita. Eu gosto de tudo o que é simples. Amo ser natural e inteiro, amo ter atitude e amo viver.

"É necessário abrir os olhos e perceber que as coisas boas estão dentro de nós onde os sentimentos não precisam de motivos nem os desejos de razão. O importante é aproveitar o momento e aprender sua duração, pois a vida está nos olhos de quem sabe ver."
(Gabriel García Márquez)

Oitavo bloco
Constelação de olhares

Aquele que quer aprender a voar um dia precisa primeiro aprender a ficar de pé, caminhar, correr, escalar e dançar; ninguém consegue voar só aprendendo voo.

Friedrich Nietzsche

O presente bloco traz consigo alguns desejos, desafios e reflexões, como apontar pistas concretas de como podemos ser protagonistas da nossa vida e aprender a voar com as nossas asas, no caso do primeiro capítulo. No segundo capítulo, será debatida a importância de escolhermos bem no tempo e de termos prioridade e escala de valores. O terceiro capítulo aprofundará dimensões e características comuns de educadores, considerando tanto os pais como os professores como educadores. Já no quarto capítulo, será abordada uma das virtudes mais importantes do ser humano: viver e proceder como eterno aprendiz. Por fim, o quinto capítulo deste bloco culminará com um olhar tríplice: o olhar prospectivo, o retrospectivo e o introspectivo.

"O voar não vem da asa" (Mia Couto). Todos nós nascemos para voar, e não apenas para rastejar. Nascemos para fazer a diferença no mundo, e não apenas para passar por ele. Porém, tudo na vida tem seu tempo e passa por diferentes processos e estações, a depender de nossas escolhas. A nossa postura pedagógica está em compreender que a vida não é em função da fase seguinte, mas é estar totalmente presente no presente de cada momento. Outra atitude importante é entender o nosso papel quando as crianças movimentam o coração e as asas para voar. "Ótimo que tua mão ajude o voo, mas que ela jamais se atreva tomar o lugar das asas" (Hélder Câmara).

O poeta moçambicano Mia Couto situa muito bem esse desafio: “Não é segurando nas asas que se ajuda um pássaro a voar. O pássaro voa simplesmente porque o deixam ser pássaro.” O desejo de voar vem de dentro, e não das asas.

“Vê mais longe a gaivota que voa mais alto.”

(Richard Bach)

1. Voar com as próprias asas

Pessoas que fazem o bem, geralmente andam para lá e para cá e, se repararmos bem, têm um par de asas, que até hoje eu não sei se ficam nas costas ou no coração.

M. Bruce

O escritor e pedagogo Rubem Alves afirma com lucidez: "Sei que é inevitável e bom que os filhos deixem de ser crianças e abandonem a proteção do ninho." Muitos pássaros dão um "empurrãozinho" nos filhotes quando já prontos para o voo não para jogá-los no vazio do abismo, mas para desafiá-los a arriscar seu primeiro voo. E assim acontece.

E Rubem Alves continua: "Existem muitos jeitos de voar. Até mesmo o voo dos filhos ocorre por etapas. O desmame, os primeiros passos, o primeiro dia na escola, a primeira dormida fora de casa, a primeira viagem... Desde o nascimento de nossos filhos temos a oportunidade de aprender sobre esse estranho movimento de ir e vir, segurar e soltar, acolher e libertar. Nem sempre percebemos que esses momentos tão singelos são pequenos ensinamentos sobre o exercício da liberdade."

Outro sugestivo texto, agora da madre Teresa de Calcutá, projeta luz sobre a temática do nosso livro, sobretudo para pais e educadores. Ela diz que "os filhos são como as águias. Ensinarás a voar, mas não voarão o teu voo. Ensinarás a sonhar, mas não sonharão os teus sonhos. Ensinarás a viver, mas não viverão a tua vida. Mas, em cada voo, em cada sonho e em cada vida permanecerá para sempre a marca dos ensinamentos recebidos."

O texto aponta sobre a importância do ensinar a voar, a sonhar e a viver. Esse tripé tem uma enorme força existencial e coragem diante de um futuro cujas estacas e setas indicativas já são plantadas no tempo presente.

Está no coração e na sabedoria dessa citação a afirmação de que cada pessoa e cada realização de sonhos são únicas, originais e inéditas. Esse tipo de consciência deve questionar seriamente os adultos que querem determinar ou escolher o tipo de profissão que os filhos deveriam seguir.

Se as crianças são únicas, ninguém fará o voo por elas e ninguém poderá realizar o sonho delas. Por isso, é possível, sim, aprender os ensinamentos e internalizar a coragem de cada voo, o espírito de cada sonho e o protagonismo de cada vida.

Acredito firmemente que a alegria dos pais deveria ser a alegria dos filhos ao vê-los competentes profissionalmente e éticos em termos de excelência humana, superando até mesmo os pais em termos de estudos, de sabedoria e de paixão e sendo motoristas de suas próprias vidas. A alegria de um adulto deveria estar fundamentada na certeza de que tudo o que os filhos viveram, internalizaram e aprenderam no convívio familiar está presente neste jeito inteiro e único de serem e se realizarem.

A imagem das águias, usada por madre Teresa de Calcutá, pode ser aprofundada com outros exemplos. Vejamos alguns desafios que elas podem nos fazer:

> **Primeiro desafio:** as águias amam voar alto. Talvez essa decisão de se desprender e essa ousadia de liberdade de ver o mundo do alto nem sempre seja compreendida por quem gosta de viver em baixo ou prefere rastejar. "Você não pode voar como uma águia enquanto está cacarejando com galinhas" (Franklin Martins);
>
> **Segundo desafio:** as águias, diante das tempestades, não fogem nem se escondem, mas atravessam a tormenta, voam mais alto e pairam sobre ela, pois acima das nuvens escuras existe claridade, Sol e paz. "Quando há uma tormenta, os passarinhos escondem-se, as águias, porém, voam mais alto" (Indira Gandhi). As águias não só voam mais alto do que as tempestades, mas também constroem os seus ninhos em penhascos, lugares protegidos contra as rajadas de vento e situações adversas da natureza;

Terceiro desafio: as águias, diante de possíveis ameaças de serpentes, não fogem delas, mas encaram e levam o perigo para as alturas. No chão a cobra seria poderosa e mortal. Já nas alturas ela não tem apoio, resistência, poder ou equilíbrio. A inteligência sempre deveria ser mais sábia que a perspicácia do inimigo. "Não é o desafio que define quem somos nem o que somos capazes de ser, mas como enfrentamos esse desafio" (Richard Bach).

Por mais facilidades que tenhamos em termos de redes sociais e conexão tecnológica, não podemos esquecer que ambas não constroem atitudes de vida. Ao contrário, necessitam da presença, da interlocução e das relações com outras pessoas. Os textos escritos são importantes e nos dão informações e conhecimentos, mas são as pessoas que são verdadeiros textos de vida e que despertam atitudes e comportamentos de vida. "A tecnologia é somente uma ferramenta. No que se refere a motivar crianças e conseguir que trabalhem juntas, um professor é o recurso mais importante" (Bill Gates).

Uma palavra importante tem que ser dita para os adultos que têm forte conotação possessiva sobre os seus filhos e que facilmente querem condicionar a vocação e as escolhas profissionais dos mesmos: não é esse o caminho! Isso seria um egoísmo sem tamanho e sinônimo tanto de comprometer a realização dos filhos como também de comprometer as gerações que se sucederão. Claro que pode doer ver o filho partir para longe, se ausentar por um bom tempo, mas ele está voando nas asas de seus sonhos e no horizonte no qual o sentido de sua vida deseja se encontrar e realizar.

Os pais não criam os filhos para si mesmos, nem para que sejam prolongamento de suas expectativas, mas para que eles sejam eles mesmos, sejam cidadãos do mundo e vivam a essência de seus sonhos.

"A águia gosta de pairar nas alturas, acima do mundo, não para ver as pessoas de cima, mas para estimulá-las a olhar para cima."

(Elizabeth Kübler-Ross)

2. Escala de valores

A mais importante de todas as obras é o exemplo da própria vida.
Helena Blavatsky

Este capítulo começa com o texto de um cartaz postado no portão de uma creche de Hockley, no estado do Texas, nos Estados Unidos. O objetivo do cartaz era alertar aos pais sobre um tipo de postura quando iam buscar seus filhos. Ele apresenta uma pergunta e segue com uma convocação:

> "Você veio buscar seu filho! LARGUE SEU CELULAR!!! Seu filho está feliz em te ver. Você está feliz em vê-lo? Nós vemos crianças que querem mostrar o que fizeram na escola e seus pais estavam no telefone. Nós ouvimos uma criança dizer 'mamãe, mamãe, mamãe' e a mãe dar mais atenção ao celular do que à própria criança. É assustador. Largue o celular!"

Quem revê comportamentos, começa a ver melhor a própria vida. Esse cartaz, um tanto quanto rude, nos convida para o mergulho da nossa própria humanidade, nos desafia a não sermos máquinas e a não termos comportamentos automatizados e desfocados.

Os filhos são dádivas, mas também são projetos de vida. Os pais representam muito mais para os filhos do que eles são na realidade: eles simbolizam acolhida, compreensão, palavra, ombro amigo, segurança.

Nós sabemos que a postura dos pais, ao se interessarem pelos filhos e ao quererem saber de suas atividades escolares, tem um sentido imenso para as crianças. E o contrário é terrível. A diferença entre o interesse e o desinteresse não é apenas um prefixo, mas movimentos no coração dos filhos com consequências incalculáveis.

"Nunca permita que um problema a ser resolvido se torne mais importante do que uma pessoa a ser amada."

(Barbara Johnson)

É curioso ver a reação tanto de pais que viram o cartaz afixado no portão como também as reações em redes sociais – divulgado nestas por uma mãe, que fotografou o cartaz e o postou em suas próprias redes sociais. A maioria esmagadora acolheu e pensou sobre o teor do cartaz. Muitos se sentiram sacudidos, porque o conteúdo do mesmo era uma fiel expressão da conduta de muitos pais, e mergulharam em questionamentos que foram importantes a ponto de, paulatinamente, mudarem o seu comportamento.

Alguns, por outro lado, resistiram e criticaram o cartaz e tentaram dar lições de moral na equipe dos educadores da creche. São pais que não se deixam questionar em suas crenças prepotentes e em seus comportamentos e cujos argumentos são os mais vazios possíveis: uns diziam que estavam ao telefone por questões de trabalho, outros, que receberam chamadas. O que muitos não reconheceram foi o fato de eles mesmos terem feito a ligação enquanto foram buscar o filho.

É preocupante ver esse tipo de pais que não têm escala de valores, que não distinguem o valor de um filho da importância de trabalhos. Uma atitude não exclui a outra, mas precisam ser vividas cada uma no seu tempo e espaço.

Em todos os aparelhos celulares – e em outros tipos de dispositivos – existe a opção "silenciar" e "desligar". A questão de fundo não está no cartaz, mas no tipo de relação que os pais têm com os seus filhos, e também não está no reconhecimento da importância do trabalho, mas em saber diferenciar espaços. A questão não é culpar os outros, mas deixarem-se questionar e crescer como pessoas e como pais da mesma forma que estão em crescimento os seus filhos. A questão não é a fácil desculpa de falta de tempo, mas as escolhas e prioridades que são escolhidas no tempo.

Não podemos esquecer: quanto pior tratamos uma criança, pior ela pensa que ela é. Ela não consegue deixar de amar seus pais, mas ela deixa de amar a si mesma. Muitas vezes pensa que ela é o problema porque não recebe atenção e sincero interesse de seus pais.

Imagine o que se passa no coração de um filho vendo que o pai não lhe dá atenção e não se interessa por ele, que tem tempo para os amigos ou para o trabalho e não para o filho e, pior ainda, que critica quem alerta sobre a importância de se manifestar sincero amor e interesse pelos seus filhos. Quem ama de verdade os seus filhos encontra um tempo para eles, mas quem vive preso a outras coisas sempre encontra uma desculpa.

"A verdadeira medida de um homem não se vê na forma como se comporta em momentos de conforto e conveniência, mas em como se mantém em tempos de controvérsia e desafio."

(Martin Luther King)

Vamos fazer um exercício e imaginar a situação contrária, isto é, em que os pais desligam ou colocam no silencioso os seus aparelhos no momento em que vão levar e buscar os seus filhos. Nesse momento, o coração, o olhar, a atenção e o incentivo estão sinceramente voltados para os filhos. Isso seria o maior presente – e que não custa absolutamente nada – que eles poderiam dar aos seus filhos: o seu amor e a sua inteira atenção. "O maior presente que podemos oferecer aos demais é nossa presença verdadeira" (Thich Nhat Hanh). Diante dessa postura – presença verdadeira –, o tempo fica em segundo plano, pois esse tipo de presença deixa marcas profundas e verdadeiras.

Vamos continuar nossa imaginação fértil vendo pais tendo prioridade e sendo sujeitos do seu tempo e da sua vida. Imagine comigo: se alguém do trabalho ou algum amigo ligar nesse tempo em que o aparelho está desligado, retorne em seguida e diga que aquela hora de levar e buscar os filhos é sagrada tanto para os filhos como para si mesmo, e que, por isso, nesse intervalo de tempo não atende ao telefone. Essa seria uma atitude linda e pedagógica tanto para os filhos como também para os amigos ou colegas de trabalho. Estes compreenderão que existe prioridade e escolha para esse momento, compreenderão que existem pais comprometidos com a formação e a vida dos filhos.

Concluo este capítulo com três considerações:

Primeira consideração – Leia e reflita sobre a força da prece que transcrevo em seguida. É uma descrição feita por uma criança ao observar a dinâmica da casa, sentir o tipo de ocupações e prioridades dos pais e perceber a presença ausente de seus pais, que ela desejaria amar muito mais e por eles ser amada. Assim a criança reza: "Papai do Céu, eu quero ser um celular por causa dos meus pais. O Senhor precisa ver como eles têm paciência com ele, mesmo quando chegam cansados do trabalho. Mas comigo não, vão logo dando bronca. Os olhinhos da minha mãe até brilham quando está olhando o celular. É lindo de ver. Eu quero que ela olhe assim para mim também. Quando estamos conversando e o celular toca, meu pai corta a nossa conversa no meio. Mas ele nunca para de olhar para o celular para conversar comigo. Eles nunca têm tempo para brincar comigo, mas gastam horas vendo coisas no celular. Por favor, Papai do Céu, me transforme em um celular. Daí todo mundo vai ficar feliz aqui em casa. Muito obrigado. Amém."

Segunda consideração – "A gente não se liberta de um hábito atirando-o pela janela: é preciso fazê-lo descer a escada, degrau por degrau" (Mark Twain). A coragem e a humildade de se desvencilhar do mal de posturas erradas ou de comportamentos incoerentes é um trabalho árduo, exigente e persistente. "A ciência mais difícil é desaprender o mal", já dizia Antístenes. É por isso que a repetição persistente de atos e atitudes instaura em nós um novo hábito. Esse novo hábito nasce do coração movido por valores, e não apenas por trabalhos, afazeres, cobranças e exigências. Além disso, esse novo hábito se torna real na fidelidade e no amor incondicional aos filhos.

Terceira consideração – O novo em nossas vidas sempre é possível. Podemos repensar valores e atitudes e, sobretudo, nós mesmos decidirmos por nós e pelos filhos que colocamos no mundo, e que devem ser amados não com palavras, mas com o tipo de escolhas de vida que expressam esse amor.

"De modo suave, você pode sacudir o mundo."

(Mahatma Gandhi)

3. Para educadores: pais e professores

Pais e filhos não foram feitos para serem amigos.
Foram feitos para serem pais e filhos.
Millôr Fernandes

Tudo me provoca e nada me sufoca. Tudo me desafia e nada me desafina. Tudo me interessa e nada me estressa. Tudo me acontece e nada me empobrece. Tudo me sensibiliza e nada me neutraliza. Tudo me enobrece e nada me enfraquece. Neste capítulo, vamos nos debruçar sobre algumas características de pessoas que trazem no seu DNA a fé e a coragem da educação. A pretensão aqui, longe de ser pensar em algo conclusivo, é sugerir pistas e iluminar caminhos. Tanto os professores como os pais são verdadeiros educadores. Vejamos algumas bandeiras que deveriam caracterizar a ambos e apontemos algumas pistas no modo de ser, de viver e de proceder:

Viver com paixão – Uma vida sem paixão é como uma comida sem tempero. As melhores e mais profundas experiências que marcam as pessoas em relação aos seus pais e professores dizem respeito à forma apaixonante com que eles viviam e trabalhavam. O dramaturgo Nelson Rodrigues diz que "sem paixão não dá nem para chupar um picolé".

As pessoas que vivem sem envolvimento e sem inteireza naquilo que são e fazem perdem o melhor do viver. "Comovo-me em excesso, por natureza e por ofício. Acho medonho alguém viver sem paixão" (Graciliano Ramos). Os professores e pais não existem para serem suportados, mas para serem referências de vida e referenciais de crescimento e amadurecimento apaixonantes.

As pessoas que mais nos marcaram na vida são as pessoas apaixonantes. "Não chegarão aos ouvidos do Eterno palavras sem sentimento", afirma William Shakespeare, pois é pelas vibrações que a conexão com a transcendência se estabelece e é pela paixão que os frutos amadurecem na relação com os filhos e educandos. "Pode se viver uma vida magnífica quando se sabe trabalhar e amar. Trabalhar por aquilo que se ama e amar aquilo em que se trabalha" (Leon Tolstói).

Zelar pela competência profissional e pela excelência humana – Toda a grandeza de um educador pode estar nessa dupla dimensão: ser um profissional competente e, ao mesmo tempo, uma pessoa diferenciada no tocante à excelência humana. O educador não só tem que ser bom em sua área profissional, como tem que ser o melhor em termos de conhecimento, de criatividade, de atualização e de abertura ao novo. Porém, não é uma pessoa diferenciada se não for um excelente ser humano. É no movimento dessas duas asas que o voo se torna possível.

A competência e a excelência andam de mãos dadas e são os dois lados da moeda na qual vale a pena investir. Os educandos precisam desses referenciais em suas vidas e devem observar e se espelhar em ambos. "O segredo da felicidade no trabalho está contida em uma palavra: excelência. Saber como fazer bem alguma coisa é desfrutá-la" (Pearl S. Buck).

Amar o que faz e fazer o que se ama – É outra característica que tem a ver com a vida que tenha sabor e faça sentido. Muitas vezes, algumas pessoas nos passam a sensação de que estão no lugar errado e que têm trabalhos equivocados ou motivações deslocadas. "A felicidade consiste em gostarmos do que fazemos" (Noel Clarasó).

Quando uma criança sente que os seus educadores – pais e professores – não estão felizes com o que são e fazem e suportam uma vida perpassada pela amargura, é porque a situação exige mudanças: o educador deve mudar de trabalho ou mudar a sua relação com o mesmo, trocar as lentes ou trocar de olhar, assumir as curvas e desafios do caminho ou escolher outro. As crianças merecem educadores apaixonantes e que amam viver. "Nunca amar o que não vibra. Nunca crer no que não canta" (Orides Fontela).

Considerar o ineditismo de cada educando – Bom é o educador que cuida de todos e que ama cada criança, adolescente e jovem em particular. O educador valoriza cada educando na sua originalidade e ineditismo: cada um com a sua história e superações, suas feridas e cicatrizes, seus sonhos e realizações, suas buscas e medos. Esse é o terreno onde a semente deseja nascer, crescer, florescer e frutificar, e o educador deve facilitar para que isso possa acontecer no coração dos educandos. A criança acolhida e amada aprende mais e cresce muito mais.

Diferenciar conteúdo e disciplina – O aprendizado dos conteúdos e a formação de homens e mulheres para os demais é o fim, a meta e o desejo. A disciplina não é fim, mas meio, e deve estar na perspectiva da meta de cada momento formativo. O educador não antepõe a disciplina aos conteúdos, mas a leva a sério como meio que ajuda a alcançar o seu fim.

Nada na vida que é muito fácil produz grandes resultados. "Estudar é realmente um trabalho difícil. Exige de quem o faz uma postura crítica, sistemática. Exige uma disciplina intelectual que não se ganha a não ser praticando-a" (Paulo Freire).

A arte de estudar é um desafio exigente: faz caminhar, gastar calçados pelas ruas e calças nas cadeiras. Estudar exige persistência, disciplina, envolvimento. Pode ter raízes amargas, mas os frutos costumam ser bem saborosos. "Se é para viver, vamos viver direito. Com conteúdo. Troque o verbo, mude a frase, inverta a culpa" (Fernanda Mello).

Saber questionar – Buscar respostas exatas tem o seu valor, mas é incomparável ao que boas perguntas podem despertar. Maria Montessori nos exemplifica: "A primeira ideia que uma criança precisa ter é a da diferença entre o bem e o mal. E a principal função do educador é cuidar para que ela não confunda o bem com a passividade e o mal com a atividade."

O bom educador é aquele que desperta a sã curiosidade, que sabe lançar importantes perguntas e que desafia ao novo e ao diferente. As grandes descobertas feitas na história da humanidade não nasceram de respostas matemáticas e lógicas, mas de importantes questionamentos e de inquietantes perguntas. "O sábio não é o homem que fornece as verdadeiras respostas; é o que formula as verdadeiras perguntas" (Claude Lévi-Strauss).

Ser criativo – A imaginação criativa é um surpreendente caminho que deve ser incentivado, buscado e trilhado. Essa postura deve estar presente tanto na vida do educador como na dos educandos. "A criatividade exige a coragem de deixar as certezas de lado" (Erich Fromm). Imagine como as aulas podem ser muito boas se forem bem preparadas com criatividade, uso de metodologias ativas e, sobretudo, com uma forma criativa de educar com paixão.

Desejar aprender – Os pais e os professores não sabem tudo. Eles também têm dúvidas e questionamentos e vivem na sua própria incompletude. As dúvidas não têm relação com incompetência ou insegurança, mas com um movimento interno que desperta uma atitude de quem precisa continuar aprendendo. Bom é o educador que se coloca a caminho e se deixa surpreender pelo que acontece na caminhada. O educador se coloca como quem é aprendiz, que quer crescer, melhorar, se atualizar. Além disso, ele faz questão de participar de fóruns, congressos, cursos, debates e formações. "A dúvida não nos dá respostas, predispõe-nos a encontrá-las" (Edna Frigato).

Relacionar firmeza e ternura – Quando o educador traz essa dupla dimensão em sua pessoa e no seu jeito de agir é porque encontrou um tipo de equilíbrio importante entre ser terno, humilde e afetivo e, ao mesmo tempo, ser firme, corajoso e decidido. Os educandos amam pais e professores afetivos e firmes, e detestam educadores frios, indiferentes, moralistas e agressivos. Não deveríamos confundir firmeza com agressividade, ternura com ingenuidade, coragem com valentia, decisão com autoridade. "A rigidez é boa na pedra não no homem. A ele cabe firmeza, o que é muito diferente" (George Gurdjieff). "Hoje acordei com as mãos cheias de ternura e vou deixar que escorra por meus dedos suaves gotas de doçura" (Edna Frigato).

Ser movido por um profundo senso de justiça – É outra dimensão essencial na educação e que dá credibilidade aos educadores. Vale lembrar que os educandos observam tanto tudo o que lhes acontece como também o que se passa em sua volta. Por isso, nenhum educador – pais ou professores – deve ter preferências em relação a educandos e não deve jamais comparar as crianças umas com as outras.

Ser justo não significa agradar, mas ser fiel àquilo que, de fato, forma o coração e o caráter de todos. Por isso, seja justo hoje, e quando as oportunidades chegarem, o senso de justiça já estará consubstanciado. A justiça, a ética, o respeito e a tolerância são dimensões que estão do lado certo da vida e da história.

Trabalhar em equipe – Esse é um modo de proceder e uma decisão que precisam ser valorizados e oportunizados. "O talento vence jogos, mas só o trabalho em equipe ganha campeonatos" (Michael Jordan). É na equipe que o planejamento pode ser bem feito e na qual acontece a ajuda mútua, a troca de experiências e a capacidade de sonhos coletivos. O trabalho em equipe deve ser o fio condutor nas famílias, a espinha dorsal nas escolas e salas de aula. "A inteligência de uma equipe supera a soma das inteligências dos seus membros" (Peter Senge).

Escolher surpreender e encantar – Os educadores são seres humanos cuidadosos e atentos, e não somente sabem da importância de sua missão, como também da valorização de pequenos detalhes que costumam fazer a diferença na vida.

É por isso que deveriam ser generosos e criativos nessas iniciativas, seja com uma palavra de incentivo, um gesto, uma partilha, uma conversa em particular ou uma mensagem. Todos amam ser surpreendidos positivamente, mas seria bom priorizar os educandos mais tímidos, que se sentem pouco valorizados, que não tomam iniciativas e apresentam autoestima baixa. Estes deveriam ser os destinatários prioritários, pois um detalhe pode fazer a diferença na vida deles. Nós todos temos exemplos do quanto e em que momento isso foi determinante em nossas vidas. Façamos o mesmo com quem trabalhamos e vivemos!

"A infância não é um tempo, não é uma idade, uma coleção de memórias. A infância é quando ainda não é demasiado tarde. É quando estamos disponíveis para nos surpreendermos, para nos deixarmos encantar" (Mia Couto).

Confiar e despertar confiança – O que desperta confiança em um educador – pai, mãe, professora, professor – são os seus valores em forma de atitudes de vida, sua coerência, grandeza em escutar, capacidade em guardar segredo, transparência no agir, amor à verdade e paixão pela vida. Os educadores devem ser referências confiáveis. "Para ser persuasivo, precisamos ser confiáveis. Para ser confiáveis, precisamos ser dignos de crédito. Para ser dignos de crédito, precisamos ser autênticos" (Edward R. Murrow).

Ser realistas e otimistas – O educador é uma pessoa otimista por vocação. Se assim não fosse, teria escolhido a profissão errada. Porém, ele vive o otimismo com os pés no chão da realidade. Sua razão maior na missão que escolheu são os educandos a quem serve e nos quais desperta o melhor de cada um. Ele olha e considera cada um de acordo com o seu momento atual de aprendizagem, e não com onde deveria estar. Além disso, desperta, desafia e acompanha os processos de conhecimento, de aprendizagem e de crescimento de todos. "Não sou nem otimista, nem pessimista. Os otimistas são ingênuos, e os pessimistas amargos. Sou um realista esperançoso. Sou um homem da esperança" (Ariano Suassuna).

Ser bem-humorado – É triste ver alunos que têm medo dos seus professores. Existem filhos que sentem o mesmo em relação aos seus pais. Aparentar ser bravo ou ter olhares agressivos traz algum benefício em termos de educação? Talvez esses pais e professores apresentem esse comportamento não para atingir propósitos educacionais, mas apenas para esconder as próprias incoerências, omissões e inseguranças. Formar pessoas para obedecerem é um retrocesso total. Seria como tentar engaiolar a própria liberdade.

Essa página triste e mal-humorada deveria ser deletada e, em seu lugar, ser adotado o bom humor como estilo de vida. Não existe nenhuma prescrição que force o educador a não ter essa qualidade de vida. Nenhum educador perdeu a sua autoridade por ser bem-humorado.

Aliás, já é comprovado que os educandos aprendem muito mais e melhor quando os educadores assumem uma postura alegre e bem-humorada. Felizes os verdadeiros e autênticos, os gentis e vibrantes, os livres e bem-humorados, os realistas e sonhadores, os corajosos e intensos, os altruístas e aprendizes. "A felicidade gosta de entrar em lares nos quais reina o bom humor" (provérbio japonês).

Olhar prospectivo de oportunidades – Não é exagero dizer que na ação educadora não existem problemas problemáticos e que tudo pode ser visto como oportunidade. "Oportunidades não surgem. É você que as cria" (Chris Grosser). Não tem nada de ingenuidade nessa concepção, pois ela injeta coragem e faz olhar a vida de forma prospectiva e como escola de aprendizagem e de crescimento.

Bom é o educador que não vive reclamando ou lamentando coisas da vida, mas que encara todas as dificuldades como oportunidades. Esse olhar prospectivo é o que faz a diferença na missão educadora. Criticar é fácil e apontar o dedo também, mas isso nos leva a um terreno escorregadio, em que se pode cair em uma passividade, em um imobilismo com cheiro de tristeza.

Nossos olhos não estão voltados para trás, mas para frente. Por isso, esse modo de pensar e compreender, de buscar as causas e soluções é importante. O educador de verdade aprendeu a trocar os lamentos por soluções. "A vida está cheia de desafios que, se aproveitados de forma criativa, transformam-se em oportunidades" (Maxwell Maltz).

Viver organizado e flexível – É importante ser organizado, mas não viver engessado; buscar metas, mas sem com isso perder a flexibilidade. "Envergar faz parte do jogo da flexibilidade" (Carlos Abranches). E se tiver que ceder, fará com amor, porque o objetivo é conhecer, aprender e crescer.

Quando o educador é organizado, ele desafia e desperta essa atitude nos educandos, e se tiver que ser flexível, não hesitará. "Ser flexível é muito diferente de ser volúvel. Flexível é aquele que muda quando considera adequado mudar. Volúvel é aquele que muda por qualquer coisa" (Mário Sérgio Cortella).

Viver atualizado – O educador não para no tempo, ainda mais em tempos de mudanças aceleradas em todos os campos da vida. Tudo muda, e os pais e professores precisam investir em sua formação pessoal e profissional. "O mais valioso dos capitais é aquele investido em seres humanos" (Alfred Marshall). Os educadores começam a perder espaço quando param no tempo, não investem em novas metodologias e na formação e não se atualizam. "Em vez de se preocupar com o que as pessoas dizem sobre você, por que não investir tempo tentando fazer algo que elas admirem?" (Dale Carnegie).

Plantar belos sonhos em muitos corações – Essa é uma das mais nobres características e missões de um educador: semear sonhos, que não são ilusões e não são fantasias. Diferenciado é o educador que faz com que o educando levante a cabeça e olhe para frente, que transforma a força do medo em energia de busca, que desperta confiança em si mesmo, que acredita e confia. "Tive realmente muitos sonhos quando era pequeno, acredito que isso se deve ao fato de ter tido a oportunidade de ler muitíssimo" (Bill Gates). Feliz o educador que faz com que o educando e o próprio educador sejam sonhos em forma de gente e que aconteçam na beleza do ensinar e na curiosidade em aprender. "Sonhos são sementes semeadas na seara fértil da esperança" (Edna Frigato).

Saber avaliar – As avaliações, em todos os campos da vida, sempre são decisões de pessoas diferenciadas. Elas devolvem a todos o protagonismo na participação dos processos da vida e da educação. Aqui não se trata apenas das avaliações feitas sobre matérias dadas, mas de uma prática mais abrangente, como a avaliação dos caminhos percorridos, das aulas, das metodologias usadas, da participação dos alunos, dos espaços de aprendizagem, e a avaliação da disciplina como meio e parceira de maior proveito na formação. O educador entende a avaliação como parte integrante da educação, e é assim que ela é vivida, o que faz muito bem, porque envolve a todos. Quem revê, vê melhor.

Para concluir essas reflexões, podemos dizer de forma poética que: a diferença entre amar e deixar-se amar está no escudo e a diferença entre o veneno e o antídoto está na dosagem; a diferença entre frio e calor está na estação e entre amigo e colega está no seu lado e no seu coração; a diferença entre contemplar e olhar está na pausa do respirar e entre conhecer e viver está no caminhar; a diferença entre o Sol e a Lua acontece no entardecer e a passagem do descanso para o milagre do viver está em cada amanhecer.

"A esperança adquire-se. Chega-se à esperança através da verdade,
pagando o preço de repetidos esforços e de uma longa paciência.
Para encontrar a esperança é necessário ir além do desespero.
Quando chegamos ao fim da noite, encontramos a aurora."

(Georges Bernanos)

4. Eternos aprendizes

Nascemos e choramos. A nossa língua materna não é a palavra.
O choro é o nosso primeiro idioma.

Mia Couto

A natureza, na sua totalidade, é uma enciclopédia viva de revelações e, portanto, de possível aprendizagem. Ela está plena de realidades e de exemplos que são verdadeiras escolas.

Quem já viu o nascimento de porquinhos, gatinhos, coelhinhos ou cachorrinhos sabe sobre a beleza e o encanto da vida que se renova. Cito esses exemplos porque todos eles já nascem "prontos", isto é, não precisam ser ensinados a andar e a se alimentar. Esses movimentos já nascem com eles e são, portanto, automáticos.

Algo bem diferente acontece com o ser humano: cada criança que nasce encanta o nosso olhar e a nossa esperança. Porém, a criança nasce dependente, não "pronta". Ela precisa ser ajudada, ser levada a mamar. Depois, ela precisa aprender a andar, a falar e a se equilibrar. A criança aprende a amar com as pessoas que a amam e aprende a ser ela mesma convivendo com o diferente.

"Aquele que quer aprender a voar um dia precisa primeiro aprender a ficar de pé, caminhar, correr, escalar e dançar; ninguém consegue voar só aprendendo voo" (Friedrich Nietzsche). A família é o lugar por excelência onde a criança se desenvolve e se socializa. A criança desperta para a consciência de si pelo apelo do amor da mãe, que é condição prévia para o seu crescimento.

Solicitada pelo amor da mãe – que é um tu real –, surge na criança a possibilidade de responder a partir do seu íntimo. É o apelo da mãe e o sorriso e a linguagem de amor de todos da família que levam a criança a mergulhar no mistério do sentido.

Para chegar a ser livre efetivamente, é necessário que a criança seja reconhecida como pessoa já antes de tomar a primeira decisão, pois as decisões podem ser prejudicadas se não houver esse reconhecimento. A criança, então, não se desenvolverá na relação positiva intersubjetiva e adotará comportamentos anormais.

A comunidade familiar sempre está inserida em um contexto maior. Portanto, o despertar para a consciência de si e para a liberdade dos outros poderá ser favorecida ou prejudicada de acordo com o tipo de inserção que a família tiver na sociedade.

Dito isso, vamos refletir sobre algumas questões muito importantes:

Primeira questão: NASCEMOS BONS

Nós não somos metades e nem nascemos metade bons e metade maus: nascemos inteiramente bons. Basta olhar para as crianças, nas quais a beleza e bondade brilham e a ternura e esperança se revelam em sua grandeza e totalidade. Algo semelhante acontece em relação à empatia. Segundo a neurociência, 98% das crianças nascem empáticas e somente psicopatas não vivem essa dimensão tão importante do viver e do conviver. Portanto, a empatia também é algo inato que nasce com a gente.

Agora, se nascemos empáticos e bons, o que acontece com muitas crianças, adolescentes e jovens? O que acontece é o que eles aderem, durante a convivência com outras pessoas, estruturas e interesses, o que os leva, pouco a pouco, a serem contagiados pelo bem ou pelo mal. As pessoas são condicionadas positiva ou negativamente a depender da realidade, das pessoas com quem convivem, que podem ser éticas ou mal-intencionadas, e das estruturas, que podem ser justas ou ambíguas.

O problema da adesão à maldade está nos benefícios que essa prática poderá proporcionar, como vantagens, bens passageiros ou até enriquecimento, notoriedade e cargos, mesmo que sejam ilícitos e imorais. O egoísmo tem garras de ganância e procura ignorar tudo o que é ético.

O mal precisa ser combatido e vencido. Ele não tem uma lógica racional, mas uma lógica interesseira e destruidora. Podemos dizer que o mal também estuda antropologia, psicologia e teologia para melhor saber como lançar as suas redes e armadilhas. Ele não tem religião, cor ou humanidade; ademais, atenta a paciência e rega o lado odioso das pessoas a ponto de se odiarem. Busca confundir, agredir e dividir. O poeta português Eugénio de Andrade clarifica esse fenômeno quando diz que "o mal é a ausência do homem no homem".

Quando o homem que habita em nós vive na retidão, o seu olhar é firme, a sua coragem é incansável e a sua vida se torna uma verdadeira confissão de vitória: "Cresci em meio a maldade, aprendi com a realidade, e vou vencer pela verdade" (Hualas Brandão).

Segunda questão: A PRÁTICA DO BEM E DO MAL SE APRENDE

Essa questão começa com a citação de dois autores que nos situam na pretensão dessas reflexões. A primeira é a seguinte: "Quando não há mais para onde correr é quando se aprende a voar" (Marla de Queiroz). Já a segunda é: "Ninguém nasce odiando outra pessoa pela cor de sua pele, por sua origem ou ainda por sua religião. Para odiar, as pessoas precisam aprender, e se podem aprender a odiar, podem ser ensinadas a amar" (Nelson Mandela). Essas citações deveriam nos situar e desafiar, visto que não podemos esquecer que as crianças observam e aprendem tudo o que fazemos ou deixamos de fazer. Isso é válido também para o que insinuamos nas entrelinhas ou escondemos, também sentido pelas crianças, dotadas de uma imaginação fértil. Vamos refletir sobre alguns pontos a partir dessas memoráveis citações:

Primeiro ponto – Ninguém nasce excluindo, diferenciando, diminuindo ou classificando as pessoas. Isso, por si só, é uma verdade que deveria nos questionar. Aliás, as crianças não têm nenhum problema em conviver com outras crianças, independente de cor, situação social, crença ou nacionalidade. A criança está sempre diante de outra pessoa, e não diante de uma cor, uma confissão religiosa ou balizada por uma situação econômica. E assim nascemos todos nós: como pessoas.

Segundo ponto – O psicopedagogo Içami Tiba vai na mesma direção de Mandela quando afirma que "nenhuma criança nasce folgada, ela aprende a ser". Se ela aprende, quem são os seus mestres? São os pais e familiares folgados – e seus comportamentos de mesma natureza – próximos dessas crianças. A postura de folgado pode nascer de um conceito exagerado construído sobre a própria criança. É facilmente perceptível que, onde existem dominadores, sempre existem dominados, pois "embaixo de um folgado tem sempre um sufocado" (Içami Tiba). Essa chave de leitura e de compreensão deveria ser referência nas famílias, nos grupos, nas salas de aula para desmascarar e frear os folgados e os dominadores e ajudar a libertar os sufocados e dominados. Isso pode se dar em termos de disciplina e reparação, mas o caminho da reflexão e da compreensão aponta para um horizonte sempre mais iluminado.

Terceiro ponto – Para discriminar, as crianças aprendem, e aprendem com quem é referência em suas vidas, como pais, irmãos, colegas, amigos, vizinhos, meios de comunicação social e redes e convívios sociais. As crianças olham muito para os seus pais e educadores, que representam muito para elas e deveriam ser um oásis da acolhida, dos cuidados, da moral e da ética. As crianças valorizam e multiplicam o testemunho de vida dado pelos adultos, mas triplicam todo comentário racista, homofóbico, discriminatório ou de *bullying* que não foi reprimido desde o seu primeiro sinal de manifestação. As crianças vivem antenadas a tudo o que se passa em sua volta: elas aprendem tanto com o que é dito e com o que é omitido quanto aprendem com o dito ou não dito presente nas entrelinhas e no tipo de olhar. "A moral ensina a moderar as paixões, a cultivar as virtudes e a reprimir os vícios" (Félicité de Lamennais).

Quarto ponto – Se as crianças aprendem a praticar o deplorável, elas também podem ser ensinadas a viver o que é louvável, a respeitar, dialogar, compreender, colocar-se na pele do outro, perdoar e conviver com o diferente. Esse lindo depoimento de uma atriz sobre o que aprendeu da sua mãe, expresso no dia em que ela completou 81 anos de vida, reforça o que aqui estamos refletindo sobre a importância do ensinar e do aprender: "Obrigada, mãe, meu amor maior por nos passar os melhores valores da vida, nos educar, encantar com a sua voz quando canta, nos mostrar a poesia, nos proteger, treinar o nosso olhar para as belezas do mundo, que não há nada melhor do que viajar, chorar de alegria e de tristeza sem medo, nos ensinar que o afeto cura tudo, alongar nossos braços e abrir o nosso coração para podermos receber a todos, acolher a todos, sem distinção em nossa casa, colocar um prato a mais em nossa mesa e agora, nessa altura da vida, nos mostrar de todas as maneiras que viver o presente é o maior presente da vida! Parabéns! Te amo do tamanho do mundo, dos planetas, do universo, do infinito" (Lara Córdulla).

Quinto ponto – Nós sempre estamos nascendo, sempre podemos ensinar e sempre podemos aprender. Não existe atitude neutra em nossa vida: tudo o que fazemos ou deixamos de fazer ajuda tanto a construir pessoas e um mundo melhores quanto contribui para dias piores. Tudo! "Para que todos os homens possam ser ensinados a dizer a verdade, é necessário que todos aprendam igualmente a ouvi-la" (Samuel Johnson).

Terceira questão: VIVER COMO APRENDIZ

Estamos diante de um dos grandes segredos da vida, isto é, viver como eternos aprendizes. Sim, é preciso desejar aprender, querer conhecer, buscar crescer e deixar-se amadurecer. O nosso nascimento já nos colocou nesse horizonte de ter que aprender para sermos livres e autônomos, aprender o equilíbrio para sermos responsáveis e sujeitos da vida. Porém, essa bandeira de viver como aprendiz deveria nos acompanhar em toda a nossa existência. "Nunca encontrei uma pessoa da qual não tivesse nada para aprender" (Alfred de Vigny). Esse é o espírito da convivência: querer aprender e poder contribuir para o crescimento de todos.

A nossa realidade é fonte de aprendizagem, de crescimento, de reconhecimento e de escolha: "Escolho meus amigos pela alma lavada e pela cara exposta. Não quero só o ombro e o colo, quero também sua maior alegria. Amigo que não ri junto, não sabe sofrer junto. Meus amigos são todos assim: metade bobeira, metade seriedade. Não quero risos previsíveis, nem choros piedosos. Quero amigos sérios, daqueles que fazem da realidade sua fonte de aprendizagem, mas lutam para que a fantasia não desapareça" (Oscar Wilde).

Nada escapa aos olhos de quem deseja aprender e crescer. O escritor Manoel de Barros nos convida para um olhar sutil, um olhar para o grande que se esconde no pequeno: "É um olhar para baixo que eu nasci tendo. É um olhar para o ser menor, para o insignificante que eu me criei tendo. O ser que na sociedade é chutado como uma barata – cresce de importância para o meu olho. Ainda não aprendi por que herdei esse olhar para baixo. Sempre imagino que venha de ancestralidades machucadas. Fui criado no mato e aprendi a gostar das coisinhas do chão."

O sincero desejo de aprender nos faz olhar para o passado como bela fonte de aprendizado: "Eu aprendi que o amor, e não o tempo, é que cura todas as feridas; eu aprendi que cada pessoa que a gente conhece deve ser saudada com um sorriso; eu aprendi que devemos sempre ter palavras doces e gentis, pois amanhã talvez tenhamos que engoli-las; eu aprendi que um sorriso é a maneira mais barata de melhorar sua aparência" (William Shakespeare).

Para concluir essas ponderações, sugiro algumas citações que são verdadeiras pérolas em relação à beleza e à necessidade de sempre aprender: "Se foi um erro, amanhã vira aprendizado" (Clarice Lispector); "Para ser um bom conversador, basta seguir uma só regra: aprender a ouvir" (Christopher Morley); "Aprendi com as primaveras a deixar-me cortar e a voltar sempre inteira" (Cecília Meireles); "Bendito aquele que aprende a admirar, mas não invejar; seguir, mas não imitar; elogiar, mas não bajular; liderar, mas não manipular" (William Ward); "Eu nunca perco. Ou eu ganho ou eu aprendo" (Nelson Mandela); "Acredite em você mesmo e você aprenderá a viver" (Johann Goethe).

Além de considerar cada pessoa como uma possibilidade real de aprendizado, existem muitas outras fontes que enriquecem esse desejo tão salutar: as boas leituras e os bons filmes, as boas conversas e debates, viajar e investir na sua formação. "A cada amanhecer uma surpresa. A cada anoitecer um aprendizado" (Priscilla Souto).

Quarta questão: LIÇÕES DIÁRIAS

Que eu aprenda a contemplar mais e reparar menos,
compreender mais e falar menos.
Que eu saiba agradecer mais e pedir menos,
comprometer-me mais e criticar menos.
Que eu consiga sentir mais e racionalizar menos,
acreditar mais e desanimar menos.

Que eu aprenda a confiar mais e temer menos,
decidir mais e protelar menos.
Que eu saiba aproximar mais e calcular menos,
conviver mais e esperar menos.
Que eu consiga imaginar mais e prender menos,
criar mais e imitar menos.

Que eu aprenda a fazer mais e comentar menos,
agir mais e reagir menos.
Que eu saiba perdoar mais e ressentir menos,
realizar mais e sofrer menos.
Que eu consiga poetizar mais e sobrecarregar menos,
sensibilizar mais e responsabilizar menos.

Que eu aprenda a solucionar mais e reclamar menos,
aprofundar mais e artificializar menos.
Que eu saiba resistir mais e fragilizar menos,
persistir mais e lamentar menos.
Que eu consiga solidarizar mais e cobrar menos,
ser mais e esperar menos.

"Vai ter uma festa que eu vou dançar até o sapato pedir para parar.
Aí eu paro, tiro o sapato e danço o resto da vida."

(Chacal)

5. Três olhares

Nós "amamos as pessoas não pela beleza que existe nelas, mas pela beleza nossa que nelas aparece refletida. Por isto, somos mendigos de olhares. Olhos são espelhos" (Rubem Alves). Neste capítulo, vamos projetar e refletir sobre três olhares, necessários e importantes em nossa vida e na educação. "Há olhares em que me perco. Há outros em que me encontro" (Edna Frigato).

Primeiro olhar: PROSPECTIVO

Esse olhar reflete alguns pontos a partir de uma célebre citação de Charles Chaplin, que diz: "A vida é uma peça de teatro que não permite ensaios. Por isso, cante, chore, dance, ria e viva intensamente, antes que a cortina se feche e a peça termine sem aplausos." É impressionante como as pessoas sábias vivem uma comum união com as realidades, imagens e vida das pessoas de seu tempo: a) o filósofo Sócrates, por exemplo, observava o trabalho das parteiras que ajudavam as mães no trabalho de parto, e dessa imagem criou o método da maiêutica, isto é, de trazer à luz o que é carregado dentro das pessoas, como as ideias e os sonhos; b) Jesus Cristo é outro sábio que comungava com a vida de seu povo. Conseguiu transformar em parábolas o que via na vida das pessoas em seu dia a dia, por isso falava do fermento, sal, trigo, joio, moedas, flores do campo; c) por fim, Charles Chaplin compara a nossa vida com uma peça de teatro, porém sem ensaios. Quem trabalha com teatro sabe o quanto é necessário praticar para a peça ter sincronia e fluir naturalmente. Chaplin usa essa imagem e a traz para um palco maior, para o palco da vida.

A vida não é uma preparação para a vida. Tudo o que acontece no viver é vida e é da vida. Quando nascemos, as cortinas se abrem, entramos em cena e começamos a atuar. A nossa perspectiva é presente-futura.

Todos os verbos empregados na citação de Chaplin são de movimento e exigem inteireza e envolvimento, desafiam um estilo de vida que deve ser vivido antes que as cortinas se fechem. Outro detalhe importante é que as cortinas se fecham, mas não sou eu ou outro alguém que as fecha. Na verdade, o sujeito não está determinado, o que desafia a nossa reflexão. Talvez esse sujeito seja o tempo, a própria natureza ou o correr da vida. Porém, o foco dessa reflexão não é saber o que acontece quando as cortinas se fecham, mas sim o que acontece enquanto estão abertas.

A coragem nos faz viver intensamente. Faz arriscar o viver antes que "a peça termine sem aplausos". Emocionantes são os aplausos dados pela nossa consciência quando o acontecer no palco da vida é verdadeiro.

Não sabemos sobre o amanhã, nem sobre o que acontece depois das curvas da vida. "Para além da curva da estrada talvez haja um poço, e talvez um castelo, e talvez apenas a continuação da estrada. Não sei nem pergunto. Enquanto vou na estrada antes da curva só olho para a estrada antes da curva, porque não posso ver senão a estrada antes da curva" (Fernando Pessoa). Portanto, é preciso ser inteiro, leve e verdadeiro. "É preciso ser leve como o pássaro e não como a pluma" (Paul Valéry).

Concluo esse olhar prospectivo com o histórico depoimento deixado por Martin Luther King. Nele, escutamos e nos emocionamos com os aplausos dados por um jeito de olhar, ser, viver e sonhar a vida: "No dia da minha morte eu gostaria que alguém mencionasse que eu tentei dar minha vida a serviço dos outros, eu tentei amar alguém, eu tentei ser honesto e caminhar com o próximo, eu tentei visitar os que estavam na prisão, eu tentei vestir um mendigo, eu tentei amar e servir a humanidade. Sim, se quiserem dizer algo, digam que eu fui arauto: arauto da justiça, arauto da paz, arauto do direito. Todas as outras coisas triviais não têm importância." Sim, na vida existem coisas essenciais e fundamentais, mas outras são insignificantes. As três são desafiadas pela nossa capacidade de decidir.

Mas como fazer a diferença no mundo de hoje? O psiquiatra chileno Cláudio Naranjo nos ajuda nessa busca quando nos contextualiza e desafia: "Estamos na vida para sermos nós mesmos, e sermos nós mesmos é crescer... Somos como plantas que estão destinadas a florescer e não só a florescer mas também a dar frutos." Portanto, o sentido está em florescer e produzir frutos por meio do nosso jeito original de sermos inéditos. "Quando eu disse ao caroço de laranja que dentro dele dormia um laranjal inteirinho, ele me olhou estupidamente incrédulo" (Hermógenes).

Segundo olhar: RETROSPECTIVO

Vamos lançar um olhar sobre aquilo que hoje é memória e aprendizado. Olhar para o que já foi não significa fazer residência no passado, mas aprender com tudo o que foi vivido. Tomo como texto referencial uma citação de Jorge Luiz Borges: "Se tivesse de viver de novo minha vida, na próxima trataria de não ser tão perfeito... Correria mais riscos, faria mais viagens, contemplaria mais crepúsculos, escalaria mais montanhas, nadaria mais em rios, comeria mais sorvetes, viajaria com menos coisas, andaria mais descalço desde o começo da primavera até o fim do outono, contemplaria mais alvoradas, brincaria com as crianças..." Esse texto é um retrato daquilo que já foi vivido, porém com uma consciência de insuficiência. O texto, ao mesmo tempo em que é descritivo e retrospectivo, nos fornece pistas concretas para o momento presente e o futuro.

Outro poeta, Gabriel García Márquez, nos motiva e encoraja: "Não sinto nada mais ou menos, ou eu gosto ou não gosto. Não sei sentir em doses homeopáticas. Preciso e gosto de intensidade, mesmo que ela seja ilusória e se não for assim, prefiro que não seja. Não me apetece viver histórias medíocres, paixões não correspondidas e pessoas água com açúcar." Com essa citação, estamos habilitados para o olhar introspectivo, o olhar mais contundente, capaz de unir o prospectivo e o retrospectivo. "Fiz o que quis e fiz com paixão. Se a paixão estava errada, paciência. Não tenho frustrações, porque vivi como em um espetáculo. Não fiquei vendo a vida passar, sempre acompanhei o desfile" (Mário Lago).

Terceiro olhar: INTROSPECTIVO

"O barco de cada um está dentro de seu próprio peito" (Mia Couto). A vida nos ensina a olharmos para dentro de nós mesmos, seja por opção livre, seja por necessidade. Esse olhar é capaz de nos dar uma unidade interior importante, de nos ensinar a sermos nós mesmos, de nos dar a capacidade de liderar nós mesmos e o que acontece em nossa volta.

É dentro de nós que mora o nosso melhor amigo e que podem buscar moradia os nossos piores inimigos. Usando uma imagem da sabedoria milenar, podemos dizer que dentro de nós há dois cachorros. Um deles é mau, agressivo, invejoso, pessimista, cruel e destruidor. O outro é bom, otimista, realista, companheiro, sonhador, fiel e amigo. Os dois estão em constante disputa, e o vencedor dessas brigas e disputas não é dado por nenhum dos dois cachorros, nem é dado por um árbitro, mas por nós mesmos, ou seja, vence o cachorro que nós alimentamos. Vale lembrar que o pão amassado vira pão, mas que o joio amassado vira veneno. Na hora do aperto, cada pessoa mostra o que carrega dentro de si.

Por que é importante, aconselhável e urgente olharmos para dentro de nós mesmos? Por que é tão necessário fazer com que os pais, professores e educandos olhem e se escutem por dentro? Enumero algumas reflexões, todas iluminadas por citações de grandes autores:

Primeira reflexão – porque é dentro de nós que o silêncio escuta e revela: "Há um grande silêncio dentro de mim. E esse silêncio tem sido a fonte de minhas palavras. E do silêncio tem vindo o que é mais precioso que tudo: o próprio silêncio" (Clarice Lispector).

Segunda reflexão – porque é dentro de nós que nasce a vida: é dentro de nós que florescem os verdadeiros sonhos e são regadas as belezas: "O brilho do Sol no lado de dentro da gente se chama sonho"; "Nós não vemos o que vemos, nós vemos o que somos. Só veem as belezas do mundo, aqueles que têm belezas dentro de si" (Rubem Alves); "Há um poço dentro de você. Não ande por aí com um balde vazio" (Rumi).

Terceira reflexão – porque é dentro de nós que se move a nossa essência: quanto mais nos conhecemos e nos amamos, mais somos e mais continuamos mistério em vias de revelação: "Dentro de nós há uma coisa que não tem nome, essa coisa é o que somos" (José Saramago). O artista francês Auguste Rodin diz que "dentro de você há um artista que você não conhece".

Quarta reflexão – porque a aparência e a essência não devem ser dois mundos: devem ser, ao invés disso, duas faces de uma mesma moeda. "O mar de fora e o de dentro são o mesmo oceano" (Edson Valente). A aparência deveria ser o prolongamento e vivência daquilo que é nossa essência. Não deveria existir um muro separando ambas, mas sim pontes. "O homem que começou a viver mais seriamente por dentro, começa a viver mais singelamente por fora" (Ernest Hemingway).

Quinta reflexão – porque é no olhar para dentro que despertamos: "Sua visão se tornará clara apenas quando você puder olhar dentro de seu coração. Quem olha para fora sonha, quem olha para dentro desperta" (Carl Jung). "Passarinho tem asa do lado de fora. A gente, do lado de dentro" (Ana Jácomo).

Sexta reflexão – porque é dentro de nós que o importante se decide: é dentro de nós que se travam as grandes lutas, que as importantes decisões são amadurecidas e que aprendemos a sermos nós mesmos, únicos e sujeitos de nossas vidas. "Decidir o que não fazer é tão importante quanto decidir o que fazer" (Steve Jobs).

Sétima reflexão – porque é dentro de nós que se processa a aprendizagem: é no coração que a compreensão acontece, que a unidade se dá e que a esperança se move. "A aprendizagem não é produzida pelo ensino, a aprendizagem é produzida pela atividade dos aprendentes" (John Holt).

Oitava reflexão – porque é dentro de nós que se situa a nossa mais segura moradia: "É preciso ter um lugar para voltar sempre. E esse espaço eu criei dentro de mim" (Marla de Queiroz).

"Apaga o cinza de tua vida e acende as cores que carregas dentro de ti" (Pablo Picasso). As belezas mais elegantes carregam dentro de si faíscas de amor. E é por isso que o corpo mais bonito é aquele que carrega uma pessoa feliz dentro dele. "Às vezes, a gente mata algumas coisas dentro de nós para evitar que essas mesmas coisas matem a gente" (Jey Leonardo). É por isso que "crer é habitar o caminho, habitar a tensão, viver dentro da procura" (José Tolentino Mendonça).

É a partir de dentro de nós que nascem e acontecem as verdadeiras transformações e mudanças: "A mudança é a porta que só pode ser aberta por dentro" (Marilyn Ferguson). A sabedoria de vida diz que essa porta só tem chave do lado de dentro. "Todo grande sonho começa na mente de um sonhador. Lembre-se de que você tem, dentro de você, a garra e a paciência para atingir as estrelas e mudar o mundo" (Harriet Tubman).

As experiências de vida continuam vivas e atuantes dentro de nós. O mesmo acontece com as pessoas que amamos quando morrem: elas deixam de viver entre nós para viver dentro de nós. "As pessoas são pesadas demais para serem levadas nos ombros. Levo-as no coração" (Hélder Câmara).

Algo semelhante acontece no tocante ao amor: "Quando se ama não é preciso saber o que se passa lá fora, pois tudo passa a acontecer dentro de nós" (Clarice Lispector). Assim é com cada fase de nossa vida: "Toda idade pode ser linda, contanto que você viva dentro dela" (Brigitte Bardot).

O filósofo e poeta Henry Davi Thoreau nos abraça com esta pérola poética: "Se queres um escudo impenetrável, permanece dentro de ti mesmo." O olhar introspectivo faz compreender muitas dimensões da vida e faz com que nós nos compreendamos melhor. Podemos compreender, por exemplo, que "dentro de cada um de nós há uma lâmpada de sabedoria e um poderoso espírito de compaixão" (Jack Kornfield).

A grandeza do olhar para dentro de nós é dada pelo poeta Carlos Drummond de Andrade: "Que a felicidade não dependa do tempo, nem da paisagem, nem da sorte, nem do dinheiro. Que ela possa vir com toda a simplicidade de dentro para fora, de cada um para todos." A beleza está dentro de nós, mas ela floresce para ser compartilhada. "Em vão procuramos a verdadeira felicidade fora de nós, se não possuímos a sua fonte dentro de nós" (Marquês de Maricá). Essa mesma fonte vai crescendo, fertilizando terras e sementes, acolhendo novos afluentes, transformando-se em rio e tornando-se (a)mar.

Nós deveríamos trazer, dentro de nós, um pequeno zoológico: alguns galos para diariamente nos despertar, macacos para nos animar, corujas para nos fazer escutar, formigas para nos ensinar a persistir, cachorros para com eles passear, águias para nos encorajar, borboletas para nos acenar a leveza do viver e pássaros para com eles cantar, arriscar, decolar e voar.

"Um Sol lindo lá fora. Outro dentro do peito. Sei não,
acho que hoje vou demorar para anoitecer."

(Sérgio Vaz)

Nono bloco
Educação poética

Poesia é um bordado fino, feito com delicadeza sobre o tecido rústico da realidade.
Edna Frigato

A poesia dá à vida uma nova cor, desperta novas sensibilidades, faz degustar novos temperos, leva a curtir o que muitas vezes passa despercebido: detalhes, movimentos, gestos, olhares, toques, surpresas, pássaros:

"Os poemas são pássaros que chegam
não se sabe de onde e pousam
no livro que lês.
Quando fechas o livro, eles alçam voo
como de um alçapão.
Eles não têm pouso
nem porto;
alimentam-se um instante em cada
par de mãos e partem.
E olhas, então, essas tuas mãos vazias,
no maravilhado espanto de saberes
que o alimento deles já estava em Ti."
(Mário Quintana).

O gosto pela poesia deve ser incentivado, favorecido e cultivado nas famílias, nos grupos e nas escolas. Conheço muitas famílias que leem poesias diariamente e vivem em uma atmosfera formidável de leveza. Conheço educadores que começam as suas aulas com a recitação de um poema, geralmente dentro da perspectiva da temática da aula. Conheço vários grupos – reais e virtuais – que divulgam e compartilham poesias e textos poéticos. "Um bom poema é aquele que nos dá a impressão de que está lendo a gente... E não a gente a ele!" (Mário Quintana).

Um dos grandes ganhos desse cultivo é o crescimento da sensibilidade, da empatia e da compaixão. A poesia tem essa força que nos leva ao outro, à compreensão do diferente e ao mergulho do novo. Pessoas que são poéticas sentem mais, curtem mais, presenciam mais, intensificam mais e aprendem muito mais.

O acesso às poesias está bastante facilitado em nossos tempos, facilmente encontradas em livros, *sites*, grupos e redes sociais. Lembrando, mais uma vez, que o hábito nós adquirimos repetindo a prática do ato. Ler juntos e em família dá um ótimo incentivo às crianças. É importante começar com poemas curtos, valorizar a beleza tanto da poesia como do deixar-se tocar pelo seu conteúdo. "A poesia é a pintura dos ouvidos, assim como a pintura é a poesia dos olhos" (Félix Lope de Vega).

Em um dos meus livros, o escritor e amigo Celso Antunes escreveu o capítulo "Apresentação". Ele alerta sobre algo fundamental que nunca deveria ser esquecido na arte e na prática diária do educar: a poesia. Nas palavras dele, "a educação necessita de poesia, a educação sente fome de lirismo. Os poemas saciam minha fome, embalam meus sonhos".

Já o poeta Mário Quintana diz:

"Quem faz um poema abre uma janela.
Respira, tu que estás numa cela abafada,
esse ar que entra por ela.
Por isso é que os poemas têm ritmo
– para que possas profundamente respirar.
Quem faz um poema salva um afogado."

Já Carlos Drummond de Andrade situa a força, a beleza e a missão do poeta:

"Não serei o poeta de um mundo caduco.
Também não cantarei o mundo futuro.
Estou preso à vida e olho meus companheiros.
Estão taciturnos, mas nutrem grandes esperanças.
Entre eles considero a enorme realidade.
O presente é tão grande, não nos afastemos.
Não nos afastemos muito, vamos de mãos dadas.
[...]
O tempo é minha matéria, o tempo presente, os homens presentes,
a vida presente."

Nas poesias, as palavras têm sensibilidade e pele, têm cheiro e cor, têm paladar, suavidade, movimento e som. Na vivência das poesias, as pessoas aprimoram o seu tato, olfato, gosto, ternura e musicalidade. "Pensar é a segunda coisa mais bonita. A mais bonita é a poesia. Se houvesse o pensamento poético e a poesia pensante, seria o paraíso" (Pascal Mercier). A poesia é a suavidade mais potente porque ela faz pensar, compreender e viver.

Afirma Federico García Lorca que "todas as coisas têm o seu mistério, e a poesia é o mistério de todas as coisas". A poesia não é misteriosa, mas é mistério no sentido etimológico da palavra: aquilo que se revela e que, quanto mais captamos a sua beleza, mais nos encontramos, mais o mistério continua nos plasmando e mais desejamos mergulhar em sua profundidade. Além disso, as poesias são sentimentos e momentos, são movimentos e acontecimentos. "Às vezes um poema é o beijo que chega antes da boca" (Sérgio Vaz).

Chegará o dia em que, além de curtirmos belos poemas, entenderemos que nós podemos ser poesias vivas e dançantes, e isso jamais será visto como algo alienante, mas como força motriz de resistência e de realização dos nossos sonhos. "Não podemos possuir um ao outro. Mil poemas nos dizem que não podemos possuir um ao outro, mas podemos nos emprestar um ao outro e esquecer de devolver" (Arne Ruset).

É verdade: "Eu não me lembro de um caso em que os poemas tenham mudado o mundo, mas o que os poemas fazem é mudar a compreensão que as pessoas têm acerca do que está acontecendo no mundo" (Seamus Heaney). Eu conheço muito gente que mudou o seu mundo interno, a sua visão de mundo e a sua forma de ser no mundo por ter mergulhado na força das poesias. "Cada dia é um poema incompleto escrito à mão num caderno que vai se perder na mudança" (Edson Valente).

1. Ao longo do caminho

O futuro é feito da mesma substância do presente.
Simone Weil

O horizonte que faz a liberdade arriscar é o mesmo que faz a coragem voar.
O respeito que arrisca o viver é o mesmo que possibilita o conviver.

A colher que adocica a boca com mel é a mesma que pode oferecer o fel.
As lágrimas que transbordam dor são da mesma fonte de onde nasce o amor.

O Sol que se põe e nos faz agradecer é o mesmo que nos desperta em cada amanhecer.
A liberdade que escuta a razão e o coração é a mesma que nos faz dizer “sim” e “não”.

A noite escura que ofusca as passarelas é a mesma que ressalta o brilho das estrelas.
A seiva que irriga os espinhos é a mesma que alimenta as flores ao longo do caminho.

“Nem toda estrada é um caminho. Nem todo caminho tem uma estrada.”
(Emille Kisar)

2. Pontes e horizontes

Só depois do nó é que a costura fica firme.
Provérbio italiano

O discurso sobre os outros vem depois da empatia e da compaixão e
o discurso sobre a palavra vem depois do silêncio e da compreensão.

A teoria sobre o mistério vem depois da escuta e da contemplação e
a teoria sobre o alimento vem depois da ação do fermento e da gratidão.

O discurso sobre o amor vem depois da confiança na reciprocidade e
o discurso sobre a esperança vem depois da semente lançada na terra.

A teoria sobre a crítica vem depois do espelho com retrovisor.
O discurso sobre o sonho vem depois da(o) fé(pé) na estrada.

"O correr da vida embrulha tudo. A vida é assim: esquenta e esfria,
aperta, daí afrouxa, sossega e depois desinquieta.
O que ela quer da gente é coragem."

(Guimarães Rosa)

3. O mais importante

De todos os julgamentos, o mais importante é o que fazemos sobre nós mesmos.

Nathaniel Branden

O importante na vida é agradecer e compartilhar,
é saber e saborear, é aprender e crescer,
é observar e significar, é refletir e se envolver.

O mais importante na vida não é a posse, mas a aquisição.
Não é o ontem, mas o hoje. Não é o amanhã, mas o sempre.
Não é o medo, mas a superação. Não é o desafio, mas a coragem.

O importante na vida é passar do ouvir ao escutar,
do entender ao compreender, do olhar ao contemplar.
Do sentir ao acolher e do desejar ao sincero querer.

O importante no viver é caminhar e persistir, é chegar e recomeçar,
é arriscar e voar, é estar sobre as águas e remar,
é inventar oportunidades e atravessar, é existir, é viver e é significar.

"Os homens só envelhecem quando os lamentos substituem os sonhos."

(John Barrymore)

4. A aurora no anoitecer

A riqueza não se mede pelos bens que se possui, mas pelo bem que se faz.

Miguel de Cervantes

Já busquei no passado o que estava no aprendizado e
no verniz o que estava na raiz.
Já busquei no fruto o que estava na semente e
na torneira o que circulava na seiva.

Já busquei no espinho o que estava na flor e
nas formas e contornos o que estava na cor.
Já busquei no anoitecer o que estava no florescer e
na aurora o que estava na hora.

Já busquei na beleza o que estava na sutileza e
no arbusto o que estava no fruto.
Já busquei no fogo o que estava na brisa e
no sentimento o que estava no fermento.

Já busquei na fonte o que estava no horizonte e
já busquei no sentimento o que está no comprometimento.

"O coração é como um jardim: nele pode crescer compaixão ou medo, ressentimento ou amor. Quais sementes você plantará?"

(Jack Kornfield)

5. Raízes e asas

Quando as folhas tremem, o problema não é das raízes.
Wole Soyinka

Relativize o que foi, mas não o que ficou.
Esqueça a música, mas não a melodia.
Mude roupagem, mas não horizontes.

Abra-se ao novo, mas não ao vazio.
Tenha bens, mas não apegos.
Obtenha conhecimento, mas com sabedoria.

Abandone opiniões, mas não princípios.
Troque lentes, mas não a compaixão.
Torça pela sorte, mas não sem trabalho.

Interprete medos, mas não se submeta.
Seja maleável, mas não relaxado.
Confunda dados e datas, mas não a ética e contratos.

Passe por crises, mas aprenda com elas.
Despeça sentimentos, mas não atitudes.
Atravesse desafios e cresça com eles.

Perca um debate, mas não a classe.
Solte as folhas, mas não as raízes.
Ignore a hora, mas não as oportunidades.

"Uma vida satisfeita é melhor que uma vida bem sucedida.
Porque o nosso sucesso é medido pelos outros, mas a nossa satisfação
é medida pela sua própria alma, mente e coração."

(Dalai Lama)

Bibliografia

ALVES, Rubem. *Ostra feliz não faz pérolas*. 2. ed. São Paulo: Planeta, 2014.

______. *O retorno e terno*. São Paulo: Papirus, 1996.

______. *As melhores crônicas de Rubem Alves*. Campinas: Papirus, 2008.

ANDRADE, Carlos Drummond. *Antologia poética*. Rio de Janeiro/São Paulo: Record, 2002.

ARAÚJO, Paulo de. *O amor não pode esperar*. Petrópolis: Vozes, 1995.

BAUMAN, Zygmunt. *Modernidade líquida*. Rio de Janeiro: Zahar, 2001.

BEAUCHAMP, Paul. *La Loi de Dieu*. Paris: Éditions du Seuil, 1999.

BRECHT, Bertolt. *Poemas 1913-1956*. Trad. Paulo César de Souza. São Paulo: Editora 34, 2000.

CAMPBELL, Joseph. *A jornada do herói*. São Paulo: Agora, 2003.

FABRA, Jordi Sierra i. *Kafka e a boneca viajante*. São Paulo: Martins Fontes, 2009.

FRAIMAN, Leo. *Meu filho chegou à adolescência, e agora?*. São Paulo: Integrare, 2015.

FRANKL, Viktor. *Um sentido para a vida*. São Paulo: Ideias e Letras, 2014

FRANKLIN, Benjamin. *O caminho para a prosperidade*. Blumenau: Eko, 2006.

GUTIÉRREZ, Gustavo. *Beber no próprio poço*. Petrópolis: Vozes, 1987.

LOYOLA, Ignace de. *Exercices spirituels*. Paris: Éditions Desclée de Brouwer, 1986.

MARTINI, Carlo M. *Maria, la mujer de la reconciliación*. Bilbau: Sal Terrae, 1998.

MAYER, Canísio. *70 orações para encorajar o viver*. Aparecida: Santuário, 2021.

______. *O que dá sentido à sua vida?*. São Paulo: Ideias e Letras, 2019.

______. *Não soluce, solucione*. São Paulo: Paulus, 2016.

______. *Só por hoje*. São Paulo: Paulus, 2016.

______. *Amor em poesia*. Aparecida: Santuário, 2015.

______. *A educação em poesia*. São Paulo: Paulus, 2014.

______. *A vida em poesia*. Aparecida: Santuário, 2013.

______. *Dinâmicas criativas*. São Paulo: Vetor, 2012.

______. *Por uma educação de valor*. São Paulo: Paulinas, 2012.

______. *Sabedoria poética*. São Paulo: Paulus, 2010.

MAYER, Canísio. *Dinâmicas cinco estrelas*. São Paulo: Paulus, 2008.

______. *Manual de dinámicas: dinámicas creativas para diferentes momentos de la vida*. Madri/Distrito Federal: Palabra Ediciones, 2008.

______. *Dinâmicas de grupo e textos criativos*. Petrópolis: Vozes, 2007.

______. *Dinâmicas para desenvolver o crescimento pessoal e coletivo*. Petrópolis: Vozes, 2007.

______. *O poder de transformação*. Campinas: Papirus, 2007.

______. *Dinâmicas de grupo: ampliando a capacidade de interação*. Campinas: Papirus, 2005.

______. *No sotaque do amar: roteiros e dinâmicas para encontros*. Petrópolis: Vozes, 2005.

______. *No sotaque do andar: roteiros e dinâmicas para encontros*. Petrópolis: Vozes, 2005.

______. *Na dinâmica da vida: dinâmicas criativas para diferentes momentos da vida*. Petrópolis: Vozes, 2004.

______. *Viver e conviver: dinâmicas e textos para diferentes momentos*. São Paulo: Paulus, 1998.

MELLO, Anthony de. *O canto do pássaro*. São Paulo: Loyola, 1982.

MENSIOR, Jean-Paul. *Chemins d'humanisation*. Bruxelas: Éditions Lumem vitae, 1998.

PROGOFF, Ira. *La psicologia profunda y el hombre moderno*. Buenos Aires: De Psiqué, 1968.

QUINTANA, Mário. *Poemas para ler na escola*. São Paulo: Objetiva, 2014.

RAMOS, Roberto Carlos. *A arte de construir cidadãos: as 15 lições da pedagogia do amor*. São Paulo: Celebris, 2004.

RAVIER, André. *En retraite chez soi*. Saint-Maur-des-Fossés: Éditions Parole et Silence, 1998.

RIBEIRO, Djamila. *Pequeno manual antirracista*. São Paulo: Companhia das Letras, 2019.

TIBA, Içami. *Quem ama, educa!*. São Paulo: Integrare, 2017.

______. *Pais e educadores de alta performance*. São Paulo: Integrare, 2011.

Esta obra foi composta em sistema CTcP
Capa: Supremo 250 g – Miolo: Pólen Soft 70 g
Impressão e acabamento
Gráfica e Editora Santuário